Politik und Wirtschaft

von

Prof. Dr. Reimut Zohlnhöfer

und

Kathrin Dümig

Otto-Friedrich-Universität Bamberg

Oldenbourg Verlag München

Bibliografische Information der Deutschen Nationalbibliothek

Die Deutsche Nationalbibliothek verzeichnet diese Publikation in der Deutschen
Nationalbibliografie; detaillierte bibliografische Daten sind im Internet über
<http://dnb.d-nb.de> abrufbar.

© 2011 Oldenbourg Wissenschaftsverlag GmbH
Rosenheimer Straße 145, D-81671 München
Telefon: (089) 45051-0
oldenbourg.de

Lektorat: Kristin Beck
Herstellung: Anna Grosser
Coverentwurf: Kochan & Partner, München
Cover-Illustration: Hyde & Hyde, München
Gedruckt auf säure- und chlorfreiem Papier
Druck: Grafik + Druck GmbH, München

ISBN 978-3-486-58596-4

Inhalt

Abbildungsverzeichnis

Tabellenverzeichnis

Vorwort

Zwischen Politik und Wirtschaft besteht ein enger Zusammenhang: Es hängt zu einem erheblichen Teil von der wirtschaftlichen Entwicklung ab, welche Ressourcen für die verschiedenen Felder der Staatstätigkeit zur Verfügung stehen. Auf der anderen Seite stehen wirtschaftspolitische Fragen häufig im Zentrum der politischen Auseinandersetzung und der Wahlkämpfe, Regierungen versuchen, mit ihrer Wirtschaftspolitik die Arbeitslosigkeit zu bekämpfen, Preisniveaustabilität zu erreichen, das Wirtschaftswachstum anzukurbeln und ein außenwirtschaftliches Gleichgewicht zu erreichen.

Wegen dieser engen Verknüpfung zwischen beiden Bereichen erschien uns ein übersichtlicher und empirisch gesättigter Band nützlich, der in die Thematik einführt und einige Grundkenntnisse im Bereich der Politischen Ökonomie vermittelt. Entsprechend richtet sich der vorliegende Band in erster Linie an Studierende der Politikwissenschaft sowie benachbarter Disziplinen, aber auch an alle anderen Leser, die am Verhältnis von Politik und Wirtschaft interessiert sind. Da zum Verständnis der Wechselwirkungen von Politik und Wirtschaft einige wirtschaftswissenschaftliche Grundkenntnisse erforderlich sind, widmet sich das erste Kapitel dieses Buches genau solchen Fragen: Warum müssen Menschen wirtschaften? Wie funktioniert der Wirtschaftskreislauf? Welche Rolle kann oder soll der Staat in der Wirtschaft spielen? Auf welche wirtschaftswissenschaftlichen Großtheorien können sich Regierungen bei ihren Steuerungsversuchen beziehen? Und welche Instrumente stehen ihnen dabei zur Verfügung?

Das zweite Kapitel untersucht dann einige zentrale wirtschaftspolitische Problembereiche, nämlich das Wirtschaftswachstum, die Arbeitslosigkeit und die Inflation. Dabei werden jeweils die zentralen wirtschaftswissenschaftlichen Erklärungen knapp vorgestellt, bevor untersucht wird, ob und in welchem Umfang politische Variablen die wirtschaftliche Performanz von Staaten beeinflussen. Die zentralen Fragen, die wir in diesem Teil des Buches zu beantworten versuchen, lauten also: Warum wachsen Volkswirtschaften? Und warum unterscheidet sich das Wirtschaftswachstum zwischen Ländern, aber auch über die Zeit hinweg? Gibt es politische Variablen, die Einfluss auf das Wirtschaftswachstum haben? Welche Arten von Arbeitslosigkeit gibt es? Was kann man gegen Arbeitslosigkeit tun? Gibt es politische Variablen, die helfen, die Arbeitslosigkeit zu verringern? Was ist Inflation und warum sollte man sie bekämpfen? Wie kommt sie zustande? Und können politische Institutionen sie beeinflussen?

Das dritte Kapitel ist schließlich den wirtschaftspolitischen Instrumenten Finanz- und Steuerpolitik, Arbeitsmarkt- und Beschäftigungspolitik sowie allgemein der staatlichen Intervention in die Wirtschaft gewidmet. Neben der Klärung wichtiger Begrifflichkeiten und einem deskriptiven Überblick über den Einsatz solcher Instrumente im Zeitverlauf wie auch im internationalen Vergleich untersuchen wir in diesem Kapitel wiederum, warum zu unterschiedlichen Zeitpunkten und in unterschiedlichen Ländern in unterschiedlichem Ausmaß auf einzelne dieser Instrumente zurückgegriffen wurde. Hier geht es also um Fragen wie die Folgenden: Warum ist die Staatsquote fast das gesamte 20. Jahrhundert gewachsen, warum aber in Schweden viel stärker als in den USA? Hat die Globalisierung wirklich einen Einfluss auf die Steuerpolitik? Machen Parteien einen Unterschied in der Arbeitsmarkt- und der Beschäftigungspolitik? Warum haben fast alle westlichen Länder seit den 1980er Jahren begonnen, ihre Staatsunternehmen zu verkaufen und die Subventionen zu kürzen?

Verschiedenen Personen sind wir zu Dank verpflichtet. Zunächst sind hier unsere Bamberger und Heidelberger Studierenden zu nennen, denen wir den hier dargestellten Stoff in verschiedenen Seminaren und Vorlesungen vorgetragen haben und durch deren Fragen und Kommentare viele Verbesserungen erreicht worden sind. Daneben ist Nicole Herweg, Herbert Obinger und Frieder Wolf zu danken, die einzelne Kapitel des vorliegenden Textes kritisch kommentiert haben. Alle verbliebenen Fehler haben selbstverständlich wir zu verantworten. Daniel Frerichs, Christian Hübner und vor allem Johanna Zapf gebührt daneben Dank für vielfältige Hilfen bei der Materialbeschaffung, der Erstellung einiger Abbildungen sowie der Erstellung der Druckvorlage. Herbert Obinger sowie dem Verlag für Sozialwissenschaften in Wiesbaden ist zudem für die Erlaubnis zu danken, die Abbildungen 2.1 und 2.2 übernehmen zu dürfen.

Bamberg, im August 2010

1 Wirtschaftswissenschaftliche Grundlagen

Zum Verständnis der Wechselwirkungen von Politik und Wirtschaft sind einige wirtschaftswissenschaftliche Grundkenntnisse erforderlich. Diese sollen im ersten Kapitel dieses Buches gelegt werden. Dabei stehen vier Aspekte im Vordergrund: Erstens wollen wir uns mit der Frage beschäftigen, warum Menschen überhaupt wirtschaften müssen und wie sie das tun. In diesem Zusammenhang wollen wir den Leserinnen und Lesern einige Grundbegriffe und Zusammenhänge der Mikroökonomik nahe bringen, so die Konzeption des Homo Oeconomicus und die Funktionsweise von Märkten. Im zweiten Schritt nehmen wir den Wirtschaftskreislauf in den Blick, um zu verstehen, welche Akteure bei der Herstellung und dem Konsum des Sozialprodukts welche Transaktionen tätigen. Zudem widmen wir uns in diesem Abschnitt in einem Exkurs der Rolle, die der Staat im Wirtschaftsgeschehen spielen soll und kann. Die Abschnitte 3 und 4 stellen dann die wichtigsten wirtschaftspolitischen Ziele sowie die Instrumente zu ihrer Erreichung vor. Der fünfte Abschnitt beschäftigt sich schließlich mit den wirtschaftswissenschaftlichen Großtheorien Keynesianismus, Monetarismus und der Angebotstheorie, deren Verständnis nicht zuletzt deshalb wichtig ist, weil sie Orientierung bieten für die Diagnose und Therapie wirtschaftspolitischer Probleme.

1.1 Grundbegriffe

In diesem Abschnitt wollen wir uns zunächst die wichtigsten wirtschaftswissenschaftlichen Grundbegriffe erarbeiten: Wir wollen verstehen, warum Menschen wirtschaften müssen, welche Güter es gibt und mit Hilfe welcher Produktionsfaktoren sie hergestellt werden, was ein Markt ist und wie er funktioniert.

1.1.1 Warum müssen Menschen wirtschaften?

Eine Einführung in wirtschaftswissenschaftliche Grundbegriffe steht zunächst vor der Frage, was mit dem Begriff *Wirtschaften* überhaupt gemeint ist. In jeder Gesellschaft müssen Menschen wirtschaften – unabhängig davon, wie das jeweilige Wirtschaftssystem konkret ausgestaltet ist. Die Notwendigkeit liegt darin begründet, dass Menschen Bedürfnisse haben, die potentiell unbegrenzt sind. Dabei kann es sich um Grundbedürfnisse wie Nahrung, Wohnraum und eine medizinische Grundversorgung handeln (*primäre Bedürfnisse*), oder um *sekundäre Bedürfnisse*, worunter beispielsweise Bildung und Kultur fallen. Theoretisch gibt es unendlich viele menschliche Bedürfnisse, da zu den bestehenden ständig neue hinzukommen können. Zur Befriedigung dieser Bedürfnisse benötigt man Mittel, die in der Wirtschaftswissenschaft auch als *Ressourcen* bezeichnet werden. Wirtschaften müssen die Menschen nun, weil diese Ressourcen im Gegensatz zu den Bedürfnissen nicht unendlich, sondern knapp sind. Das Phänomen der *Knappheit* bezeichnet die Begrenztheit der vorhandenen Ressourcen: Sie reichen nicht aus, um die Bedürfnisse aller Menschen zu befriedigen. Man spricht auch davon, dass mit den vorhandenen Ressourcen keine *Sättigung* erreicht werden kann. Das Problem der Knappheit lässt sich veranschaulichen, wenn man bedenkt, dass es selbst in wohlhabenden Ländern nicht möglich ist, die Wünsche aller Einwohner tatsächlich zu befriedigen. In armen Ländern, in denen nicht einmal die Grundbedürfnisse der Bevölkerung gedeckt sind, ist das Problem der Knappheit noch viel offensichtlicher. Der Begriff wirtschaften lässt sich damit wie folgt definieren: Wirtschaften meint die planvolle Befriedigung vorhandener Bedürfnisse mit knappen Ressourcen.

1.1.2   Der Produktionsprozess

Die einzelnen Akteure, die wirtschaften, werden als *Wirtschaftssubjekte* bezeichnet und lassen sich in drei Hauptgruppen einteilen: die privaten Haushalte, die Unternehmen und der Staat. Die zentralen ökonomischen Aktivitäten dieser Wirtschaftssubjekte sind die Produktion und der Konsum von *Gütern*. Allgemein versteht man unter einem Gut ebenso wie unter einer Dienstleistung ein Mittel zur Bedürfnisbefriedigung. Im engeren Sinn sind mit Gütern meist materielle Gegenstände gemeint (die dann auch als Waren bezeichnet werden), während der Begriff der Dienstleistung impliziert, dass Personen Leistungen an anderen Personen erbringen.[1]

Um die Bedürfnisse der Wirtschaftssubjekte zu befriedigen, werden nun mit Hilfe der knappen Ressourcen Güter und Dienstleistungen zunächst produziert, bevor sie konsumiert werden können. Der Prozess der Produktion lässt sich anhand des Modells des *Produktionsprozesses* veranschaulichen: Dabei werden diejenigen Ressourcen, die in den Produktionsprozess einfließen, als *Produktionsfaktoren* bzw. *Inputs* bezeichnet. Mit Hilfe der zur Verfügung stehenden Technologie werden sie nun in Güter und Dienstleistungen umgewandelt. Diese Ergebnisse des Produktionsprozesses bezeichnet man auch als *Outputs*. Die Outputs können entweder direkt konsumiert werden oder als Inputs erneut in den Produktionsprozess einfließen.

Wir können drei klassische Typen von Inputs bzw. Produktionsfaktoren unterscheiden: Unter dem Faktor Boden versteht man alle natürlichen Ressourcen, die in den Produktionsprozess eingehen, ohne zuvor selbst hergestellt werden zu müssen. Beispiele sind die Böden, auf denen Landwirtschaft betrieben wird oder auf denen Häuser und Fabriken stehen. Der zweite Produktionsfaktor ist der Faktor Arbeit, also die Zeit, in der Menschen ihre Arbeitskraft dem Produktionsprozess zur Verfügung stellen. Boden und Arbeit werden auch als *originäre* bzw. *ursprüngliche Produktionsfaktoren* bezeichnet, weil sie zur Verfügung stehen, ohne selbst produziert werden zu müssen. Der dritte klassische Produktionsfaktor ist der Faktor Kapital:

---

[1]   Im Folgenden wird der Begriff Güter als Oberbegriff verwendet, es sind also jeweils materielle Güter *und* Dienstleistungen gemeint.

Er umfasst alle Güter, die produziert werden, damit mit ihnen wiederum andere Güter herge-stellt werden können. Kapitalgüter sind also dauerhafte Güter – sie werden nicht sofort kon-sumiert, sondern über einen längeren Zeitraum als Inputs im Produktionsprozess verwendet. Die zentrale Eigenschaft der Kapitalgüter ist, dass sie im Produktionsprozess gleichzeitig Input und Output darstellen. Beispiele sind Gebäude, Maschinen und Computer. Im Gegen-satz zu Boden und Arbeit wird Kapital auch als *abgeleiteter* bzw. *derivativer* Produktionsfak-tor bezeichnet. In der jüngeren Wirtschaftswissenschaft wird zusätzlich zu den klassischen Produktionsfaktoren noch das *Humankapital* als vierter Faktor genannt: Es umfasst alle Fä-higkeiten, Fertigkeiten und das Wissen einer Person bzw. der Bevölkerung einer Volkswirt-schaft.

Die Art und Weise, wie die einzelnen Inputs bzw. Produktionsfaktoren in Outputs umgewan-delt werden, wird als *Technologie* bezeichnet. In diesem Zusammenhang spielt der Begriff *Effizienz* eine wichtige Rolle: Der Produktionsprozess und die darin genutzte Technologie sind dann effizient, wenn mit einer gegebenen Menge an Inputs der größtmögliche Output hergestellt werden kann. Eine effiziente Produktion ist aufgrund des Problems der Knappheit zentral – die Wirtschaftssubjekte wollen schließlich mit der gegebenen Menge an knappen Ressourcen so viele Bedürfnisse wie möglich befriedigen.

1.1.3   Verschiedene Arten von Gütern

Wir haben bereits festgestellt, dass Menschen immer dann wirtschaften müssen, wenn die jeweils zur Bedürfnisbefriedigung notwendigen Güter knapp sind. Diese Einschränkung impliziert, dass nicht alle Güter knapp sind: Es gibt auch *freie Güter*, die in so großen Men-gen vorhanden sind, dass sie von jedem Menschen bis zur Sättigungsgrenze konsumiert werden können. Freie Güter sind meist natürliche Ressourcen, die nicht erst produziert wer-den müssen – beispielsweise die Luft zum Atmen oder der Sand in der Wüste. Die Einteilung eines Gutes in „knapp" oder „frei" kann variieren, d.h. ein Gut kann zu einem Zeitpunkt oder an einem Ort frei sein, zu einem anderen Zeitpunkt oder an einem anderen Ort hingegen knapp. Viele natürliche Ressourcen wie saubere Luft oder eine intakte natürliche Umwelt können nicht mehr ohne Einschränkung als freie Güter bezeichnet werden, obwohl sie es lange Zeit waren. Sand wiederum ist zwar in der Wüste ein freies Gut, kann aber zum Bei-spiel in einer Großstadt während eines Booms in der Baubranche durchaus ein knappes Gut sein. Ein wichtiges Kriterium zur Beurteilung der Knappheit eines Gutes ist übrigens der Preis. Für freie Güter muss in der Regel kein Preis gezahlt werden, für knappe Güter gilt: Je knapper das Gut, desto höher ist tendenziell der Preis. Knappe Güter lassen sich außerdem weiter unterteilen in private und öffentliche Güter.

Als Gegenstück zum Begriff der Güter gibt es schließlich noch den Begriff der sogenannten *Ungüter*: Sie entstehen bei der Produktion von zur Bedürfnisbefriedigung erwünschten Gü-tern, ohne aber ihrerseits erwünscht zu sein. Ungüter sind das genaue Gegenstück zu knap-pen Gütern, denn von ihnen haben die Wirtschaftssubjekte nicht weniger, sondern mehr als sie eigentlich gerne hätten. Ein Beispiel ist der Atommüll, der bei der Stromproduktion ent-steht.

Zwei Teilbereiche der Volkswirtschaftslehre

Die Volkswirtschaftslehre kann in zwei zentrale Teilbereiche unterteilt werden, und zwar in Makroökonomik und Mikroökonomik. Die Schwerpunkte der Makroökonomik liegen in der Beschreibung und Erklärung gesamtwirtschaftlicher Aggregatgrößen sowie gesamtwirtschaftlicher Zusammenhänge. Dabei sind die Aggregatgrößen in der Regel zugleich Zielgrößen der Wirtschaftspolitik, also beispielsweise Wirtschaftswachstum, Inflation, Arbeitslosigkeit und Beschäftigung. Die moderne Form der Makroökonomik wurde vor allem von den Arbeiten von John Maynard Keynes beeinflusst. Konkrete makroökonomische Fragestellungen sind zum Beispiel: Wie entsteht Arbeitslosigkeit und wie kann man sie bekämpfen? Was sind die Ursachen von Schwankungen im Konjunkturverlauf? Die Mikroökonomik hingegen beschäftigt sich mit dem wirtschaftlichen Verhalten einzelner Wirtschaftssubjekte und ihrer Interaktion auf Märkten. Eine der mikroökonomischen Grundfragen wurde bereits 1776 von Adam Smith in seinem Hauptwerk „The Wealth of Nations" thematisiert, und zwar die Frage, wie der Marktmechanismus funktioniert, wie also die Handlungen der einzelnen Wirtschaftssubjekte auf Märkten koordiniert werden. Der Schwerpunkt dieses Lehrbuchs wird im Bereich der Makroökonomik liegen, da für eine Analyse der Wirtschaftspolitik vor allem Kenntnisse dieses Teilbereichs benötigt werden. Mikro- und Makroökonomik können jedoch nicht immer exakt voneinander abgegrenzt werden, da viele makroökonomische Modelle auf zentralen Grundkonzepten der Mikroökonomik beruhen. Und auch in der Politikwissenschaft gibt es Modelle, die mikroökonomische Grundkonzepte und deren Annahmen nutzen, wie beispielsweise die „Ökonomische Theorie der Demokratie" von Anthony Downs.

1.1.4   Die Modellvorstellung vom Menschen als „Homo Oeconomicus"

Bei der Analyse ökonomischer Zusammenhänge erstellen die Wirtschaftswissenschaften theoretische Modelle, deren Aussagen dann mit Hilfe empirischer Daten überprüft werden können. Das Erstellen solcher Modelle zielt grundsätzlich darauf ab, die ökonomische Realität darzustellen. Diese ist jedoch so komplex, dass sie nicht in jedem Detail exakt dargestellt werden kann, sondern einige vereinfachende Annahmen getroffen werden müssen. Mit Hilfe dieser Annahmen erreicht man eine Fokussierung des Modells auf die Teile der Wirklichkeit, die man erklären möchte. Wirtschaftswissenschaftliche Modelle lassen also einige Aspekte der Realität außer Acht, die die Erklärung des jeweiligen Sachverhalts zu kompliziert machen würden und bei der Erklärung eine zu vernachlässigende Rolle spielen.

Ein solches Modell, das den meisten wirtschaftswissenschaftlichen Theorien zugrunde liegt, ist das Menschenbild des *Homo Oeconomicus*. Ziel dieses Modells ist die Darstellung des ökonomisch handelnden Individuums.[2] Wir haben weiter oben festgestellt, dass Wirtschaften

---

[2]   Es ist wichtig, sich klarzumachen, dass das Bild vom Menschen als Homo Oeconomicus nur die Eigenschaften des *wirtschaftlich* handelnden Individuums darstellt – es erhebt also nicht den Anspruch, menschliches Verhalten generell erklären zu können.

planvolle Bedürfnisbefriedigung mit knappen Ressourcen bedeutet. Dabei müssen die Wirtschaftssubjekte Entscheidungen treffen – Entscheidungen, die in einer Marktwirtschaft nicht von einer zentralen Stelle, sondern dezentral von den einzelnen Individuen getroffen werden. Die gesamtwirtschaftlichen Ergebnisse entstehen dann aus der Interaktion dieser Entscheidungen. Um ökonomische Zusammenhänge besser verstehen zu können, muss man zunächst wissen, wie die einzelnen Wirtschaftssubjekte Entscheidungen treffen – hier kommt nun die Modellvorstellung vom Menschen als Homo Oeconomicus ins Spiel.

Wir haben gesagt, dass Wirtschaften eine *planvolle* Bedürfnisbefriedigung meint – damit ist die erste grundlegende Eigenschaft des Homo Oeconomicus schon vorweggenommen: Er entscheidet und handelt *rational*. Die zweite zentrale Annahme ist, dass die Motivation des Handelns des Homo Oeconomicus sein *Eigennutz* beziehungsweise sein Eigeninteresse ist. Der Eigennutz als Antriebsfaktor wirtschaftlichen Handelns wurde im Verlauf der Wirtschaftstheorie unterschiedlich bewertet. In der Antike und im Mittelalter betrachtete man ihn negativ, da man davon ausging, dass ein vom Eigeninteresse geleitetes Handeln für die Gesellschaft insgesamt zu schädlichen Ergebnissen führe. Während der Aufklärung änderte sich diese Sichtweise. Besonders deutlich zeigt sich diese neue Bewertung in einem Zitat von Adam Smith (1974: 17): „Nicht vom Wohlwollen des Metzgers, Bauers oder Bäckers erwarten wir das, was wir zum Essen brauchen, sondern davon, daß sie ihre eigenen Interessen wahrnehmen. Wir wenden uns nicht an ihre Menschen- sondern an ihre Eigenliebe." Diese Sichtweise prägt bis heute den überwiegenden Teil der Wirtschaftstheorie, so auch das Modell des Homo Oeconomicus. Die zentrale Annahme des Modells lautet also zusammengefasst: Rational handelnde Wirtschaftssubjekte werden so wirtschaften, dass sie ihren eigenen Nutzen maximieren.

Die einzelnen Annahmen bezüglich der Eigenschaften des Homo Oeconomicus sind folgende:

- Der Homo Oeconomicus besitzt *Präferenzen*: Mithilfe dieser Präferenzen kann jedes Wirtschaftssubjekt angeben, wie viel Nutzen ihm der Konsum eines bestimmten Gutes einbringt. Da er aufgrund der Knappheit jedoch nicht alle erwünschten Güter konsumieren kann, muss der Homo Oeconomicus den Nutzen verschiedener Güter *vergleichen*, um feststellen zu können, welche seinen Nutzen maximieren. Zunächst ging man in den Wirtschaftswissenschaften davon aus, dass der Nutzen eines bestimmten Gutes für ein Wirtschaftssubjekt in absoluten Zahlen ausgedrückt werden könne (sogenannte *kardinale Nutzenmessung*). Für den Vergleich wäre das sehr hilfreich: Man könnte nicht nur den Nutzen verschiedener Güter für einen Menschen vergleichen, sondern auch den Nutzen, den ein bestimmtes Gut verschiedenen Menschen stiftet (sogenannter *interpersoneller Nutzenvergleich*). Die moderne Wirtschaftstheorie lehnt dieses Konzept jedoch ab und geht von einer *ordinalen Nutzenmessung* aus (vgl. Samuelson/Nordhaus 2005: 132-133). Danach kann ein Individuum zwar nicht angeben, dass ihm der Konsum von Gut A einen Nutzen von 5 und der von Gut B einen Nutzen von 10 gestiftet hat, aber es kann angeben, welches Gut es bevorzugt, ob es also durch Gut A einen höheren (bzw. niedrigeren) Nutzen verspürt als durch Gut B. So lässt sich der Nutzen verschiedener Güter auch ohne Angabe eines absoluten Nutzenniveaus vergleichen.
- Diese Präferenzen können nun in eine *Präferenzordnung* gebracht werden: Jedes Wirtschaftssubjekt kann für verschiedene Güter angeben, welches ihm mehr bzw. welches ihm weniger Nutzen stiftet als ein anderes. Damit von einer rationalen Entscheidung ge-

sprochen werden kann, müssen mehrere Bedingungen erfüllt sein. Die Präferenzordnung muss zum einen *vollständig* sein: Der Homo Oeconomicus kann sich, wenn er verschiedene Güter vor sich hat, zu jedem eine Meinung bilden. Er wird also ein Gut immer besser oder schlechter finden als ein anderes, oder er ist indifferent, d.h. er bewertet beide Güter gleich. Die Präferenzordnung muss außerdem *reflexiv* sein: Jedes Gut wird mindestens genauso gut bewertet wie ein identisches Gut. Schließlich muss die Präferenzordnung *transitiv* sein: Nehmen wir an, ein Wirtschaftssubjekt soll den Nutzen der drei Güter A, B und C bewerten. Wenn es nun B höher als A bewertet (also: B > A) und gleichzeitig C höher als B (also: C > B), dann folgt aus der Bedingung der Transitivität, dass es auch C höher bewertet als A (also: C > A).

- Rationales wirtschaftliches Handeln bedeutet, dass der Homo Oeconomicus seinen *Eigennutz maximiert*. Er wird sich immer für die Handlungsalternative mit dem nach seiner Präferenzordnung höchsten Nutzen entscheiden. Trotz der Fokussierung auf den Eigennutz folgt aus den Annahmen des Modells jedoch nicht zwangsläufig ein egoistisches Handeln: Es ist schließlich auch möglich, dass ein Wirtschaftssubjekt Präferenzen für Altruismus hat (dass es beispielsweise einen Teil seines Einkommens spendet, weil es aus dem Wohlergehen anderer Menschen einen größeren persönlichen Nutzen zieht als aus dem Konsum zusätzlicher Güter) und deshalb gemäß seiner Präferenzordnung altruistisch handelt, obwohl bzw. gerade weil der Antriebsfaktor des Handelns die Maximierung des eigenen Nutzens ist.

Im Zusammenhang mit dem Modell des Homo Oeconomicus spricht man auch allgemein davon, dass rationale Wirtschaftssubjekte das sogenannte *Ökonomische Prinzip* befolgen: Darunter fällt das *Maximalprinzip*, dem zufolge die Wirtschaftssubjekte versuchen, mit einer gegebenen Menge an Inputs einen maximalen Output zu erreichen. So könnten Studierende beispielsweise versuchen, mit einem bestimmten, festgelegten Zeitaufwand das bestmöglichste Klausurergebnis zu erreichen. Beim *Minimalprinzip* hingegen streben die Wirtschaftssubjekte einen gegebenen Output mit minimalen Inputs an. Um im Beispiel zu bleiben: Studierende könnten im Sinne des Minimalprinzips auch ein bestimmtes, festgelegtes Klausurergebnis mit einem möglichst geringen Zeitaufwand anstreben. Es ist jedoch nicht möglich, beide Prinzipien gleichzeitig zu verfolgen, also einen maximalen Output mit minimalen Inputs zu erreichen.

Kritik am Konzept des Homo Oeconomicus

Das Konzept des Homo Oeconomicus wird in Teilen der neueren wirtschaftswissenschaftlichen Diskussion (Verhaltensökonomik oder behavioral economics) zunehmend in Frage gestellt. In diesem Forschungszweig wird mittels Experimenten untersucht, inwieweit sich Wirtschaftssubjekte tatsächlich entsprechend der Modellannahmen des Homo Oeconomicus verhalten. In vielen Untersuchungen zeigen sich dabei ganz erhebliche Abweichungen des beobachtbaren Verhaltens von den Modellannahmen, die den empirischen Gehalt des Modells zumindest in Frage stellen. So zeigt sich beispielsweise, dass sich Menschen häufig stärker am relativen Nutzen im Vergleich zum Nutzen anderer Wirtschaftssubjekte orientieren als strikt am eigenen Nutzen. Zudem entscheiden Menschen oft nicht auf der Basis von Kosten-Nutzen-Analysen, sondern mit Hilfe von Daumenregeln und sie verhalten sich auch insofern nicht rational, als ihre Risikobereitschaft variiert, je nachdem, ob es darum geht, Gewinne zu realisieren oder Verluste zu vermei-

den (im letzten Fall ist die Risikobereitschaft deutlich größer). Eine gut lesbare populär-
wissenschaftliche Einführung zum Thema bietet Heuser 2008, zur vertieften Analyse vgl.
Wilkinson 2008.

1.1.5 Opportunitätskosten

Wenn der Homo Oeconomicus seinen Nutzen maximieren möchte, hat er mit bestimmten
Einschränkungen bzw. Kosten zu rechnen. Wie wir oben gesehen haben, bewerten die Wirtschaftssubjekte verschiedene Entscheidungsalternativen, vergleichen sie und wählen dann
die mit dem höchsten Nutzen. Da aufgrund der Knappheit nie alle Bedürfnisse auf einmal
befriedigt werden können, müssen die Wirtschaftssubjekte bei jeder Entscheidung auf etwas
verzichten: Wählen sie die Handlungsalternative A, bestehen die Kosten dieser Entscheidung
im Verzicht auf die Handlungsalternative B. Um etwas zu bekommen, müssen die Wirtschaftssubjekte auf etwas anderes, das sie ebenfalls gerne gehabt hätten, verzichten. Jede
wirtschaftliche Entscheidung birgt diese Verzichtskosten – die *Opportunitätskosten*: „Die
Opportunitätskosten einer Entscheidung entsprechen dem Wert des nicht gewählten Gutes
oder der nicht gewählten Dienstleistung" (Samuelson/Nordhaus 2005: 33).

1.1.6 Was ist ein Markt und wie funktioniert der Marktmechanismus?

Das Problem der Knappheit führt dazu, dass in jeder Form menschlichen Zusammenlebens in
bestimmten Bereichen gewirtschaftet werden muss – das gilt für Naturvölker genauso wie
für die westlichen Industrieländer, denn in keiner Gesellschaft sind alle Güter, die die Menschen gerne hätten, freie Güter. Wir haben außerdem festgestellt, dass wir unter Wirtschaften
zwei zentrale Aktivitäten verstehen: die Produktion und den Konsum von Gütern. Grundsätzlich muss in jeder Gesellschaft entschieden werden, welche Güter in welchen Mengen produziert werden und außerdem, für wen sie produziert werden, wer also welche Güter in welchen Mengen konsumieren darf. Wie diese Fragen der Produktion und des Konsums bzw. der
Verteilung konkret gelöst werden, hängt vom jeweiligen Wirtschaftssystem ab. Wirtschafts-
systeme sind in der Realität sehr verschieden, theoretisch lassen sich jedoch zwei Idealtypen
unterscheiden: die (freie) Marktwirtschaft und die Zentralverwaltungs- bzw. Planwirtschaft.
Das zentrale Kriterium zur Unterscheidung ist dabei die Frage, welche Wirtschaftssubjekte
die wichtigsten Entscheidungen über Produktion und Konsum treffen. Als *Planwirtschaft*
bzw. *Zentralverwaltungswirtschaft* bezeichnet man ein Wirtschaftssystem, in dem der Staat
alle wichtigen Entscheidungen über Produktion und Konsum trifft. Er erstellt Pläne darüber,
welche Güter in welchen Mengen produziert werden und besitzt außerdem einen Großteil der
Produktionsfaktoren und Unternehmen selbst.

Eine *Marktwirtschaft* hingegen ist ein Wirtschaftssystem, in dem die Entscheidungen über
Produktion und Konsum in den Händen der privaten Haushalte und der Unternehmen liegen.
Die Koordination dieser Entscheidungen erfolgt dann über eine Vielzahl von *Märkten*. Der
Extremfall einer Marktwirtschaft, in der der Staat überhaupt keine wirtschaftlichen Entschei-
dungen trifft, wird als *Laissez-faire-System* bezeichnet. In der Realität existiert eine solche

Marktwirtschaft in Reinform nicht: In marktwirtschaftlich organisierten Ländern wie den OECD-Ländern gibt es verschiedene Bereiche, in denen der Staat über die Wirtschaftspolitik in das Marktgeschehen eingreift. Das Ausmaß und die Art und Weise der Staatseingriffe variieren allerdings zwischen den einzelnen Ländern, wie wir im dritten Teil dieses Buches sehen werden.

Die Organisation für wirtschaftliche Zusammenarbeit und Entwicklung (OECD)

Die OECD (Organisation für wirtschaftliche Zusammenarbeit und Entwicklung) ist eine internationale Organisation mit Sitz in Paris. Sie ging 1961 aus der OEEC (Organisation für europäische wirtschaftliche Zusammenarbeit) hervor, die in der Nachkriegszeit den ökonomischen Wiederaufbau Europas unterstützen sollte. Die Ziele der OECD sind die Förderung von Demokratie und wirtschaftlichem Wachstum, wobei zu ihren zentralen Aufgaben vor allem das Sammeln von Daten und die Veröffentlichung von Analysen zu verschiedenen Politikfeldern gehört. Der Schwerpunkt liegt dabei auf wirtschaftspolitischen Fragen. In jüngster Zeit widmet sich die OECD allerdings auch vermehrt der Bildungspolitik, beispielsweise in Form der sogenannten PISA-Studie. Die aktuell (Stand: 2010) 32 Mitgliedsländer gehören – gemessen an ihrem Pro-Kopf-Einkommen – zu den wirtschaftlich am weitesten entwickelten Ländern der Welt.

Produktion und Konsum werden also in einer Marktwirtschaft durch dezentrale Entscheidungen einzelner Wirtschaftssubjekte bestimmt. Gleichzeitig gibt es in modernen Volkswirtschaften das Prinzip der *Arbeitsteilung*, d.h. der einzelne Haushalt stellt nicht alle Güter, die er gerne konsumieren möchte, selbst her. Somit hängt die Versorgung mit Gütern und Dienstleistungen davon ab, ob die Koordination der einzelnen Wirtschaftssubjekte über den Markt auch tatsächlich funktioniert. Zunächst erscheint es erstaunlich, dass aus Millionen dezentral getroffener Entscheidungen ohne einen „Plan" oder die Zuständigkeit einer zentralen Stelle kein Chaos entsteht. Gleichzeitig erleben wir täglich, dass die Koordination über den Marktmechanismus in der Regel gut funktioniert. Um zu verdeutlichen, warum das so ist, müssen wir zunächst klären, was wir unter Märkten überhaupt verstehen und schließlich, wie der Marktmechanismus konkret funktioniert.

Ein Markt ist ein „Mechanismus, mit dessen Hilfe Käufer und Verkäufer miteinander in Beziehung treten, um Preis und Menge einer Ware oder Dienstleistung zu ermitteln" (Samuelson/Nordhaus 2005: 51). Auf Märkten treffen also die einzelnen Wirtschaftssubjekte aufeinander, wobei sie sich zu Angebot (alle Verkäufer eines bestimmten Gutes) und Nachfrage (alle Käufer eines bestimmten Gutes) zusammenfassen lassen. Es gibt *Gütermärkte*, auf denen Güter gehandelt werden, und *Faktormärkte*, auf denen die jeweiligen Produktionsfaktoren (also Boden, Arbeit und Kapital) gehandelt werden.[3] Auf den Gütermärkten sind die Unternehmen die Anbieter und die privaten Haushalte die Nachfrager; auf den Faktormärkten verhält es sich genau umgekehrt. Dort bieten die Haushalte ihre Produktionsfaktoren (z.B. ihre Arbeitskraft) an und die Unternehmen fragen diese nach.

---

[3]   Auf Faktormärkten haben die Preise der gehandelten Produktionsfaktoren spezielle Bezeichnungen: Der Preis für den Faktor Boden wird als Pacht bezeichnet, der Lohn stellt den Preis für den Faktor Arbeit dar und der Zins ist der Preis für die Überlassung des Faktors Kapital.

Gütermärkte unterscheiden sich – je nach dem gehandelten Gut – in ihrer Form: Es gibt Märkte, die an einem realen Ort stattfinden und relativ zentral organisiert sind. Der Aktienmarkt beispielsweise findet an einem bestimmten Ort statt, nämlich an der Börse. Ähnlich verhält es sich mit Wochenmärkten für Obst und Gemüse. In der Regel existieren Märkte jedoch nur virtuell und sind dezentral organisiert. So gibt es in jeder Stadt einen Markt für belegte Brötchen mit vielen Anbietern und vielen Nachfragern, die zusammen einen Markt bilden, ohne sich jemals gleichzeitig an einem Ort zu befinden.

Zum besseren Verständnis der Funktionsweise von Märkten gibt es in der Wirtschaftstheorie das Modell des sogenannten *vollkommenen Marktes*: Es handelt sich dabei um eine idealtypische Vorstellung (d.h. ein solcher Markt existiert in der realen Welt nicht), die jedoch bei der Analyse des Marktmechanismus sehr hilfreich ist. Ein vollkommener Markt muss folgende Eigenschaften erfüllen:

- Freier Marktzutritt und Marktaustritt: Es gibt keinerlei Beschränkungen, die die Marktteilnehmer, also die Anbieter und Nachfrager, daran hindern, den Markt zu betreten bzw. wieder zu verlassen.
- Homogenität des jeweiligen Gutes: Die einzelnen angebotenen und nachgefragten Güter auf einem vollkommenen Markt unterscheiden sich nicht – weder bezüglich ihrer physischen Eigenschaften, ihrer Qualität noch hinsichtlich ihrer räumlichen oder zeitlichen Verfügbarkeit. Güter, die in diesen Punkten verschieden sind, bezeichnet man als *heterogene Güter*. In der Realität kommen rein homogene Güter nur sehr selten vor. Beispiele wären Wertpapiere oder bestimmte Rohstoffe. Die meisten Güter hingegen sind heterogen. Ein Beispiel für ein besonders heterogenes Gut ist der Produktionsfaktor Arbeit.
- Keine persönlichen Präferenzen: Bei der Frage, ob sich Anbieter und Nachfrager für eine Transaktion entscheiden, ist der Eigennutz das einzige Kriterium. Die persönliche Vorliebe für einen bestimmten Verkäufer oder Käufer spielt auf einem vollkommenen Markt keine Rolle.
- Keine räumlichen und zeitlichen Differenzierungen: Die Anbieter und Nachfrager befinden sich zum gleichen Zeitpunkt an einem Ort. Es gibt außerdem keine Lieferfristen, d.h. Anbieter und Nachfrager können das jeweilige Gut sofort liefern und abnehmen.
- Vollkommene Transparenz: Die Anbieter und Nachfrager besitzen alle jeweils relevanten Informationen – über die Eigenschaften des gehandelten Gutes und auch über die Preisvorstellungen der anderen Marktteilnehmer.
- Unendlich schnelle Anpassungsgeschwindigkeit: Die Marktteilnehmer reagieren sofort auf Veränderungen wie etwa Preisänderungen.

Mit diesen Annahmen haben wir die qualitative Beschaffenheit eines vollkommenen Marktes beschrieben. Zusätzlich werden Märkte auch anhand ihrer quantitativen Beschaffenheit in verschiedene *Marktformen* eingeteilt, und zwar je nachdem, wie viele Anbieter und Nachfrager dort agieren: Gibt es nur einen Anbieter und viele Nachfrager, spricht man von einem *Monopol*. Umgekehrt bilden viele Anbieter, denen nur ein einziger Nachfrager gegenübersteht, ein sogenanntes Monopson. Ist beispielsweise in einer bestimmten Region ein einziges Unternehmen der bedeutendste Arbeitgeber, könnte man diesen regionalen Arbeitsmarkt als Monopson auffassen. Eine Marktform mit einer geringen Zahl von Anbietern sowie vielen Nachfragern wird als *Oligopol* bezeichnet. Existieren hingegen sehr viele Anbieter *und* Nachfrager, handelt es sich um ein *Polypol*. Bei unserer Betrachtung des vollkommenen

Marktes gehen wir von einem solchen Polypol aus. Die Kombination eines vollkommenen Marktes mit der Marktform des Polypols bezeichnet man als *vollkommene Konkurrenz* bzw. *vollkommenen Wettbewerb*: In diesem Fall besteht unser vollkommener Markt aus so vielen Teilnehmern, dass sowohl der einzelne Anbieter als auch der einzelne Nachfrager keinen Einfluss auf den Preis des gehandelten Gutes hat. Der Preis ergibt sich erst aus dem Zusammenspiel aller Marktteilnehmer. Man bezeichnet die Anbieter und Nachfrager deshalb auch als *Preisnehmer*, weil sie den jeweils herrschenden Marktpreis akzeptieren müssen oder als *Mengenanpasser*: Weil der Einzelne den Preis nicht beeinflussen kann, kann er auf ihn nur reagieren, indem er seine angebotene bzw. nachgefragte Menge variiert.

Allerdings ist natürlich nicht zu übersehen, dass viele der hier getroffenen Annahmen recht weit von der Realität entfernt sind. Offensichtlich sind die wenigsten Märkte durch vollkommene Konkurrenz gekennzeichnet. Das ist auch Wirtschaftswissenschaftlern durchaus bewusst. Die vereinfachenden Annahmen erleichtern aber, wie wir gleich sehen werden, die Analyse und helfen uns, die Frage zu beantworten, wie der Marktmechanismus genau funktioniert. Dabei lassen sich die Zusammenhänge mit Hilfe einer Graphik veranschaulichen.

Abbildung 1.1 stellt das Angebot an und die Nachfrage nach einem bestimmten Gut (dem Gut A) dar. Das Angebot besteht aus den einzelnen Anbietern, d.h. aus allen Verkäufern des Gutes. Die Nachfrage besteht aus den einzelnen Nachfragern, d.h. aus allen Käufern des Gutes. In der Graphik werden die angebotene und die nachgefragte Menge des Gutes A in Abhängigkeit vom Preis dargestellt.

Welche Beziehung besteht nun zwischen diesen beiden Variablen? Der Zusammenhang zwischen der angebotenen Menge und dem Preis wird durch das Gesetz des Angebotes beschrieben: Je höher der Preis, desto höher ist (unter sonst gleichen Bedingungen) die angebotene Menge, und umgekehrt. Die theoretische Erklärung für diesen Zusammenhang ist, dass bei steigenden Preisen auch einzelne weniger effiziente Anbieter in den Markt einsteigen können – es gibt insgesamt mehr Anbieter am Markt, weshalb die gesamte angebotene Menge steigt. In unserer Graphik wird das Angebot also mit Hilfe einer steigenden Geraden dargestellt: der Angebotskurve.

Preis p

Angebotskurve

Gleichgewichts-
preis p*

Nachfragekurve

Gleichgewichts-
menge x*

angebotene bzw.
nachgefragte Menge x

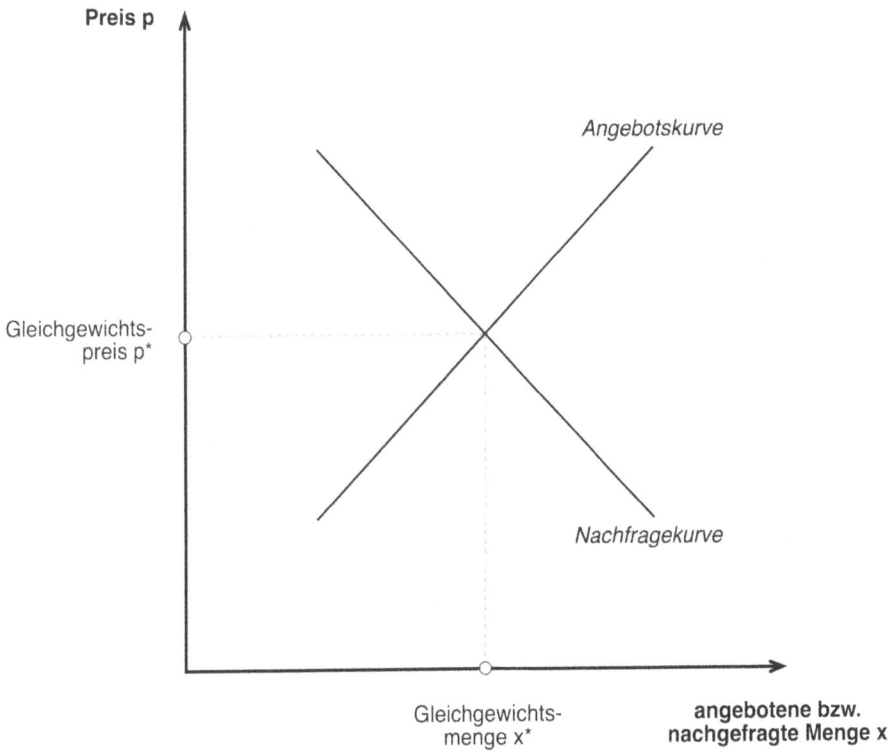

Abbildung 1.1: Angebot und Nachfrage auf dem Gütermarkt

Der Zusammenhang zwischen der nachgefragten Menge und dem Preis wird mit dem *Gesetz der Nachfrage* angegeben: Je höher der Preis, desto niedriger ist (unter sonst gleichen Bedingungen) die nachgefragte Menge, und umgekehrt. Die Nachfrage wird bestimmt durch das Einkommen der Haushalte. Diese Budgetbeschränkung wirkt sich auf die Nachfrage bei niedrigen Preisen weniger stark bremsend aus als bei hohen Preisen. Die Nachfrage wird somit in der Graphik durch eine fallende Gerade dargestellt: die *Nachfragekurve*. Der Zusatz „unter sonst gleichen Bedingungen" bezieht sich übrigens darauf, dass wir in unserem einfachen Modell nur untersuchen, wie sich die angebotene Menge in Abhängigkeit vom Preis verändert. Generell hängt das Angebot aber auch von anderen Faktoren ab, wie zum Beispiel von den Preisen der Produktionsfaktoren, dem Stand des technischen Fortschritts oder den Erwartungen der Unternehmen. Dies gilt ebenfalls für die Nachfrage. Relevante Einflussfaktoren neben dem Preis eines Gutes sind hier unter anderem die Höhe der Einkommen der privaten Haushalte, die Preise ähnlicher Güter oder Veränderungen im Geschmack der Konsumenten. Der Zusatz „unter sonst gleichen Bedingungen" wird auch als *Ceteris-paribus-Klausel* bezeichnet: Wir betrachten nur einen potentiellen Einflussfaktor und gehen davon aus, dass alle anderen Faktoren konstant bleiben. Der Unterschied zwischen den einzelnen Einflussfaktoren lässt sich auch anhand unserer Graphik nachvollziehen. Eine Änderung des Preises führt (unter sonst gleichen Bedingungen) zu Auf- und Abwärtsbewegungen auf der Angebots- und der Nachfragekurve; die Kurve an sich bleibt unverändert. Falls sich hingegen die anderen Einflussgrößen verändern, verschiebt sich die jeweilige Kurve. Steigen beispielsweise die Einkommen der privaten Haushalte deutlich an, so kommt es in der Regel zu einer Verschiebung der Nachfragekurve nach rechts oben.

Zurück zu unserer Analyse des Marktes für Gut A: Im Schnittpunkt von Angebots- und Nachfragekurve besteht nun ein sogenanntes *Marktgleichgewicht*, mit dem Gleichgewichtspreis p* und der Gleichgewichtsmenge x*. Das Gleichgewicht ist dadurch gekennzeichnet, dass zu diesem Preis die angebotene und die nachgefragte Menge genau gleich sind. Im Gleichgewicht können die Wünsche aller Marktteilnehmer, also alle Kauf- und Verkaufswünsche, erfüllt werden.

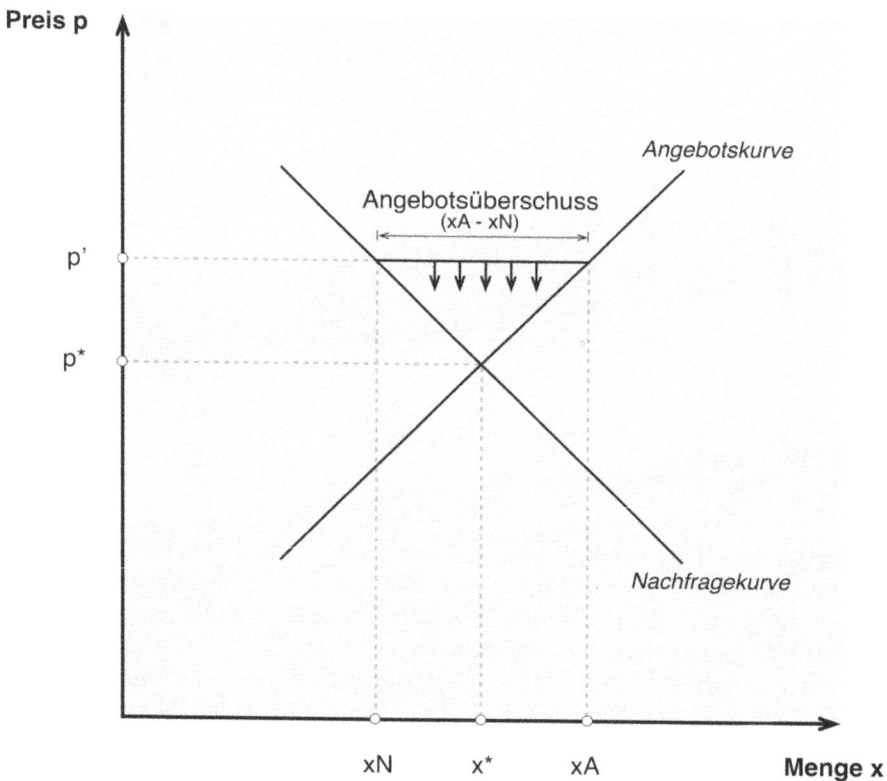

Abbildung 1.2: Ungleichgewicht auf dem Gütermarkt

Zum genaueren Verständnis des Marktmechanismus stellen wir uns nun eine Situation vor, in der der tatsächliche Preis des Gutes oberhalb des Gleichgewichtspreises p* liegt, und zwar bei p'.[4] Wie wir in Abbildung 1.2 sehen können, ist zu diesem Preis p' die angebotene Menge

---

[4] Zu einer solchen Preisänderung kann es aus verschiedenen Gründen kommen. Betrachtet man den Arbeitsmarkt, so könnte beispielsweise die Regierung eines Landes einen Mindestlohn einführen, der oberhalb des Gleichgewichtspreises liegt. Die Ursache plötzlicher Preisänderungen kann aber auch in sogenannten *externen bzw. exogenen Schocks* liegen: Darunter versteht man überraschende und meist unvorhersehbare Ereignisse, die

des Gutes (xA in der Graphik) größer als die nachgefragte Menge (xN in der Graphik) – es liegt ein *Angebotsüberschuss* vor. In dieser Situation ist der Markt nicht im Gleichgewicht, da es mehr Verkaufswünsche als Kaufwünsche gibt – es können nicht mehr die Wünsche aller Marktteilnehmer befriedigt werden. Damit Produktion und Konsum in einer Marktwirtschaft reibungslos funktionieren, dürfen die Märkte jedoch nicht dauerhaft im Ungleichgewicht sein. Wie findet der Markt also wieder zurück zum Gleichgewicht?

Zum Preis p' können einige Verkäufer ihre produzierten Mengen des Gutes nicht verkaufen. Nach einer gewissen Zeit werden sie darauf reagieren und den Preis ihres Gutes senken. Auf diese Art und Weise werden viele einzelne Anbieter reagieren, da sie befürchten müssen, dass die Nachfrager sonst zur Konkurrenz abwandern. Da also die meisten Anbieter auf den Angebotsüberschuss mit Preissenkungen reagieren, sinkt der Marktpreis. Die weniger effizienten Anbieter werden diese Preissenkung nicht mittragen können und scheiden aus dem Markt aus. Dadurch sinkt die angebotene Menge des Gutes. Gleichzeitig steigt aufgrund des gesunkenen Preises die Nachfrage – diese Entwicklung dauert solange an, bis der Markt wieder zurück zum Gleichgewicht gefunden hat. Der Mechanismus, mit dem der Markt von alleine wieder zurück zum Gleichgewicht findet, besteht also im Wettbewerb zwischen den Anbietern. Dieser Marktmechanismus wurde bereits 1776 von Adam Smith in seinem Werk „The Wealth of Nations" beschrieben. Smith erkannte, dass die privaten Haushalte und die Unternehmen auf Märkten zusammenwirken, als ob sie von einer „unsichtbaren Hand" zu guten Marktergebnissen geführt würden. Das zentrale Instrument, mit dem der Marktmechanismus effiziente Ergebnisse hervorbringt, ist dabei der Preis. Da sich der Preis aus der Interaktion aller Marktteilnehmer ergibt, spiegelt er einerseits die Kosten der Produktion wider und andererseits den Wert, den die Nachfrager dem jeweiligen Gut zuschreiben. Wenn sich die Wirtschaftssubjekte also in ihren Handlungen vom Preis beeinflussen lassen, berücksichtigen sie die Kosten und den Wert eines Gutes. Obwohl jeder Einzelne nur seinen eigenen Nutzen maximieren möchte, kommt es so im Zusammenspiel aller zu insgesamt effizienten (und somit laut Smith wünschenswerten) Ergebnissen. Die „unsichtbare Hand des Marktes" wirkt allerdings nur auf Märkten mit funktionierendem Wettbewerb – nur dann sind Märkte die effizienteste Möglichkeit, aus den gegebenen Ressourcen eine möglichst große Gütermenge herauszuholen.

1.1.7 Der Übergang zur Makroökonomik: Gesamtwirtschaftliches Angebot und gesamtwirtschaftliche Nachfrage

Bisher haben wir gesehen, wie der Markt für ein bestimmtes Gut funktioniert. Dabei handelt es sich um eine Fragestellung der Mikroökonomik. Die Volkswirtschaft eines Landes besteht jedoch aus zahlreichen einzelnen Märkten für einzelne Güter, die sich zu Märkten auf der gesamtwirtschaftlichen Ebene aggregieren lassen. Mit gewissen Einschränkungen gilt die Funktionsweise des Marktes aber auch für diese gesamtwirtschaftlichen Märkte. Dort geht es nicht mehr um Angebot an und Nachfrage nach einem Gut, sondern um das gesamtwirt-

---

entweder die Angebots-, die Nachfragebedingungen oder beide zugleich beeinflussen. Ein Beispiel für einen Angebotsschock ist die Ölkrise der 1970er Jahre, ausgelöst durch einen deutlichen Anstieg des Rohölpreises.

schaftliche Angebot und die gesamtwirtschaftliche Nachfrage einer Volkswirtschaft. Die wichtigsten Märkte auf der Makroebene sind der Gütermarkt und der Geldmarkt. Im Folgenden wollen wir die Frage beantworten, wie Angebot und Nachfrage auf dem Gütermarkt einer Volkswirtschaft verlaufen.

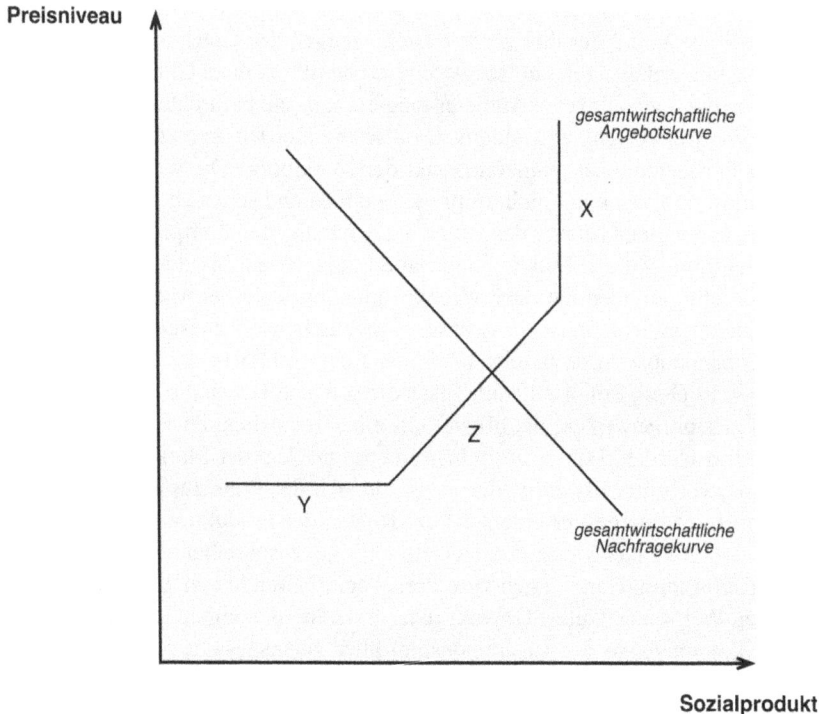

Abbildung 1.3: Gesamtwirtschaftliches Angebot und gesamtwirtschaftliche Nachfrage

Auf dem Gütermarkt treffen das *gesamtwirtschaftliche Angebot* (also die Menge aller angebotenen Güter und Dienstleistungen einer Volkswirtschaft) und die *gesamtwirtschaftliche Nachfrage* (die Menge aller nachgefragten Güter und Dienstleistungen) aufeinander. In Abbildung 1.3 wird nun nicht mehr der Preis eines einzelnen Gutes abgetragen, sondern das gesamtwirtschaftliche Preisniveau.

Die gesamtwirtschaftliche Nachfrage verläuft ebenso wie die Nachfrage nach einem einzelnen Gut: Je höher das Preisniveau, desto niedriger ist (unter sonst gleichen Bedingungen) die gesamtwirtschaftliche Nachfrage (und umgekehrt). Die Nachfragekurve hat also einen fallenden Verlauf.

Der Verlauf des gesamtwirtschaftlichen Angebots ist etwas schwieriger zu bestimmen. Je nachdem, in welcher Situation sich eine Volkswirtschaft befindet, verläuft die gesamtwirtschaftliche Angebotskurve nämlich anders. Die Angebotskurve enthält alle Güter und Dienstleistungen, die die Unternehmen in einer Volkswirtschaft anbieten – und die mussten zuvor produziert werden. Zur Produktion benötigen die Unternehmen Produktionsfaktoren, die jedoch nicht unbegrenzt vorhanden sind. Zumindest kurzfristig kann die Menge an Produktionsfaktoren, die im Produktionsprozess eingesetzt werden kann, nicht erhöht werden. Wenn nun in einer Volkswirtschaft, in der alle Arbeitnehmer beschäftigt und alle Produktionsanlagen ausgelastet sind (Situation X in Abb. 1.3), die gesamtwirtschaftliche Nachfrage plötzlich steigt, können die Unternehmen gar keine zusätzlichen Güter anbieten, weil sie kurzfristig mit den vorhandenen Produktionsfaktoren nicht mehr produzieren können. Die Unternehmen werden zwar versuchen, zusätzliche Produktionsfaktoren zu gewinnen, indem sie höhere Löhne, Zinsen und Pachten anbieten. Da aber alle Unternehmen in dieser Weise handeln werden und die Menge der Produktionsfaktoren (kurzfristig) begrenzt ist, wird keines zusätzliche Produktionsfaktoren gewinnen können. Daher induziert die zusätzliche Nachfrage kein steigendes Angebot mehr, sondern lässt lediglich (wegen der höheren Preise für die Produktionsfaktoren) das Preisniveau steigen. In einer solchen Situation verläuft die Angebotskurve vertikal. Man sagt auch, dass die gesamtwirtschaftliche Angebotskurve langfristig vertikal verläuft, also unabhängig vom Preisniveau: Langfristig nämlich hängt das Angebot einer Volkswirtschaft vor allem von der Ausstattung mit Produktionsfaktoren und der vorhandenen Technologie ab.

Anders sieht es aus, wenn in einer Volkswirtschaft Arbeitslosigkeit besteht und die vorhandenen Produktionsfaktoren nicht vollständig genutzt werden (Situation Y in Abb. 1.3, sogenannter keynesianischer Bereich): Steigt in dieser Situation plötzlich die Nachfrage, kann diese zusätzliche Nachfrage durch einen Anstieg des Güterangebotes befriedigt werden. Die Unternehmen müssen nicht neu investieren, sie können zunächst ihre vorhandenen, nicht ausgelasteten Kapazitäten ausschöpfen. Das Preisniveau bleibt in dieser Situation stabil, obwohl die angebotene Menge steigt (Zum Vergleich: Bei der mikroökonomischen Betrachtung eines einzelnen Marktes ging ein steigendes Angebot mit steigenden Preisen einher). Die Angebotskurve verläuft in diesem Fall horizontal.

Die gesamtwirtschaftliche Angebotskurve kann allerdings auch „normal" verlaufen, also so wie bei der mikroökonomischen Analyse eines einzelnen Marktes (Situation Z in Abb. 1.3). In diesem Fall gilt: Je höher das Preisniveau, desto höher ist (unter sonst gleichen Bedingungen) die angebotene Menge. Ein Anstieg des Preisniveaus führt also zu einem höheren gesamtwirtschaftlichen Güterangebot. Für diesen Zusammenhang gibt es innerhalb der Volkswirtschaftslehre verschiedene Erklärungen: Zum einen kann es passieren, dass die Wirtschaftssubjekte die Entwicklung des allgemeinen Preisniveaus falsch wahrnehmen. Wenn die Unternehmen beobachten, dass die Preise ihrer Güter steigen, obwohl es sich in Wirklichkeit um einen Anstieg des allgemeinen Preisniveaus handelt, könnten sie glauben, die Produktion ihrer Güter wäre lohnender geworden. Kurzfristig werden sie deshalb die Produktion erhöhen – die angebotene Gütermenge steigt. Nach einer Weile werden die Unternehmen jedoch merken, dass die Preise aller Güter gestiegen sind, und den Anstieg ihrer eigenen Güterproduktion wieder zurücknehmen. Eine zweite Erklärung dafür, dass die gesamtwirtschaftliche Angebotskurve kurzfristig steigend verläuft, ist die Existenz starrer Löhne. Wenn die Löhne sich kurzfristig nicht anpassen können (weil z.B. Tarifverträge eine längere Laufzeit haben), führt ein Anstieg des allgemeinen Preisniveaus zu niedrigeren Reallöhnen. Die *Reallöhne* ergeben sich aus den *Nominallöhnen* (also den Geldbeträgen, die tatsächlich ausgezahlt werden) geteilt durch das allgemeine Preisniveau. Für die Nachfrage der Unternehmen nach dem Faktor Arbeit ist die Höhe dieser Reallöhne relevant. Sinken nun bei einem Anstieg des Preisniveaus die Reallöhne, stellen die Unternehmen mehr Arbeitskräfte ein, was wiederum zu einer höheren Güterproduktion führt. Beiden Erklärungen liegen allerdings Phänomene zugrunde, die nur kurz- bis mittelfristig greifen. Man kann deshalb davon ausgehen, dass die gesamtwirtschaftliche Angebotskurve nur mittel- bis kurzfristig einen horizontalen oder positiven Verlauf hat, langfristig jedoch einen vertikalen.

1.2   Der Wirtschaftskreislauf

Im folgenden Abschnitt geht es darum, einige zentrale ökonomische Zusammenhänge zu verstehen. Diese lassen sich gut mit Hilfe der Vorstellung einer Volkswirtschaft als einer Art Kreislauf darstellen. In diesen Kreislaufmodellen bzw. Kreislaufdiagrammen werden die Beziehungen zwischen den einzelnen Wirtschaftssubjekten anhand der Transaktionen, die zwischen ihnen fließen, abgebildet (Abbildung 1.4).

Im einfachsten Kreislaufmodell einer geschlossenen Volkswirtschaft – der Zusatz „geschlossen" impliziert, dass kein Handel mit dem Ausland stattfindet – gibt es zwei Akteure: Unternehmen und private Haushalte. Die Unternehmen produzieren Güter und Dienstleistungen, die sie auf den Gütermärkten an die privaten Haushalte verkaufen. Für die Produktion benötigen sie Produktionsfaktoren (Boden, Arbeit, Kapital), die im Besitz der privaten Haushalte sind und von diesen auf den Faktormärkten verkauft werden. Das einfache Kreislaufmodell geht außerdem davon aus, dass die Wirtschaftssubjekte nicht sparen, d.h. die Unternehmen verkaufen alle produzierten Güter, und die privaten Haushalte wiederum geben ihr gesamtes (aus dem Verkauf ihrer Produktionsfaktoren erzieltes) Einkommen für den Kauf der Güter aus.

Das einfache Kreislaufmodell kann erweitert werden, indem man annimmt, dass die privaten Haushalte einen Teil ihres Einkommens sparen[5]: Die Unternehmen können jetzt nicht mehr alle produzierten Güter an die Haushalte verkaufen, weil diese ihr Einkommen nur zu einem gewissen Teil in den Konsum stecken. Die Güter, die im Unternehmensbereich bleiben, nennt man *Investitionen*. Sie lassen sich weiter unterscheiden in *Lagerinvestitionen* und *Kapitalgüter*: Lagerinvestitionen sind Güter, die nicht verkauft wurden und deshalb (freiwillig oder unfreiwillig) die Lagerbestände der Unternehmen erhöhen. Kapitalgüter sind Güter, die zur Produktion weiterer Güter in der Zukunft verwendet werden können. Diese Investitionsform wiederum kann unterteilt werden in *Ersatzinvestitionen* und *Nettoinvestitionen*: Die Ersatzinvestitionen sind zur Erhaltung des vorhandenen Produktionsapparates bestimmt. In diesem Zusammenhang spielen die *Abschreibungen* eine wichtige Rolle: Kapitalgüter, wie z.B. Maschinen oder Betriebsgebäude, verlieren durch die Nutzung im Produktionsprozess infolge von Alterung und Verschleiß an Leistungsfähigkeit und Wert – diesen jährlichen Wertverlust bezeichnet man auch als Abschreibung. Die Ersatzinvestitionen gleichen diese Abschreibungen aus. Sind die beiden Größen gleich, entspricht der Wert des Produktionsmittelbestandes am Ende einer Periode genau dem Anfangswert. Die Nettoinvestitionen hingegen sollen den vorhandenen Produktionsapparat verbessern bzw. erweitern. Erst durch aus-

---

[5]   Theoretisch erlaubt die Annahme, dass gespart werden kann, übrigens auch negatives Sparen (sogenanntes *Entsparen*): Wenn die privaten Haushalte sparen, konsumieren sie weniger als sie an Einkommen zur Verfügung haben. Wenn sie entsparen, konsumieren sie mehr und lösen dafür vorhandene Ersparnisse auf.

reichende Nettoinvestitionen der Unternehmen kann es gesamtwirtschaftlich zu Wachstum kommen.

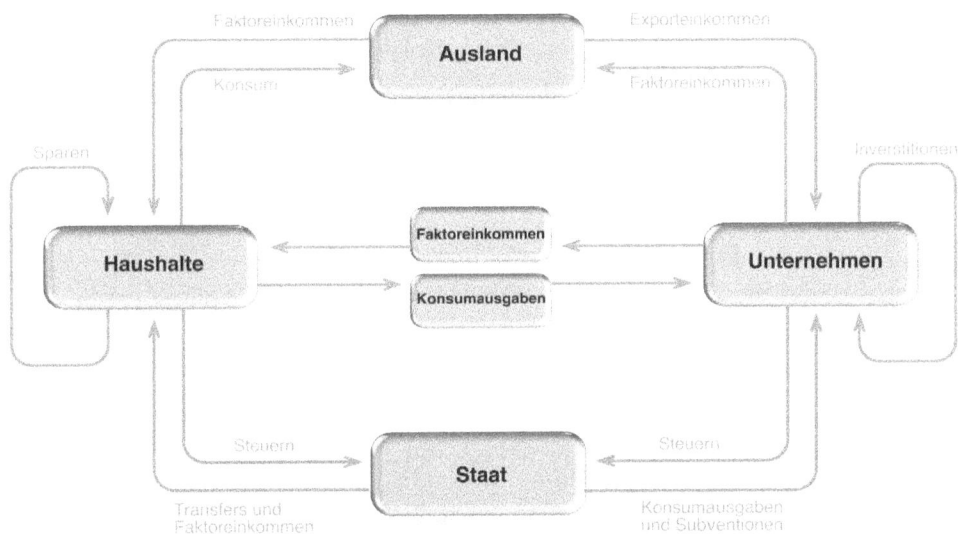

Abbildung 1.4: Der Wirtschaftskreislauf

Für eine geschlossene Volkswirtschaft lässt sich nun feststellen, dass die Investitionen der Unternehmen immer gleich der Ersparnis der privaten Haushalte sind. Diese Tatsache wird als *Identität von Sparen und Investitionen* bezeichnet. Sie gilt jedoch nur *ex post*: Das Kreislaufmodell stellt die Transaktionen zwischen den Wirtschaftssubjekten innerhalb einer bestimmten Periode, üblicherweise eines Jahres, dar. Die Bezeichnung ex post meint nun, dass Investitionen und Ersparnisse nach Ablauf dieser Periode gleich sind. *Ex ante*, also zu Beginn der Periode, handelt es sich nicht zwangsläufig um eine Identität. Die privaten Haushalte und die Unternehmen entscheiden dann erst, wie viel sie in der jeweiligen Periode sparen bzw. investieren möchten – diese Pläne können abweichen, sodass Sparen und Investitionen ex ante unterschiedlich hoch sein können. Ex post jedoch müssen die beiden Größen gleich sein: Bei divergierenden Plänen lassen sich nicht alle Vorhaben realisieren, sodass z.B. bei den Unternehmen unfreiwillige Lagerinvestitionen entstehen, weil die privaten Haushalte mehr sparen als die Unternehmen investieren wollten. Da die unfreiwilligen Investitionen jedoch ebenfalls zu den Investitionen gehören, greift auch hier ex post die Identität von Sparen und Investitionen.

Das einfache Kreislaufmodell kann erweitert werden, indem der Staat als zusätzlicher Akteur im Wirtschaftsgeschehen auftritt. Obwohl in einer Marktwirtschaft in der Regel die privaten Haushalte und die Unternehmen die zentralen wirtschaftlichen Entscheidungen treffen, spielt der Staat als Wirtschaftssubjekt eine wichtige Rolle.

Der Staat als Wirtschaftssubjekt

Wir wollen in einem Exkurs der Frage nachgehen, warum der Staat überhaupt in die Wirtschaft eingreift bzw. unter welchen Umständen dieses Eingreifen notwendig sein könnte. Dabei kann zwischen der Sicherung von Rechten auf der einen Seite und der Korrektur von Marktversagen auf der anderen Seite unterschieden werden.

1. Die Sicherung von Rechten

Der Staat leistet zunächst einen wichtigen Beitrag zum Funktionieren des Wirtschaftsgeschehens, indem er das Rechtssystem bereitstellt, über das bestimmte ökonomisch relevante Rechte der Wirtschaftssubjekte abgesichert sind. Ein Beispiel sind die Eigentumsrechte. Zugleich stellt der Staat über das Rechtssystem sicher, dass Verträge auch tatsächlich eingehalten werden. Juristisch formuliert kommt es zwischen Angebot und Nachfrage auf Märkten ständig zum Abschluss von Verträgen (vor allem von Kaufverträgen). Die Einhaltung dieser Verträge ist für das Funktionieren einer Marktwirtschaft essentiell, da die Möglichkeit eines nicht sanktionierten Vertragsbruchs die Interaktion der Wirtschaftssubjekte behindern würde. Damit auch völlig fremde Menschen miteinander Tauschgeschäfte eingehen, muss ein Mindestmaß an Vertrauen bestehen. Dieses Vertrauen kann der Staat festigen, indem er über das Rechtssystem sicherstellt, dass (Kauf-)Verträge auch tatsächlich eingehalten werden. Erst auf dieser Basis kann es zu hochkomplexen Tauschhandlungen zwischen Millionen von Wirtschaftssubjekten kommen, wie sie für moderne Volkswirtschaften kennzeichnend sind.

2. Marktversagen und die Herstellung von Kollektivgütern

Der Staat greift außerdem in den Markt ein, wenn es zum sogenannten Marktversagen kommt. Wir haben bereits festgestellt, dass es Märkten in der Regel besonders gut gelingt, aus den Ressourcen einer Volkswirtschaft das Maximum herauszuholen. Je weniger ein tatsächlicher Markt jedoch die Eigenschaften eines vollkommenen Marktes erfüllt, desto wahrscheinlicher ist es, dass der Markmechanismus nicht reibungslos funktioniert – dass es also zum Marktversagen kommt.

Ein Ursache von Marktversagen können asymmetrische Informationen sein: In diesem Fall besitzt eine Seite am Markt (entweder Anbieter oder Nachfrager) mehr Informationen über das jeweilige Gut als die andere Seite – wir hätten es also nicht mehr mit einem vollkommenen Markt zu tun, da dort die Bedingung der vollkommenen Transparenz gelten muss. Das Problem der asymmetrischen Information wird auch als Saure-Gurken-Problem bezeichnet. Der Ökonom George Akerlof (1970) beschrieb dieses Problem am Beispiel des Marktes für Gebrauchtwagen: Dort können die Nachfrager nur unter erheblichem Aufwand selbst feststellen (oder von Experten feststellen lassen), ob ein angebotener Gebrauchtwagen Mängel hat oder nicht. Weil also die Nachfrager die Qualität des Gutes nur schwer überprüfen können, gehen sie davon aus, mit einer gewissen Wahrscheinlichkeit einen „Montagswagen" (eine „saure Gurke") zu erwischen. Entsprechend werden sie nicht bereit sein, den Preis zu bezahlen, den sie zu zahlen bereit wären, wenn sie genau wüssten, dass der Gebrauchtwagen keine Mängel hat. Gleichzeitig werden Verkäufer, die ausschließlich hochwertige Wagen verkaufen und dafür höhere Preise verlangen, aus dem Markt ausscheiden – wodurch die relative Anzahl „saurer Gurken" am Markt für Gebrauchtwagen ansteigt. Um dieses unerwünschte Ergebnis zu verhindern, könnte der Staat eingreifen und beispielsweise bestimmte Qualitätsstandards festlegen. Indem der

Staat also für Transparenz auf dem Markt für Gebrauchtwagen sorgt, kann er das Marktversagen beheben, und der Marktmechanismus ist wieder in der Lage, effiziente Ergebnisse hervorzubringen.

Eine andere Form des Marktversagens hat mit der Frage zu tun, ob es sich bei einem Gut um ein privates, ein öffentliches oder ein Mischgut handelt. Die Einteilung von Gütern in diese drei Typen erfolgt anhand zweier Kriterien, und zwar der Ausschließbarkeit und der Rivalität im Konsum: Ausschließbarkeit meint, dass diejenigen Wirtschaftssubjekte, die für ein Gut nichts bezahlen, vom Konsum dieses Gutes ausgeschlossen werden (können): Wer beispielsweise beim Bäcker nicht bezahlt, wird auch kein Brötchen bekommen. Unter Rivalität im Konsum hingegen versteht man, dass das jeweilige Gut nur von einem Wirtschaftssubjekt konsumiert werden kann: Wenn eine Person das gekaufte Brötchen isst, kann es keine andere Person mehr essen. Treffen nun beide Kriterien auf ein Gut zu, handelt es sich um ein privates Gut. Bei öffentlichen Gütern ist das Gegenteil der Fall. Es besteht zum einen Nicht-Ausschließbarkeit. Personen, die nicht für das Gut bezahlen, können trotzdem nicht vom Konsum des Gutes ausgeschlossen werden. Ein klassisches Beispiel ist die Landesverteidigung: Wenn dieses Gut erst einmal „produziert" wurde, die Sicherheit eines Landes also gewährleistet ist, dann kann kein Einwohner des Landes vom Nutzen ausgeschlossen werden – es ist schließlich nicht möglich, einzelne Einwohner gezielt von der Sicherheit auszuschließen. Zusätzlich zur Nicht-Ausschließbarkeit gilt bei öffentlichen Gütern die Nicht-Rivalität im Konsum: Konsumiert eine Person das öffentliche Gut, vermindert dies nicht die Möglichkeit einer anderen Person, das Gut ebenfalls zu konsumieren. Auch hier ist Sicherheit ein klassisches Beispiel.

Warum können diese Eigenschaften öffentlicher Güter nun zum Marktversagen führen? Die Herstellung eines öffentlichen Gutes bringt – genau wie die Produktion privater Güter – Kosten mit sich. Wurde das öffentliche Gut aber erst einmal hergestellt, kann niemand mehr vom Konsum ausgeschlossen werden. Für das einzelne Wirtschaftssubjekt ist es also rational, das öffentliche Gut nicht auf dem Markt nachzufragen, weil es dort ja einen Preis bezahlen müsste. Verhalten sich nun alle Wirtschaftssubjekte einer Volkswirtschaft derart rational (wovon wir anhand des Modells des Homo Oeconomicus ausgehen müssen), wird niemand das öffentliche Gut nachfragen und kaufen. Da also niemand die Kosten der Produktion trägt, wird das öffentliche Gut gar nicht erst produziert, obwohl es ein von den Wirtschaftssubjekten erwünschtes Gut ist. Es handelt sich in diesem Fall um ein klassisches Trittbrettfahrerproblem. Übernimmt nun der Staat die Produktion des öffentlichen Gutes und sichert die Finanzierung, indem er im Gegenzug Zwangsabgaben erhebt, kann dieses Trittbrettfahrerproblem gelöst werden.

Schließlich gibt es noch Mischgüter, die zwischen privaten und öffentlichen Gütern liegen. Bei ihnen treffen im Gegensatz zu öffentlichen Gütern nicht beide Kriterien gleichzeitig zu. Es gibt zum einen Klub- oder Mautgüter mit den Eigenschaften Ausschließbarkeit, wie bei privaten Gütern, aber zugleich Nicht-Rivalität im Konsum, wie bei öffentlichen Gütern. Beispiele für Mautgüter sind das Kabelfernsehen, Kulturveranstaltungen oder Fußballstadien. Bei den Allmendegütern hingegen treffen wie bei öffentlichen Gütern die Nicht-Ausschließbarkeit und wie bei privaten Gütern die Rivalität im Konsum zu. Ein Beispiel ist eine intakte Umwelt. Bei der Nutzung dieser Güter treten sogenannte negative externe Effekte bzw. negative Externalitäten auf. Dieser Mechanismus lässt sich gut am Beispiel einer intakten Umwelt veranschaulichen: Unternehmen nutzen im Produktionsprozess verschiedene Inputs, für deren Nutzung sie jeweils bezahlen müssen. Das gilt für Maschinen genauso wie für die benötigte Arbeitskraft. Während in einer Fabrik nun mit Maschinen und Arbeitskraft ein Gut produziert wird, werden meist Schadstoffe ausgestoßen, die die Umwelt belasten. Im Grunde nutzt das Unternehmen also neben Maschinen und dem Faktor Arbeit noch einen weiteren Input im Produktionsprozess, und zwar die Umwelt. Im Gegensatz zur Nutzung der anderen Produktionsfaktoren muss für die Verschmutzung der Umwelt jedoch kein Preis bezahlt werden. Für die Unternehmen besteht also kein Anreiz, dieses Gut effizient, d.h. möglichst wenig, zu nutzen – es kommt zur „Übernutzung" des Gutes und somit zur Umweltverschmutzung. Der Staat kann diese Form von Marktversagen beheben, indem er dafür sorgt, dass das Allmendegut nicht mehr kostenlos ist: Wenn er für die Nutzung einen Preis festlegt, internalisiert er die negativen externen Effekte. Sobald ein Preis entrichtet werden muss, beziehen die Unternehmen diesen Preis in ihre Kalkulation des Produktionsprozesses mit ein und werden sich bemühen, das Gut möglichst wenig zu nutzen. In unserem Beispiel könnte der Staat einen Preis für die Nutzung der Umwelt festlegen, indem er Steuern erhebt. Er könnte andererseits auch Lizenzen für die Nutzung, also beispielsweise für das Ausstoßen von Schadstoffen, an die Unternehmen verkaufen, wie es im Rahmen des Emissionshandels tatsächlich geschieht.

Insgesamt können wir feststellen, dass es theoretisch tatsächlich eine „ökonomische" Rechtfertigung für Eingriffe des Staates in das Wirtschaftsgeschehen gibt. Empirisch lässt sich allerdings feststellen, dass der Staat einerseits nicht in allen Fällen von Marktversagen eingreift, während er andererseits auch wirtschaftlich aktiv wird in Fällen, in denen gar kein Marktversagen vorliegt (vgl. Blankart 2008: 64). Beispiele wären die Umverteilung der vom Markt erzeugten Primäreinkommen oder die Stabilisierung des Konjunkturzyklus, die in vielen marktwirtschaftlichen Ländern Ziele der jeweiligen Regierungen sind. Die Entscheidung, ob und in welchen konkreten Fällen der Staat in die Wirtschaft eingreift, basiert also nicht oder zumindest nicht ausschließlich auf einer ökonomischen Begründung wie etwa der Behebung von Marktversagen. Vielmehr handelt es sich dabei um politische Entscheidungen, die nicht nur von ökonomischen Gegebenheiten abhängen, sondern auch in erheblichem Umfang vom Willen der Wähler und ihrer Regierungen.

Tritt der Staat als zusätzlicher Akteur auf, stellt sich die Frage nach der Art und Weise der Beziehung zwischen dem Staat und den anderen Wirtschaftssubjekten. Dabei zeigt sich die Beziehung zu den privaten Haushalten wie folgt: Einerseits entzieht der Staat den Haushalten über Steuern einen Teil ihres Einkommens, andererseits bezahlt er sie dafür, dass sie ihm ihre Produktionsfaktoren zur Verfügung stellen. Außerdem kommt es zu *Transferleistungen* des Staates an die privaten Haushalte, worunter man staatliche Geldzahlungen ohne Gegenleistung der Haushalte versteht, also beispielsweise das Kindergeld oder die Sozialhilfe. Im Rahmen der Beziehung zwischen Staat und Unternehmen kauft der Staat zunächst (wie die privaten Haushalte auch) Güter von den Unternehmen. Zusätzlich erfolgen auch staatliche Zahlungen an die Unternehmen ohne Gegenleistung – man bezeichnet diese als *Subventionen*. Außerdem müssen auch die Unternehmen Steuern an den Staat abführen. Schließlich ist es im Modell auch möglich, dass der Staat spart oder entspart, sich also verschuldet.

In einer dritten Erweiterung des einfachen Kreislaufmodells geht man nun von einer offenen Volkswirtschaft aus, d.h. die einzelnen inländischen Märkte sind gegenüber dem Ausland geöffnet. Hinzu kommen deshalb Transaktionen zwischen In- und Ausland. Einerseits kaufen die inländischen privaten Haushalte und der Staat Güter aus dem Ausland (die *Importe*), andererseits kauft das Ausland Güter der inländischen Unternehmen (die *Exporte*). Zusätzlich können zwischen In- und Ausland auch Produktionsfaktoren getauscht werden.

1.3 Wirtschaftspolitische Probleme und Ziele

In diesem Kapitel sollen vor allem die wichtigsten wirtschaftspolitischen Ziele beziehungsweise – negativ formuliert – die Problemfelder der Wirtschaftspolitik sowie relevante Zielkonflikte diskutiert werden.

1.3.1 Ziele der Wirtschaftspolitik

Die gängigen und zentralen Ziele der Wirtschaftspolitik lassen sich gut anhand der wirtschaftspolitischen Ziele der Bundesrepublik Deutschland beschreiben, die in § 1 des „Gesetzes zur Förderung der Stabilität und des Wachstums der Wirtschaft", dem sogenannten *Stabilitätsgesetz,* genannt und auch als *magisches Viereck* bezeichnet werden. Das erste Ziel ist die *Stabilität des Preisniveaus*: Interpretiert wird dieses Ziel in der Regel, so beispielsweise von der Bundesbank und der Europäischen Zentralbank, als eine Inflationsrate von zwei Prozent. Dass Preisniveaustabilität als Inflationsrate von über null Prozent verstanden wird, hängt mit der Messung von Inflation zusammen (vgl. ausführlicher Busch 2003: 178f.). Inflation wird nämlich über Indizes gemessen, die die Preisentwicklung sogenannter Warenkörbe wiedergeben, d.h. es wird gemessen, wie stark die Preise bestimmter Güter und Dienstleistungen steigen. Das Problem besteht nun aber darin, dass sich nicht nur die Preise dieser Güter und Dienstleistungen verändern, sondern auch die Produkteigenschaften, d.h. ein Teil der gemessenen Preiserhöhungen ist auf Verbesserungen an den Produkten zurückzuführen, sodass man hier nicht im engeren Sinne von Preiserhöhungen sprechen kann. Um diesen Effekt zu berücksichtigen, wird in aller Regel eine geringe positive Inflationsrate in fast allen Ländern als mit Preisniveaustabilität vereinbar akzeptiert.

Als zweiter Bestandteil des magischen Vierecks wird ein *hoher Beschäftigungsstand* genannt, der allerdings nicht zwingend eine Arbeitslosenquote von null Prozent impliziert. Die klassische Vollbeschäftigungsdefinition von William Henry Beveridge erlaubt beispielsweise eine Arbeitslosenquote von bis zu drei Prozent. Hinzu kommt, dass Arbeitslosigkeit und Beschäftigung nicht notwendigerweise zwei Seiten der gleichen Medaille sein müssen. Wie wir in Kapitel 2.2 sehen werden, kann nämlich beispielsweise eine niedrige Arbeitslosigkeit mit einem hohen Beschäftigungsstand einhergehen – dies wäre der Fall einer starken Nutzung des Faktors Arbeit in einer Volkswirtschaft –, aber niedrige Arbeitslosigkeit kann auch durch eine Verringerung des Arbeitsangebots erreicht werden, was wiederum mit einer niedrigen Beschäftigungsquote einhergehen würde. Aus wirtschaftswissenschaftlicher Sicht ist allerdings vor allem der Beschäftigungsstand von Bedeutung, während die offiziellen Arbeitslosenquoten von untergeordneter Bedeutung sind, weil sie leicht aus politischen Gründen manipuliert werden können.

Das dritte Ziel ist das *außenwirtschaftliche Gleichgewicht*. Dies impliziert einen Ausgleich der Im- und Exporte einer Volkswirtschaft im Rahmen der Zahlungsbilanz (siehe Kasten).

Transaktionen zwischen In- und Ausland: Die Zahlungsbilanz

Interessiert man sich nicht nur dafür, wie viele Güter in einer Volkswirtschaft insgesamt produziert werden, sondern speziell für die Transaktionen zwischen In- und Ausland, gibt es ein weiteres hilfreiches Konzept, und zwar das der Zahlungsbilanz. Die Zahlungsbilanz erfasst alle Transaktionen, die in einer bestimmten Periode (in der Regel in einem Jahr) zwischen In- und Ausland stattgefunden haben. Sie informiert somit über die wirtschaftlichen Verflechtungen einer Volkswirtschaft mit dem Ausland. Da auch bei der Zahlungsbilanz das Prinzip der doppelten Buchführung angewendet wird, ist sie stets ausgeglichen, ein „Zahlungsbilanzdefizit" gibt es also nicht. Defizite oder Überschüsse kann es aber sehr wohl bei den einzelnen Teilbilanzen der Zahlungsbilanz geben. Wirtschaftspolitisch besonders interessant ist vor allem die Leistungsbilanz, die wiederum in mehrere Teilbilanzen untergliedert wird: In der Handelsbilanz werden alle Ex- und Importe von Waren erfasst. Die Dienstleistungsbilanz gibt Auskunft über alle Transaktionen von Dienstleistungen, zum Beispiel Transportdienstleistungen, Patent- und Lizenzgebühren sowie Ausgaben und Einnahmen aus dem Tourismus. In der Bilanz der Erwerbs- und Vermögenseinkommen werden alle Faktoreinkommen aufgeführt, die Inländer im Ausland beziehungsweise Ausländer im Inland erzielt haben, so beispielsweise Saisonarbeiter. Sie erfasst außerdem Einkünfte in Form von Dividenden und Zinsen. Die Bilanz der laufenden Übertragungen schließlich besteht aus Beiträgen zu internationalen Organisationen, Zahlungen an die Europäische Union, sowie Zahlungen im Rahmen von Entwicklungshilfe.

Ein Leistungsbilanzüberschuss bedeutet nun, dass ein Land mehr exportiert als importiert, während ein Leistungsbilanzdefizit impliziert, dass mehr importiert als exportiert wurde. Bei einer ausgeglichenen Leistungsbilanz spricht man vom außenwirtschaftlichen Gleichgewicht. In der Bundesrepublik ist der Saldo der Handelsbilanz seit 1952 immer positiv, während die Leistungsbilanz phasenweise im Minus war. In den USA hingegen besteht meist ein hohes Defizit in der Handelsbilanz.

Der zweite Teilbereich der Zahlungsbilanz, die Bilanz der Vermögensübertragungen, enthält einmalige unentgeltliche Leistungen, die den Vermögensstatus der beteiligten Länder verändern. Beispiele sind Erbschaften, Schenkungen sowie der Erlass von Schulden, aber auch Investitionszuschüsse, die von internationalen Organisationen gezahlt werden.

Die Kapitalbilanz als dritter Teilbereich der Zahlungsbilanz gibt alle Kapitalbewegungen zwischen In- und Ausland an. Kapitalexporte stellen eine Zunahme von Forderungen gegenüber Ausländern und eine Abnahme von Verbindlichkeiten gegenüber Ausländern dar. Unter Kapitalimporten hingegen versteht man eine Abnahme der Forderungen und eine Zunahme der Verbindlichkeiten gegenüber dem Ausland. Der gesamte Kapitalverkehr wird außerdem unterteilt in verschiedene Bereiche, und zwar in Direktinvestitionen, Wertpapieranlagen, Finanzderivate sowie den allgemeinen Kreditverkehr. Zusammen mit der Devisenbilanz ist die Kapitalbilanz das Gegenstück zur Leistungsbilanz: Beide bilden die Finanzströme ab, die mit den realen Transaktionen von Gütern und Dienstleistungen verbunden sind. Ein Überschuss in der Leistungsbilanz geht daher meist mit einem Defizit in der Kapitalbilanz einher. Umgekehrt muss ein Defizit in der Leistungsbilanz durch einen Überschuss in der Kapitalbilanz, also durch hohe Kapitalimporte, finanziert werden.

Der vierte Teilbereich der Zahlungsbilanz, die Devisenbilanz, erfasst die Veränderung der Währungsreserven (unter Devisen versteht man fremde Währungen) der Zentralbank einer Volkswirtschaft.

Als letztes Ziel nennt das Stabilitätsgesetz ein *stetiges und angemessenes Wirtschaftswachstum*, also die Zunahme des Bruttoinlandsproduktes (BIP) bzw. des Bruttonationaleinkommens (BNE). Dass Wachstum wirtschaftspolitisch erwünscht ist, überrascht nicht besonders. Dass es zusätzlich stetig und angemessen sein soll, meint, dass extreme Ausschläge im Konjunkturzyklus, sowohl nach unten als auch nach oben, aufgrund ihrer negativen Folgen vermieden werden sollen. Bei einer Rezession, also einer Abschwächung der Konjunktur, kann es zu Arbeitslosigkeit kommen; in Boomphasen, also einer Überhitzung der konjunkturellen Lage, steigt in der Regel die Inflation. Durch eine Glättung des Konjunkturzyklus sollen diese negativen Begleiterscheinungen vermieden werden. Allerdings ist gerade beim Wirtschaftswachstum und dem zugrunde liegenden Konzept des Bruttoinlandsproduktes bzw. des Bruttonationaleinkommens darauf hinzuweisen, dass diese Indikatoren den Wohlstand von Ländern in verzerrter Weise wiedergeben können, ja der Wirtschaftsnobelpreisträger Joseph Stiglitz (2009) warnt gar vor einem „BIP-Fetischismus". Die Messung des BNE/BIP (vgl. Kasten) führt nämlich dazu, dass für Volkswirtschaften, die stark arbeitsteilig organisiert sind, automatisch ein höheres Sozialprodukt ausgewiesen wird als für weniger arbeitsteilig organisierte Länder, selbst wenn die gleichen Güter hergestellt werden. Wird beispielsweise die Kinderbetreuung auch in Kindertagesstätten erbracht, wird diese Dienstleistung bei der Berechnung des BNE/BIP berücksichtigt, während die unentgeltliche Kindererziehung der Eltern das Wirtschaftswachstum nicht erhöht. Ebenso wird das BNE/BIP in Ländern mit einem hohen Anteil des informellen Sektors (*Schattenwirtschaft*) unterschätzt, weil diese Leistungen ebenfalls nicht gewertet werden können. Schließlich lassen sich auf der Basis das BNE/BIP auch keine Aussagen über eine nachhaltige Wirtschaftsweise treffen. So werden wirtschaftliche Aktivitäten, die Umweltschäden herbeiführen, genauso in die BNE/BIP-Berechnung aufgenommen, wie die wirtschaftlichen Aktivitäten, die die Umweltschäden wieder beseitigen.

Bruttonationaleinkommen und Bruttoinlandsprodukt einer Volkswirtschaft

Das *Bruttonationaleinkommen* (kurz BNE), früher auch *Bruttosozialprodukt* (kurz BSP) genannt, ist die Summe aller in einem Jahr erzeugten Endprodukte einer Volkswirtschaft. Es umfasst also alle Konsum- und Investitionsgüter einschließlich der Abschreibungen, aber keine Zwischenprodukte, da deren Preis bereits im Preis der Endprodukte enthalten ist. Die Exporte zählen ebenfalls dazu, die Importe hingegen nicht.

Für offene Volkswirtschaften wird eine weitere begriffliche Unterscheidung getroffen: Das *Bruttonationaleinkommen* umfasst den Wert aller Güter und Dienstleistungen, die von Produktionsfaktoren erzeugt wurden, die sich im Besitz von Inländern befinden, auch wenn sie sich im Ausland aufhalten. Das *Bruttoinlandsprodukt* (kurz BIP) hingegen erfasst alle Güter und Dienstleistungen, die mit den im Inland vorhandenen Produktionsfaktoren erwirtschaftet wurden, auch wenn diese im Besitz von Ausländern sind. Trotz der konzeptionellen Unterschiede hält sich der Größenunterschied zwischen BIP und BNE in Grenzen: Für die Bundesrepublik lag das Bruttoinlandsprodukt im Jahr 2008 bei 2.489 Milliarden €, im Vergleich dazu betrug das Bruttonationaleinkommen 2.530 Milliarden €.

Schließlich wird noch unterschieden zwischen dem nominalen und dem realen Bruttoinlandsprodukt: Das *nominale Bruttoinlandsprodukt* ist der Geldbetrag, der in einer bestimmten Periode erwirtschaftet wurde. Es wird also der Wert aller produzierten Güter und Dienstleistungen in aktuellen Preisen angegeben. Wenn man diesen Wert nun um die Inflationsrate, also die Erhöhung des allgemeinen Preisniveaus, bereinigt, erhält man das *reale Bruttoinlandsprodukt*.[6] Diese Unterscheidung ist wichtig, wenn man sich dafür interessiert, ob die Wirtschaft eines Landes innerhalb eines Jahres gewachsen ist, ob also tatsächlich mehr Güter und Dienstleistungen als im Vorjahr produziert wurden. Ein steigendes nominales Bruttoinlandsprodukt muss nämlich nicht notwendigerweise einen Anstieg der Produktionsmenge bedeuten – es könnte ja auch sein, dass nur das Preisniveau gestiegen ist. Um herauszufinden, ob eine Volkswirtschaft tatsächlich mehr produziert hat, muss man deshalb das reale Bruttoinlandsprodukt betrachten. Die jährliche Veränderung des realen Bruttoinlandsprodukts wird dann als *Wirtschaftswachstum* bezeichnet.

In Teilen der wirtschaftswissenschaftlichen Literatur wird das ursprüngliche magische Viereck des Stabilitätsgesetzes daher erweitert. Im „magischen Fünfeck" werden dem Wachstumsziel Aspekte der Nachhaltigkeit hinzugefügt; zusammen mit dem Ziel der Verteilungsgerechtigkeit, das sich auf eine bestimmte, politisch erwünschte Einkommensverteilung in einer Volkswirtschaft bezieht, lässt sich auch von einem „magischen Sechseck" sprechen. Die konkrete Definition und Ausgestaltung dieser beiden zusätzlichen Ziele ist noch umstrittener als die der ursprünglichen Ziele des Stabilitätsgesetzes und kann von den Wirtschaftswissenschaften nicht geleistet werden. Inwiefern Nachhaltigkeit und Verteilungsgerechtigkeit in der tatsächlichen Wirtschaftspolitik eines Landes eine Rolle spielen, muss im politischen Willensbildungsprozess geklärt werden. Die Rolle der Wirtschaftswissenschaften kann jedoch darin bestehen, die politischen Akteure auf mögliche Zielkonflikte aufmerksam zu machen, mit denen wir uns im nächsten Abschnitt beschäftigen werden.

1.3.2   Die Bedeutung von Zielkonflikten

Zwischen den verschiedenen wirtschaftspolitischen Zielen kann es zu *Zielkonflikten* kommen. In einem solchen Fall können zwei Ziele nicht gleichzeitig erreicht werden, d.h. ein Ziel kann nur auf Kosten eines anderen verfolgt werden. Ein Beispiel ist der Zielkonflikt zwischen Wirtschaftswachstum und Verteilungsgerechtigkeit: Entscheidet sich eine Gesellschaft dafür, eine egalitäre Einkommensverteilung anzustreben, dann kann dies zu Einbußen beim Wirtschaftswachstum führen. Eine gleichmäßigere Einkommensverteilung wird nämlich in der Regel mit Hilfe steuer- und sozialpolitischer Maßnahmen erreicht. Dadurch können finanzielle Anreize, mehr Güter zu produzieren, reduziert werden, was wiederum zu

---

[6] In der Regel wird beim realen Bruttoinlandsprodukt der Wert aller produzierten Güter und Dienstleistungen statt in aktuellen Preisen in denen eines Basisjahres in der Vergangenheit angegeben. Das Statistische Bundesamt nutzt momentan für seine Berechnungen das Jahr 1995 als Basisjahr.

niedrigerem Wirtschaftswachstum führt. Bildlich gesprochen geht es in diesem Zielkonflikt einerseits darum, einen möglichst großen Kuchen zu backen, und andererseits um eine möglichst gleichmäßige Verteilung der einzelnen Stücke. Wird der Kuchen immer kleiner, je gleichmäßiger die Stücke verteilt werden, dann handelt es sich um einen Zielkonflikt.

Unser zweites Beispiel für einen wirtschaftspolitischen Zielkonflikt führt uns zu einem zentralen wirtschaftspolitischen Zusammenhang, und zwar dem zwischen Arbeitslosigkeit und Inflation. Ausgedrückt wird der Zusammenhang zwischen diesen beiden makroökonomischen Größen mit Hilfe der sogenannten *modifizierten Phillips-Kurve*. Bereits 1958 beschrieb der britische Statistiker Alban W. Phillips (1958) den empirischen Zusammenhang zwischen der Arbeitslosenquote und dem Anstieg der Nominallöhne. Mit Hilfe von Daten für Großbritannien von 1861 bis 1957 konnte er nachweisen, dass zwischen diesen beiden Größen ein negativer Zusammenhang besteht: Je höher also der Anstieg der Nominallöhne, desto niedriger die Arbeitslosenquote bzw. je höher die Arbeitslosenquote, desto niedriger der Anstieg der Nominallöhne – man bezeichnet diesen Zusammenhang auch als *ursprüngliche Phillips-Kurve*. 1960 ersetzten die beiden amerikanischen Ökonomen Paul Samuelson und Robert Solow die Variable „Anstieg der Nominallöhne" durch die Inflationsrate – da die Lohnkosten in der Regel der wichtigste Bestandteil der Produktionskosten sind, ging man davon aus, dass ein Anstieg der Löhne zu einem Anstieg des allgemeinen Preisniveaus führt. Samuelson und Solow (1960) konnten nun mit Hilfe von Daten für die USA ebenfalls einen negativen Zusammenhang, diesmal zwischen der Arbeitslosenquote und der Inflationsrate, nachweisen: die sogenannte *modifizierte Phillips-Kurve* (siehe Abbildung 1.5). Im Gegensatz zu Phillips gingen die beiden Autoren allerdings über die rein empirische Darstellung des Zusammenhangs hinaus. Sie nahmen an, die Phillips-Kurve beinhalte eine stabile Austauschbeziehung zwischen Arbeitslosigkeit und Inflation, die von der praktischen Wirtschaftspolitik „ausgenutzt" werden könne. Dabei begriffen Samuelson und Solow die Kurve als eine Art „Speisekarte", auf der die wirtschaftspolitischen Akteure je nach ihren Präferenzen einen bestimmten Punkt und somit eine bestimmte Kombination von Arbeitslosigkeit und Inflation wählen könnten. Erreicht werden könne dieser Punkt dann mit Hilfe eines gezielten Einsatzes von Fiskal- und Geldpolitik.

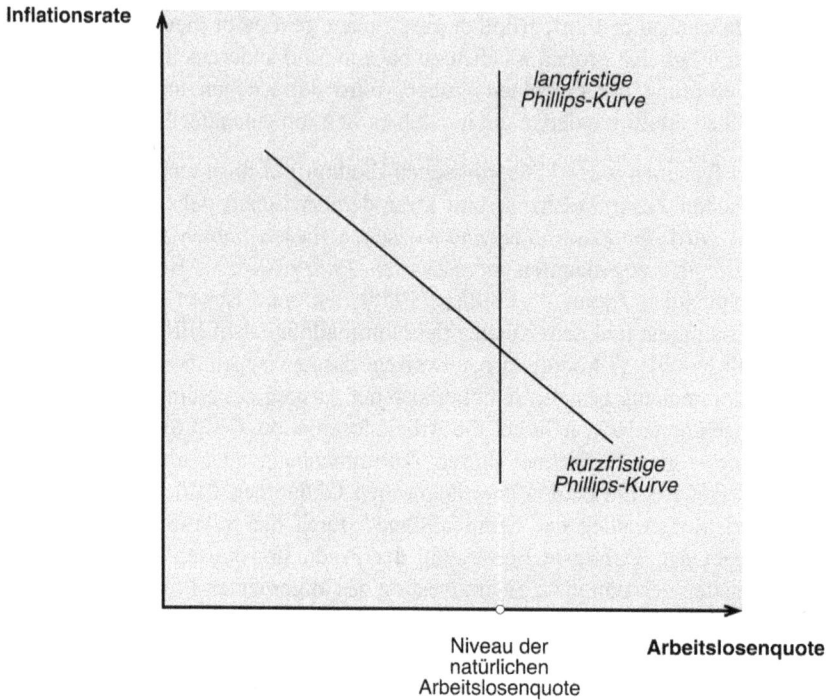

Abbildung 1.5: Kurzfristige und langfristige Phillips-Kurve

Warum eine solche Austauschbeziehung zwischen Arbeitslosigkeit und Inflation funktionieren soll, wird theoretisch wie folgt erklärt: Durch den Anstieg der Inflation sinken die Reallöhne (analog zum realen Bruttoinlandsprodukt versteht man unter dem Reallohn den Nomi-
nallohn, also den tatsächlich ausgezahlten Geldbetrag, geteilt durch das Preisniveau). Zusätzlich wird davon ausgegangen, dass die Nachfrage der Unternehmen nach dem Faktor Arbeit
negativ von der Höhe der Reallöhne abhängt, d.h. je höher die Reallöhne, desto niedriger die
Nachfrage nach Arbeit beziehungsweise je niedriger die Reallöhne, desto höher die Arbeitsnachfrage. Sinken also die Reallöhne aufgrund der gestiegenen Inflation, dann stellen die
Unternehmen mehr Arbeitnehmer ein – der Inflationsanstieg geht einher mit einer niedrigeren Arbeitslosenquote. Eine andere theoretische Erklärung des Zusammenhangs setzt auf der
Seite der Unternehmen an: Wenn die Inflation, d.h. das allgemeine Preisniveau steigt, könnten die Unternehmen zunächst (irrtümlich) davon ausgehen, dass nur die Preise ihrer eigenen
Produkte gestiegen sind. Daraufhin erhöhen sie ihre Produktionsmenge, wofür sie mehr Arbeitskräfte einstellen müssen – die steigende Inflation bringt auch hier eine niedrigere Arbeitslosigkeit mit sich.

Die Vorstellung, dass dieser Zielkonflikt existiert und die Wirtschaftspolitik sich eine gewünschte Kombination aus der Phillips-Kurve auswählen könnte, dominierte lange Zeit nicht
nur die Volkswirtschaftslehre, sondern war auch politisch ausgesprochen wirkungsmächtig.
So argumentierte der deutsche Bundeskanzler Helmut Schmidt in den 1970er Jahren, fünf
Prozent Inflation seien besser als fünf Prozent Arbeitslosigkeit. Die 1970er Jahre bereicher-
ten die Wirtschaftswissenschaften (und die Wirtschaftspolitik) allerdings auch um die Erfah-

rung einer *Stagflation*, worunter man die Kombination aus einer Stagnation des Wirtschaftswachstums (verbunden mit einem Anstieg der Arbeitslosigkeit) und einer hohen Inflation versteht. Es ließ sich also beobachten, dass durchaus beide „Übel" gleichzeitig auftreten können, was die als uneingeschränkt angenommene Gültigkeit der Phillips-Kurve empirisch widerlegte.

Theoretisch war innerhalb der Volkswirtschaftslehre bereits seit den 1960er Jahren bezweifelt worden, ob die Austauschbeziehung zwischen Arbeitslosigkeit und Inflation tatsächlich langfristig stabil sein könne, und zwar am prominentesten von den amerikanischen Ökonomen Milton Friedman (1968) und Edmund Phelps (1967). Im Einklang mit der neoklassischen Theorie argumentierten die beiden, dass die Veränderung einer monetären Größe wie der Inflationsrate keine Auswirkungen haben könne auf eine realwirtschaftliche Größe wie die Arbeitslosenquote.

Zum besseren Verständnis der Argumente von Friedman und Phelps schauen wir uns noch einmal an, warum der Zusammenhang zwischen Arbeitslosigkeit und Inflation überhaupt funktioniert: Wenn die Inflation steigt, kommt es aufgrund der gesunkenen Reallöhne zu einer höheren Arbeitsnachfrage. Die Reallöhne sinken aber nur deshalb, weil sich die Arbeitnehmer in den Lohnverhandlungen über die zukünftige Entwicklung der Inflationsrate geirrt haben – hätten sie einen Inflationsanstieg erwartet, hätten sie diesen in ihre Nominallohnforderungen einbezogen. Die Reallöhne wären dann trotz steigender Inflation gleich geblieben und somit auch die Arbeitslosigkeit. Ähnlich können wir für die Unternehmen argumentieren: Sie werden die Produktion (und somit die Arbeitsnachfrage) nur dann erhöhen, wenn sie irrtümlich davon ausgehen, nicht das allgemeine Preisniveau, sondern nur die Preise ihrer Produkte wären gestiegen – eine Fehleinschätzung, die auch als *Geldillusion* bezeichnet wird. In beiden Fällen besteht der negative Zusammenhang zwischen Arbeitslosigkeit und Inflation also nur kurzfristig. Die Arbeitnehmer werden nach einer Weile merken, dass ihre Reallöhne gesunken sind und in den nächsten Lohnverhandlungen einen Inflationsausgleich fordern. Danach erreichen die Reallöhne und somit auch die Arbeitsnachfrage und die Arbeitslosigkeit wieder ihr ursprüngliches Niveau. Nach einer gewissen Zeit werden die Unternehmen ihren Irrtum ebenfalls bemerken und ihre Produktionsmenge wieder zurückfahren. Ein Ausnutzen der modifizierten Phillips-Kurve durch die Wirtschaftspolitik ist also nur kurzfristig möglich, indem beispielsweise die Zentralbank über eine expansive Geldpolitik eine Art „Überraschungsinflation" erzeugt: Nur weil die Wirtschaftssubjekte diese Inflation nicht erwarten und eine gewisse Zeitspanne benötigen, um ihre falschen Inflationserwartungen zu korrigieren, kann die Arbeitslosigkeit mit Hilfe einer gestiegenen Inflation gesenkt werden.

Friedman und Phelps gingen bei ihren theoretischen Überlegungen von *adaptiven Erwartungen* der Wirtschaftssubjekte aus: Da die Korrektur der Erwartungen, konkret beispielsweise die Forderung der Arbeitnehmer nach einem Inflationsausgleich in den nächsten Lohnverhandlungen, eine Weile andauert, kann die modifizierte Phillips-Kurve kurzfristig tatsächlich negativ verlaufen.[7] Sobald die Wirtschaftssubjekte ihren Irrtum jedoch erkannt haben, pen-

---

[7] Teile der Wirtschaftswissenschaften – wie zum Beispiel der amerikanische Ökonom Robert Lucas – gehen hingegen von vollständig rationalen Erwartungen aus. In diesem Fall kann die Wirtschaftspolitik den Zusammenhang zwischen Arbeitslosigkeit und Inflation auch kurzfristig nicht ausnutzen. Gemäß der *Theorie der rationalen Erwartungen* bearbeiten die Wirtschaftssubjekte alle verfügbaren Informationen über die zukünftige

delt sich die Arbeitslosigkeit wieder auf ihrem ursprünglichen Niveau ein. Die Inflation hingegen bleibt auf dem (beispielsweise durch die expansive Geldpolitik der Zentralbank verursachten) höheren Niveau. Die senkrechte Phillips-Kurve impliziert, dass es ein bestimmtes Niveau an Arbeitslosigkeit gibt, das mit einer expansiven staatlichen Politik zumindest langfristig nicht unterschritten werden kann. Friedman und Phelps haben dieses Niveau als *natürliche Arbeitslosenquote* bezeichnet (siehe Abbildung 1.5). Es handelt sich um diejenige Arbeitslosenquote, die unabhängig von der Inflationsrate ist und zu der eine Volkswirtschaft langfristig tendiert. Dennoch kann die Höhe der natürlichen Arbeitslosenquote von der Wirtschaftspolitik beeinflusst werden: Da sie vor allem von der Ausgestaltung des Arbeitsmarktes abhängt, kann sie beispielsweise mit Hilfe der Arbeitsmarktpolitik gesenkt werden.

1.4 Wirtschaftspolitische Instrumente

Im folgenden Abschnitt wollen wir uns die verschiedenen Instrumente anschauen, mit deren Hilfe sich die entsprechenden Ziele der Wirtschaftspolitik erreichen lassen. Die zentrale Unterscheidung bei der Einteilung der einzelnen Instrumente ist zunächst die zwischen Ordnungs- und Prozesspolitik.

Im Gegensatz zur Prozesspolitik, bei der die staatliche Wirtschaftspolitik aktiv den Wirtschaftsprozess beeinflusst, versteht man unter *Ordnungspolitik* alle wirtschaftspolitischen Maßnahmen, die die längerfristigen Rahmenbedingungen einer Volkswirtschaft setzen. Konkret geht es in diesem Teil der Wirtschaftspolitik um die rechtliche Ausgestaltung und den Schutz der Wirtschaftsordnung sowie um die Verteilung bestimmter wirtschaftspolitischer Kompetenzen. Beispiele für ordnungspolitische Maßnahmen sind die Garantie von Eigentumsrechten, die Gewerbefreiheit sowie die Tarifautonomie – in der Bundesrepublik alle im Grundgesetz verankert. Unter die Ordnungspolitik fallen auch Regelungen zur Mitbestimmung der Arbeitnehmer in den Unternehmen oder die Frage, ob die Zentralbank einer Volkswirtschaft unabhängig ist oder nicht.

1.4.1 Wettbewerbspolitik

Der Kern der Ordnungspolitik ist die *Wettbewerbspolitik*. Eine wichtige Aufgabe der Wettbewerbspolitik ist die Bekämpfung von *Wettbewerbsbeschränkungen*, worunter beispielsweise *Kartelle* fallen: Unternehmen, die rechtlich und wirtschaftlich eigenständig sind und eigentlich miteinander im Wettbewerb stehen, treffen vertragliche Vereinbarungen, um ihre Verhaltensweisen abzustimmen. In der Regel handelt es sich dabei um Preisabsprachen. Informelle Absprachen zwischen konkurrierenden Unternehmen ohne vertragliche Grundlage werden auch als „Frühstückskartelle" bezeichnet. In der Bundesrepublik ist im „Gesetz gegen Wettbewerbsbeschränkungen" von 1957 ein Kartellverbot festgelegt, wobei das Gesetz auch Ausnahmen vorsieht. Neben der Bildung von Kartellen können Wettbewerbsbeschrän-

---

wirtschaftliche Entwicklung mit Hilfe der besten verfügbaren ökonomischen Modelle, sodass sie sich nicht systematisch (sondern höchstens zufällig) irren können. Die Austauschbeziehung zwischen Arbeitslosigkeit und Inflation besteht dann überhaupt nicht mehr; die Phillips-Kurve verläuft auch kurzfristig senkrecht.

kungen auch in Form von *Diskriminierungen* anderer Unternehmen stattfinden, falls beispielsweise im Rahmen eines Boykotts bestimmte Unternehmen nicht mehr beliefert werden. Eine weitere Wettbewerbsbeschränkung liegt in der *Unternehmenskonzentration*. Wenn die rechtliche und wirtschaftliche Verschmelzung von mehreren Unternehmen (eine *Fusion*) oder die Bildung eines Verbunds rechtlich selbständiger Unternehmen unter einer einheitlichen Leitung (ein *Konzern*) diese Unternehmen in eine marktbeherrschende Position bringt, kann es zu einer Beeinträchtigung des freien Wettbewerbs kommen. Unter bestimmten Voraussetzungen bedürfen deshalb Zusammenschlüsse von Unternehmen der Genehmigung. Die Akteure der Wettbewerbspolitik sind auf nationaler Ebene das *Bundeskartellamt* bzw. auf europäischer Ebene die *Europäische Kommission*. Das Bundeskartellamt kann informelle Absprachen, Kartelle sowie das Ausnutzen einer marktbeherrschenden Position verbieten und die jeweiligen Unternehmen mit Bußgeldern belegen. Die Genehmigung von Unternehmenszusammenschlüssen fällt ebenfalls in den Kompetenzbereich des Bundeskartellamts bzw. je nachdem, wie hoch die Umsätze der beteiligten Unternehmen sind, in den der Europäischen Kommission.

Neben dem Schutz des freien Wettbewerbs kann es auch Teil der Wettbewerbspolitik sein, Wettbewerb zu schaffen, indem man zuvor stark regulierte Märkte liberalisiert. Auf diese Weise soll es neuen Wettbewerbern erleichtert werden, in den liberalisierten Markt einzutreten. Damit ist die Hoffnung verbunden, dass die neuen Wettbewerber und – durch diese herausgefordert – die bereits auf dem Markt befindlichen Unternehmen effizienter produzieren und dadurch Produkte günstiger, in besserer Qualität oder größerer Vielfalt angeboten werden. Dieser Teil der *wettbewerbsschaffenden Politik* firmiert meist unter den Stichworten *Deregulierung* oder *Privatisierung*. Ein besonders prominentes – und vergleichsweise erfolgreiches – Beispiel aus der jüngeren Vergangenheit ist die Liberalisierung der europäischen Telekommunikationsmärkte (vgl. Kap. 3.5).

Der zweite große Teilbereich der wirtschaftspolitischen Instrumente neben der Ordnungspolitik ist die sogenannte *Prozesspolitik*. Darunter fallen alle Maßnahmen, die bei gegebenem Ordnungsrahmen den Wirtschaftsprozess direkt beeinflussen sollen. Mit Hilfe prozesspolitischer Maßnahmen versucht der Staat also, aktiv in das Wirtschaftsgeschehen einzugreifen. Unter die Prozesspolitik fällt eine ganze Reihe verschiedener wirtschaftspolitischer Instrumente, die in den folgenden Abschnitten genauer dargestellt werden.

1.4.2 Fiskalpolitik

Unter Fiskalpolitik versteht man die Steuerung und Gestaltung einer Volkswirtschaft durch Maßnahmen, die die staatlichen Einnahmen und Ausgaben betreffen. Grundsätzlich stehen der Wirtschaftspolitik dabei zwei Möglichkeiten zur Verfügung: eine Variation der Steuern oder der Staatsausgaben. Der zentrale Zweck von *Steuern* ist zunächst natürlich, die notwendigen Ausgaben des Staates zu finanzieren, während die *Staatsausgaben* dazu da sind, die Staatsaufgaben, wie beispielsweise Sicherheit, Infrastruktur, Bildung und Soziales, zu erfüllen. Abgesehen davon können beide Instrumente jedoch auch zur prozesspolitischen Steuerung bzw. Beeinflussung des Wirtschaftsgeschehens eingesetzt werden. Um zu verstehen, wie diese Steuerung funktioniert, müssen wir uns zunächst klarmachen, auf welche ökonomischen Größen die beiden Instrumente Steuern und Staatsausgaben einwirken – und zwar auf die *gesamtwirtschaftliche Nachfrage*. Diese besteht aus der Nachfrage des Staates (den

Staatsausgaben), der Investitionsnachfrage der Unternehmen, der Konsumnachfrage der privaten Haushalte sowie der Exportnachfrage des Auslands. Insgesamt stellt die gesamtwirtschaftliche Nachfrage somit die Summe der Nachfrage nach Gütern und Dienstleistungen einer Volkswirtschaft dar.

Über die Fiskalpolitik kann die staatliche Wirtschaftspolitik nun versuchen, das Niveau der gesamtwirtschaftlichen Nachfrage zu beeinflussen. Eine Möglichkeit besteht darin, dass der Staat seine Ausgaben erhöht, also selbst mehr Güter und Dienstleistungen nachfragt, woraufhin die gesamtwirtschaftliche Nachfrage direkt steigt. Andererseits kann das Nachfrageniveau auch mit Hilfe der Steuern beeinflusst werden. Werden die Steuern gesenkt, dann steigen das verfügbare Einkommen der privaten Haushalte und der Unternehmen und in der Folge wahrscheinlich auch die Konsum- und Investitionsnachfrage. In beiden Fällen steigt die gesamtwirtschaftliche Nachfrage – entweder indem der Staat selbst mehr Geld ausgibt oder indem er den privaten Wirtschaftssubjekten mehr Geld belässt. Man spricht von einer *expansiven Fiskalpolitik*, also einer Politik, die die Nachfrage ausweiten soll. Die wirtschaftspolitischen Ziele, die mit dieser Maßnahme erreicht werden sollen, sind die Bekämpfung von konjunkturellen Schwächephasen, also Rezessionen, und Arbeitslosigkeit.

Im Zusammenhang mit einer expansiven Fiskalpolitik spielt der *Staatsausgaben-Multiplikator* eine wichtige Rolle. Wie dieser funktioniert, wird deutlich, wenn wir uns überlegen, um wie viel die gesamtwirtschaftliche Nachfrage steigt, wenn der Staat eine Milliarde Euro mehr ausgibt: Der Multiplikator-Effekt bewirkt nämlich, dass die Nachfrage um mehr als eine Milliarde steigt. In einer ersten Phase führen die höheren Staatsausgaben zunächst direkt zu einer Nachfrageerhöhung, indem der Staat zum Beispiel ein Unternehmen beauftragt, Straßen zu bauen. In einer zweiten Phase führt die ursprüngliche Erhöhung der Staatsausgaben dazu, dass die Einkommen der Wirtschaftssubjekte steigen. Das Unternehmen aus unserem Beispiel macht höhere Gewinne und stellt zusätzliche Beschäftigte ein. Diese zusätzlich geschaffenen Einkommen werden in der zweiten Phase ebenfalls nachfragewirksam: Die privaten Haushalte können mehr konsumieren, die Unternehmen mehr investieren, wodurch sich die gesamtwirtschaftliche Nachfrage zusätzlich erhöht. Dadurch kommt es wiederum zu Einkommenssteigerungen bei anderen Wirtschaftssubjekten, was ebenfalls Nachfrage schaffen kann usw.

Der Staatsausgaben-Multiplikator besagt also, dass eine Erhöhung der Staatsausgaben um eine bestimmte Summe (z.B. 100€) zu einer erheblich stärkeren Ausweitung der gesamtwirtschaftlichen Nachfrage führt (z.B. 150€). Der Multiplikator-Effekt wirkt jedoch nicht unendlich viele „Runden". Wie wir weiter oben gesehen haben, konsumieren und investieren die Wirtschaftssubjekte nicht nur, sondern sie sparen auch. Wird im Rahmen einer expansiven Fiskalpolitik zusätzliches Einkommen geschaffen, tragen nur Investitionen oder Konsum zu einer höheren Nachfrage bei. Falls die Wirtschaftssubjekte das zusätzliche Einkommen hingegen sparen, bleibt das Nachfrageniveau trotz expansiver Politik unverändert bzw. steigt nur leicht. Den Anteil des zusätzlichen Einkommens, den die Wirtschaftssubjekte konsumieren, bezeichnet man auch als *marginale Konsumneigung* oder als *marginale Konsumquote*: Je höher sie ist (und damit je größer der Anteil des zusätzlichen Einkommens, der in zusätzlichen Konsum gesteckt wird), desto größer ist die Wirkung des Staatsausgaben-Multiplikators.

Für die praktische Wirtschaftspolitik stellt sich nun die Frage, wie eine expansive Fiskalpolitik ausgestaltet sein sollte, um einen möglichst großen Multiplikatoreffekt zu erzielen. Nehmen wir an, eine Regierung steht vor der Wahl, den Spitzensteuersatz zu senken und Vermögenssteuern abzuschaffen oder aber Sozialleistungen zu erhöhen und Arbeitsbeschaffungsprogramme aufzulegen. Der Multiplikatoreffekt wird bei letzterer Alternative wahrscheinlich höher ausfallen, da die marginale Konsumquote bei Beziehern niedriger Einkommen besonders hoch ist. Diese Wirtschaftssubjekte haben besonders viele unbefriedigte wirtschaftliche Bedürfnisse, sodass sie von einem Einkommenszuwachs einen hohen Anteil konsumieren, während die Bezieher höherer Einkommen bereits einen hohen Lebensstandard haben – die Wahrscheinlichkeit, dass zusätzliches Einkommen gespart wird, steigt.

Der Einsatz einer expansiven Fiskalpolitik kann allerdings Probleme mit sich bringen, und zwar in erster Linie Finanzierungsprobleme. Da es um die Schaffung *zusätzlicher* Nachfrage geht, muss der Staat entweder Entsparen (d.h. Haushaltsüberschüsse aus der Vergangenheit aufbrauchen) oder – was die Regel ist – die Maßnahmen über eine zusätzliche Verschuldung finanzieren. Somit tritt der Staat auf dem Kapitalmarkt als zusätzlicher Nachfrager nach Krediten auf, und je nachdem, in welchem Ausmaß er dort Kredite nachfragt, können infolgedessen die Zinsen steigen. Wie wir weiter oben gesehen haben, steigt bei einer höheren Nachfrage nach einem Gut der Preis, in diesem Fall also der Zins. Ein Anstieg des Zinsniveaus wiederum kann die Investitionsnachfrage der Unternehmen dämpfen, da diese in der Regel negativ mit dem Zinsniveau zusammenhängt. Es ist deshalb argumentiert worden, dass bei einer expansiven Fiskalpolitik, die durch eine höhere Staatsverschuldung finanziert wird, zumindest teilweise private Investitionsnachfrage durch staatliche Nachfrage „verdrängt" wird – der sogenannte *Crowding-out-Effekt*. Ob dieser Effekt auftritt bzw. wie groß er ist, hängt im Wesentlichen davon ab, als wie zinselastisch die Investitionsnachfrage eingeschätzt wird, wie stark also die Investitionen als Reaktion auf gestiegene Zinsen zurückgehen – und in dieser Frage vertreten zentrale wirtschaftswissenschaftliche Denkschulen (vgl. Kap. 1.5) sehr unterschiedliche Auffassungen: Während der Monetarismus von einer hohen Zinselastizität der Investitionsnachfrage ausgeht und entsprechend starke Crowding-out-Effekte erwartet, spielen solche Effekte beim Keynesianismus eine untergeordnete Rolle, weil die Investitionsnachfrage hier als relativ wenig zinselastisch eingeschätzt wird. Gemildert wird der Crowding-out-Effekt aber in jedem Fall, wenn sich der Staat auch auf den internationalen Kapitalmärkten verschulden kann, da dies kaum Auswirkungen auf das inländische Zinsniveau haben dürfte.

Das Instrument der Fiskalpolitik kann prinzipiell nicht nur expansiv, sondern auch restriktiv eingesetzt werden: Im Rahmen einer solchen *restriktiven Fiskalpolitik* hat der Staat die Möglichkeiten, Steuern zu erhöhen bzw. Staatsausgaben zu senken. Wenn es beim Einsatz dieser Maßnahmen nicht ausschließlich um das Stopfen von Haushaltslöchern geht (also mit der restriktiven Fiskalpolitik das Ziel der Haushaltskonsolidierung erreicht werden soll), sondern tatsächlich prozesspolitische Überlegungen dahinter stehen, dann zielt dieses Instrument darauf ab, eine Überhitzung der Wirtschaft in Boomphasen zu verhindern, da dies zu hoher Inflation führen kann.

Der für die Fiskalpolitik zuständige Akteur ist die jeweilige Regierung eines Landes. Ob die zentralstaatliche Regierung die Fiskalpolitik zur gesamtwirtschaftlichen Steuerung ohne die Zustimmung weiterer Akteure nutzen kann, hängt vom fiskalischen Zentralisierungsgrad einer Volkswirtschaft ab: In der Bundesrepublik beispielsweise kann die Bundesregierung nur über einen relativ kleinen Teil der gesamten Staatsausgaben verfügen (der Anteil liegt unter 50 Prozent), sodass sie bei der Umsetzung einer expansiven Fiskalpolitik auf die Kooperation von Ländern und Gemeinden angewiesen ist.

1.4.3   Geldpolitik

Was ist und warum gibt es Geld?

Unter Geld versteht man ein allgemein akzeptiertes *Tausch- und Zahlungsmittel*. In einer arbeitsteiligen Volkswirtschaft tauschen die Wirtschaftssubjekte untereinander Güter und Dienstleistungen, anstatt alle benötigten Dinge selbst herzustellen. Ein *Naturaltausch*, also der direkte Tausch eines Gutes gegen ein anderes, gestaltet sich jedoch in der Praxis schwierig, da man immer einen Tauschpartner finden muss, der genau das anbietet, was man selbst haben möchte, und umgekehrt genau das will, was man selbst anbietet – man bezeichnet diese Bedingung als Bedürfniskoinzidenz. Unkomplizierter wird es, wenn die Wirtschaftssubjekte zunächst ein Gut, beispielsweise Getreide, gegen das allgemein anerkannte Zahlungsmittel Geld eintauschen (d.h. verkaufen), um dann zu einem späteren Zeitpunkt mit einem anderen Wirtschaftssubjekt das Geld gegen ein anderes Gut, beispielsweise Kleidung, zu tauschen. Im Gegensatz zur Tauschwirtschaft finden in einer Geldwirtschaft zwei Transaktionen statt einer statt – die Transaktionen Verkauf und Kauf müssen also nicht mehr gleichzeitig und mit derselben Person stattfinden. Mit Hilfe von Geld können Güter auf zeitlich und räumlich getrennten Märkten mit zahlreichen Teilnehmern gehandelt werden – eine Bedürfniskoinzidenz ist nicht mehr erforderlich. Erst der Übergang zur Geldwirtschaft ermöglichte somit eine Intensivierung der Arbeitsteilung. Die Funktion von Geld als Zahlungsmittel impliziert übrigens mehr als den Austausch von Gütern: Auch Forderungen – d.h. die Ansprüche von Gläubigern – und Verbindlichkeiten – d.h. die Verpflichtungen von Schuldnern – können mit dem Zahlungsmittel Geld beglichen werden.

Neben der primären Funktion als Zahlungsmittel dient Geld auch als Wertmesser und *Recheneinheit*. Mit Hilfe der Bezugsgröße Geld kann der Wert jedes Gutes ausgedrückt werden. Das Geld erfüllt somit die Funktion eines einheitlichen und abstrakten Wertmessers, was den Vergleich zwischen einzelnen Gütern erheblich erleichtert. Ohne Geld als Recheneinheit müssten sich die Wirtschaftssubjekte für jedes Güterpaar ein bestimmtes Austauschverhältnis merken – je nachdem, wie viele Güter in einer Volkswirtschaft gehandelt werden, wäre das unüberschaubar.

Die dritte Geldfunktion ist die eines *Wertaufbewahrungsmittels*. Statt zu konsumieren können die Wirtschaftssubjekte einen Teil ihres Einkommens in Form von Geld sparen und es zu einem späteren Zeitpunkt ausgeben. Andere Beispiele für Wertaufbewahrungsmittel sind Immobilien oder Wertpapiere. Der Vorteil von Geld ist, dass es jederzeit *liquide* ist. Unter *Liquidität* versteht man allgemein die Fähigkeit der Wirtschaftssubjekte, Güter schnell gegen andere eintauschen zu können. Da moderne Volkswirtschaften keine reinen Tauschwirtschaften mehr sind, benötigen die Wirtschaftssubjekte dafür eine ausreichende Menge des Zahlungsmittels Geld. Nutzt man hingegen Immobilien oder Wertpapiere als Wertaufbewahrungsmittel, müssen diese erst verkauft werden, um sie wieder liquide zu machen.

Damit alle Geldfunktionen erfüllt werden können, ist es allerdings wichtig, dass der Wert des Geldes stabil bleibt. Die Wirtschaftssubjekte werden Geld nur dann bei Transaktionen als Zahlungsmittel einsetzen oder als Wertaufbewahrungsmittel nutzen, wenn sie darauf vertrauen können, dass sie es auch in Zukunft als Zahlungsmittel verwenden können. Für eine allgemeine Akzeptanz des Geldes ist also die Stabilität des Geldwertes unabdingbar. Der *Geldwert* wird dabei in Gütereinheiten gemessen: Er sinkt, wenn die Preise der Güter (in Geld ausgedrückt) steigen und ist somit der Kehrwert des allgemeinen Preisniveaus. Stabil gehalten werden kann der Geldwert auf verschiedene Wege. Zum einen wurden historisch häufig Geldformen gewählt, die bereits aus natürlichen Gründen knapp sind bzw. relativ unkompliziert knapp gehalten werden können, wie zum Beispiel Gold. Später werden wir außerdem sehen, dass die Zentralbank einer Volkswirtschaft den Geldwert bzw. das Preisniveau mit Hilfe bestimmter geldpolitischer Instrumente stabil halten kann.

Es existieren mehrere Erscheinungsformen von Geld: Zum einen das *Bargeld*, das aus Banknoten und Münzen besteht und in der Regel zugleich gesetzliches Zahlungsmittel ist, d.h. die Verkäufer eines Gutes sind bei jeder Transaktion verpflichtet, unbegrenzte Mengen dieses Zahlungsmittels anzunehmen. Die zweite Erscheinungsform von Geld ist das sogenannte *Buchgeld*. Dabei handelt es sich um „unsichtbares Geld", das nur in den Büchern der Banken existiert. Buchgeld wird auch als *Giralgeld* (vom italienischen „giro" für Kreis) bezeichnet, da es in einer Art Kreislaufsystem von Konto zu Konto weitergegeben wird. Es besteht aus Sichteinlagen und Krediten. Unter *Sichteinlagen* versteht man Einlagen bei Banken, über die die Wirtschaftssubjekte als Zahlungsmittel verfügen können. Sichteinlagen sind täglich verfügbar, d.h. es gibt beispielsweise keine Kündigungsfristen, die eingehalten werden müssen. Zum Buchgeld gehören außerdem Kontoüberziehungen. Über Buchgeld können die Wirtschaftssubjekte auf verschiedene Arten verfügen. Zum einen kann es jederzeit – beispielsweise an Geldautomaten – in Bargeld umgewandelt werden. Obwohl das Buchgeld kein gesetzliches Zahlungsmittel ist, erfüllt es außerdem wie das Bargeld die Zahlungsmittelfunktion, und zwar vorwiegend mit Hilfe von Überweisungen und Schecks. Mittlerweile gibt es auch elektronisches Geld (sogenanntes E-Geld), worunter z.B. Guthaben auf Geldkarten fallen. Eine weitere wichtige Erscheinungsform von Geld ist das sogenannte *Zentralbankgeld*: Darunter versteht man Geld, das von der Zentralbank geschaffen wurde, also das gesamte Bargeld sowie die Sichtguthaben der Geschäftsbanken bei der Zentralbank. Das Buchgeld hingegen gehört nicht zum Zentralbankgeld, da es von den Geschäftsbanken geschaffen wird.

Um Geldpolitik betreiben zu können, ist es wichtig zu wissen, wie hoch die Menge an Geld ist, die in einer Volkswirtschaft insgesamt existiert. Allgemein versteht man unter der *Geldmenge* die Menge an Geld, die sich im Besitz der inländischen Nichtbanken befindet. Die *Nichtbanken* bestehen aus den Unternehmen (exklusive der Banken), den privaten Haushalten und dem Staat. Die Geldmenge ist ein Maß dafür, wie hoch die Liquidität dieser Nichtbanken ist. Sie stellt eine wichtige ökonomische Größe dar, weil die Entwicklung der Geldmenge eng mit der Entwicklung des allgemeinen Preisniveaus zusammenhängt (vgl. Kap. 1.5.3). Sowohl die Wirtschaftswissenschaften als auch die Zentralbanken unterscheiden dabei verschiedene Geldmengenbegriffe:

Eine Möglichkeit der Definition besteht darin, auf die Zahlungsmittelfunktion des Geldes zu fokussieren. In diesem Fall versteht man unter der Geldmenge den Bestand an Zahlungsmitteln, der von den Wirtschaftssubjekten (ohne die Geschäftsbanken) gehalten wird. Dazu gehört das Zentralbankgeld, jedoch ohne die Sichtguthaben der Geschäftsbanken bei den Zentralbanken, weil dieses Geld seine Zahlungsmittelfunktion nicht erfüllen kann. Da Nichtbanken keine Konten bei der Zentralbank unterhalten, entspricht dieser Teil des Zentralbankgeldes dem gesamten Bargeldumlauf einer Volkswirtschaft. Gleichzeitig können Nichtbanken auch Sichteinlagen bei Geschäftsbanken halten, über die sie per Scheck oder Überweisung verfügen können, ohne dafür Zentralbankgeld in Anspruch nehmen zu müssen. Obwohl dieses Buchgeld im Gegensatz zum Bargeld kein gesetzliches Zahlungsmittel ist, ist es ähnlich liquide und zählt deshalb ebenfalls zu dieser ersten, engeren Geldmengendefinition. Die sogenannte *Geldmenge M1* kann somit definiert werden als die Summe des gesamten Bargeldumlaufs plus der täglich fälligen (Sicht-) Einlagen der Nichtbanken.

Die Wirtschaftssubjekte können Geld allerdings auch anlegen, beispielsweise in kurzfristigen Termineinlagen bei den Geschäftsbanken. Über dieses Geld kann man zwar nicht unmittelbar verfügen, es kann aber relativ schnell liquide gemacht, d.h. in Zahlungsmittel umgewandelt werden. Im Rahmen der Geldmengendefinition grenzt die Europäische Zentralbank dies ab, indem sie kurzfristige Termineinlagen mit einer Laufzeit zwischen drei Monaten und zwei Jahren unterscheidet von Spareinlagen mit einer dreimonatigen Kündigungsfrist. Daraus folgt ein weiterer Geldmengenbegriff, die sogenannte *Geldmenge M2*. Sie besteht aus der Geldmenge M1 plus der Einlagen mit einer Laufzeit von bis zu zwei Jahren plus der Einlagen mit einer Kündigungsfrist von bis zu drei Monaten.

Schließlich gibt es noch einen weiteren Geldmengenbegriff, die sogenannte *Geldmenge M3*. Im Vergleich zu M2 umfasst sie weitere Instrumente der kurzfristigen Geldanlage, und zwar Anteile an Geldmarktfonds, Repoverbindlichkeiten sowie Geldmarktpapiere und Bankschuldverschreibungen mit einer Laufzeit von bis zu zwei Jahren. Diese Anlageformen zählen deshalb zur Geldmenge, weil Geld nicht nur in den Geschäftsbanken, sondern auch bei Finanzinstituten wie den Geldmarktfonds oder Bausparkassen entsteht.

Für die praktische Geldpolitik ist es wichtig zu wissen, wie hoch der gesamte Bestand an Geld in einer Volkswirtschaft ist, weshalb sich die Europäische Zentralbank im Rahmen ihrer Geldpolitik vor allem auf die breit definierte Geldmenge M3 konzentriert.

Die für die Geldpolitik verantwortlichen Akteure sind die Zentral- bzw. Notenbanken. In den meisten großen Volkswirtschaften sind sie unabhängig von der jeweiligen Regierung. Die Geldpolitik als wirtschaftspolitisches Instrument wird in erster Linie eingesetzt, um das Ziel der Stabilität des Preisniveaus zu gewährleisten. Häufig wird von den Zentralbanken zusätzlich gefordert, das Wirtschaftswachstum sowie ein hohes Beschäftigungsniveau zu unterstützen. Im Folgenden wollen wir zunächst untersuchen, wie die Geldpolitik das Ziel der Preisniveaustabilität erreichen kann.

Die zentrale Schwierigkeit der Geldpolitik besteht darin, dass die Zentralbank das Preisniveau nicht direkt steuern kann, da die geldpolitischen Instrumente erst mit einer gewissen Zeitverzögerung wirken. Man unterscheidet zwei Strategien der Zentralbanken, dieses Problem zu lösen. Eine Möglichkeit ist das sogenannte *Inflation Targeting*: In diesem Fall beobachtet die Zentralbank die Entwicklung der Inflation. Weicht die tatsächliche bzw. prognostizierte Inflationsrate vom Inflationsziel der Notenbank ab, reagiert sie mit dem Einsatz bestimmter geldpolitischer Instrumente. Diese Strategie wird beispielsweise in Großbritannien von der *Bank of England* verfolgt. Eine andere Option ist die der sogenannten *Geldmengensteuerung*, die beispielsweise von der *Deutschen Bundesbank* angewandt wurde. Bei der Sicherung des Ziels der Preisniveaustabilität ist die Entwicklung der Geldmenge von zentraler Bedeutung, da sich empirisch eine enge Beziehung zwischen Geldmengenwachstum und Inflationsrate feststellen lässt. Je höher das Geldmengenwachstum, desto höher ist in der Regel die Inflationsrate. Im Falle der Geldmengensteuerung veröffentlicht die Zentralbank ein Geldmengenziel, also die geplante Wachstumsrate der Geldmenge, die sie unter den gegebenen wirtschaftlichen Umständen für angemessen hält, und orientiert sich beim Einsatz ihrer geldpolitischen Instrumente daran, ob dieses Ziel mit der tatsächlichen Entwicklung übereinstimmt. Die Europäische Zentralbank stützt sich in ihrer Geldpolitik auf die sogenannte *Zwei-Säulen-Strategie* und kombiniert damit die beiden Optionen: Einerseits analysiert sie die allgemeine wirtschaftliche Entwicklung anhand einer Fülle von einzelnen Indikatoren (unter anderem die konjunkturelle Lage, die Entwicklung der Löhne oder die der Rohstoffpreise), andererseits beobachtet sie die Entwicklung der Geldmenge im Euro-Raum.

Da das Preisniveau also nicht direkt gesteuert werden kann, orientieren sich Zentralbanken im Rahmen der Geldpolitik an sogenannten Zwischenzielen – die wichtigsten sind die Geldmenge sowie die Zinssätze. Allerdings kann auch die Geldmenge von der Zentralbank nicht autonom gesteuert werden. Zur Verdeutlichung schauen wir uns zunächst an, wie der Prozess der sogenannten *Geldschöpfung* in einer Volkswirtschaft funktioniert, d.h. welche Akteure Geld „herstellen" und dem Wirtschaftskreislauf zuführen können. Unter der Geldschöpfung versteht man eine Erhöhung der Geldmenge. Wie wir gesehen haben, umfasst die Geldmenge nicht nur das Zentralbankgeld, das von der Zentralbank selbst geschaffen wird, sondern auch das Buchgeld, das in den Geschäftsbanken entsteht. Die Geldschöpfung vollzieht sich also in der Interaktion zwischen Zentralbank, Geschäftsbanken und Nichtbanken: Geld entsteht zum Beispiel, wenn die Zentralbank Kredite an die Geschäftsbanken vergibt – in diesem Fall handelt es sich um Zentralbankgeld. Die Geschäftsbanken wiederum können nun ein Vielfaches dieser Menge an Zentralbankgeld in Form von Krediten an die Unternehmen und die privaten Haushalte weitergeben – dadurch entsteht zusätzliches Buch- bzw. Giralgeld. Das Zentralbankgeld ist also sozusagen die Ausgangsbasis, von der aus die Geschäftsbanken Geld schöpfen können. Hier setzt dann auch die Zentralbank an, wenn sie zur Sicherung der Preisniveaustabilität die Geldmenge steuern will. Mit Hilfe der einzelnen geldpolitischen Instrumente kann sie beeinflussen, wie viel Zentralbankgeld den Geschäftsbanken zur Verfügung steht und wie leicht bzw. schwer diese in Form von Krediten an Nichtbanken Buchgeld schaffen können.

Die konkreten Instrumente der Geldpolitik schauen wir uns nun anhand der wichtigsten Instrumente der Europäischen Zentralbank (EZB) an. Eine Möglichkeit der Geldmengensteuerung ist die sogenannte *Mindestreservenpolitik*. Wenn die Geschäftsbanken sich bei der Zentralbank mit Zentralbankgeld versorgen, können sie ein Vielfaches dieser Menge in Form von Krediten an Nichtbanken weitergeben. Dabei sind die Geschäftsbanken allerdings verpflichtet, einen bestimmten Prozentsatz ihrer gesamten Einlagen bei der Zentralbank zu hinterlegen – wie viel, besagt der sogenannte *Mindestreservesatz*. Falls die Zentralbank nun die Kreditvergabe der Geschäftsbanken erleichtern will (falls sie also eine Erhöhung der Geldmenge anstrebt), kann sie diesen Mindestreservesatz senken. Umgekehrt ist es auch möglich, den Satz zu erhöhen, falls eine Erschwerung der Kreditvergabe bzw. eine Senkung der Geldmenge erreicht werden soll.

Gleichzeitig versucht die EZB, die Zinsen auf dem *Geldmarkt* zu beeinflussen, auf dem das Zentralbankgeld gehandelt wird. Die EZB ist hier der wichtigste Marktteilnehmer und steuert über den Einsatz ihrer geldpolitischen Instrumente die Geldmarktzinsen. Auch die Geschäftsbanken und andere Finanzinstitute, wie zum Beispiel Versicherungen, agieren am Geldmarkt. Eine Bank, die überschüssiges Zentralbankgeld besitzt, kann dieses über den Geldmarkt anderen Banken zur Verfügung stellen. Über den Geldmarkt können sich also auch die Geschäftsbanken untereinander mit Liquidität versorgen. Der wichtigste Teil des Geldmarktes ist dabei der Markt für Tagesgeld. Die EZB kann nun im Rahmen ihrer *Refinanzierungsgeschäfte* den dortigen Zinskorridor steuern. Eine Art Untergrenze für die Tagesgeldzinsen wird durch die sogenannte *Einlagefazilität* geschaffen: Dabei können die Geschäftsbanken überschüssiges Zentralbankgeld über Nacht bei der EZB zu einem bestimmten Zinssatz anlegen. Dieser Zinssatz bildet die Untergrenze am Geldmarkt, da keine Bank einer anderen Bank Geld zu niedrigeren Zinsen leihen wird – schließlich könnte sie ihr überschüssiges Zentralbankgeld stattdessen bei der EZB anlegen. Die *Spitzenrefinanzierungsfazilität* hingegen gibt die Obergrenze der Geldmarktzinsen an: Zu diesem Zinssatz können sich die Geschäftsbanken über Nacht Geld von der EZB leihen, weshalb keine Bank bereit sein wird, sich bei einer anderen Bank zu einem höheren Zinssatz Zentralbankgeld zu leihen. Mit Hilfe dieser beiden ständigen Fazilitäten gelingt es der EZB also, den Zinskorridor am Geldmarkt zu steuern.

Innerhalb dieses Korridors greift das geldpolitische Instrument der *Offenmarktpolitik*, mit dem die EZB einerseits die Geschäftsbanken mit ausreichend Liquidität versorgt und andererseits eine Art Feinsteuerung der Zinsen innerhalb des Zinskorridors betreibt. Das wichtigste Instrument der Offenmarktpolitik (und zugleich der gesamten Geldpolitik im Euro-Raum) ist das *Hauptrefinanzierungsgeschäft*. Jede Woche stellt die EZB den Geschäftsbanken befristet auf zwei Wochen Zentralbankgeld zur Verfügung. Zusätzlich gibt es noch längerfristige Refinanzierungsgeschäfte mit Laufzeiten von drei Monaten. Der Zinssatz für das Hauptrefinanzierungsgeschäft ist der wichtigste Zinssatz der EZB und wird daher auch als *der Leitzins* bezeichnet (nimmt man die Zinssätze der ständigen Fazilitäten hinzu, spricht man von den Leitzinsen). Zwischen 1999 und 2008 schwankte er zwischen zwei und fünf Prozent. Aufgrund der Wirtschafts- und Finanzkrise hat die EZB die Leitzinsen ab 2008 mehrfach deutlich gesenkt. Der Zinssatz für die Hauptrefinanzierungsgeschäfte liegt seit Mai 2009 bei einem Prozent, der Satz der Einlagefazilität bei 0,25 Prozent und der Satz der Spitzenrefinanzierungsfazilität bei 1,75 Prozent.

Mit Hilfe der Zinssätze versuchen die Zentralbanken also, Einfluss auf die Entwicklung der Geldmenge und somit auf das wirtschaftspolitische Ziel der Preisniveaustabilität zu nehmen. Gleichzeitig beeinflussen die Leitzinsen auch, zu welchen Zinsen die Nichtbanken bei den Geschäftsbanken Kredite aufnehmen können: Verteuert sich die Geldbeschaffung der Geschäftsbanken aufgrund eines Anstiegs der Leitzinsen, werden diese Kosten an die Bankkunden weitergegeben. Das Zinsniveau ist deshalb nicht nur für die Geldpolitik, sondern auch für die Realwirtschaft eine wichtige Größe – es wirkt sich nämlich auf die Höhe der Investitionen aus: Bevor ein Unternehmen eine bestimmte Investition tätigt, wird es kalkulieren, ob sich die Investition auch lohnt. Die Antwort auf diese Frage hängt unter anderem davon ab, auf welche Art und Weise sie finanziert werden soll. Finanziert das Unternehmen die Investition über sein *Eigenkapital*, also über vorhandenes Vermögen, ist der entscheidende Punkt, ob der von der Investition erwartete Gewinn über demjenigen Zinssatz liegt, den das Unternehmen bekommen würde, wenn es das Eigenkapital anlegen würde, statt zu investieren. Muss das Unternehmen zur Finanzierung einer Investition hingegen einen Kredit, d.h. *Fremdkapital*, aufnehmen, wird es darauf achten, dass es mit der Investition mindestens so viel verdient, um den Kredit sowie die Zinsen zurückzahlen zu können und zusätzlich noch Gewinn zu machen. In beiden Fällen hängt die Investitionsentscheidung des Unternehmens von der Höhe des Zinssatzes ab. Ist das Zinsniveau niedrig, lohnen sich vergleichsweise viele Investitionen, weil der Gewinn aus diesen Investitionen nur relativ gering sein muss, um entweder die Zinsgewinne zu übertreffen (bei einer Finanzierung über Eigenkapital) oder um über den Kosten des Fremdkapitals zu liegen. Steigt das Zinsniveau, werden immer mehr Investitionsvorhaben nicht realisiert, weil sie die Kosten der Fremdkapitalaufnahme nicht mehr decken können oder es schlicht rentabler ist, das Eigenkapital anzulegen.

Abschließend stellt sich noch die Frage, in welche Richtung die Geldpolitik steuern muss, um ihre jeweiligen Ziele zu erreichen. Zur Sicherung der Preisniveaustabilität bzw. zur Bekämpfung von Inflation sollte die Zentralbank eine sogenannte *restriktive Geldpolitik* betreiben. In diesem Fall wird sie versuchen, die Zinssätze zu erhöhen und die Geldmenge zu verknappen. Erreichen lässt sich dies beispielsweise durch eine Erhöhung des Mindestreservesatzes, wodurch die Banken einen geringeren Teil ihrer Einlagen in Form von Krediten an die Nichtbanken weitergeben können. Es wird weniger Buchgeld geschaffen und die Geldmenge sinkt. Eine andere Option ist die Erhöhung der Leitzinsen: Für die Banken wird es teurer, sich zusätzliches Zentralbankgeld zu beschaffen. Diese höheren Kosten werden sie in Form von höheren Kreditzinsen an ihre Kunden weitergeben. Dadurch sinken die Nachfrage nach Krediten und infolgedessen auch Geldmenge und Inflationsrate.

Obwohl die Sicherung der Preisniveaustabilität das zentrale Ziel der meisten Zentralbanken ist, wird häufig auch gefordert, Wachstum und Beschäftigung mit Hilfe geldpolitischer Instrumente zu fördern. Man spricht in diesem Fall von einer *expansiven Geldpolitik*. Im Rahmen einer solchen Politik wird die Zentralbank versuchen, die Zinssätze zu senken und die Geldmenge auszuweiten. Durch eine Senkung des Mindestreservesatzes oder ein Absenken der Leitzinsen kann die Kreditvergabe der Banken erleichtert werden. Wie wir gesehen haben, können niedrigere Zinsen dazu führen, dass die Unternehmen mehr investieren. Über diese zusätzlichen Investitionen kann eine expansive Geldpolitik nun ein höheres Wirtschaftswachstum und somit eine niedrigere Arbeitslosigkeit (bzw. ein höheres Beschäftigungsniveau) erreichen. Aufgrund der Erhöhung der Geldmenge besteht bei einer solchen Politik allerdings immer das Risiko, dass es zu einem Anstieg der Inflation kommt.

1.4.4   Lohnpolitik

Ein weiteres wirtschaftspolitisch bedeutsames Politikfeld ist die Lohnpolitik, d.h. die Festlegung der Entlohnung des Produktionsfaktors Arbeit. In fast allen Demokratien liegt die Kompetenz zur Regelung der Löhne zunächst bei den Tarifparteien, also den Gewerkschaften und den Arbeitgeberverbänden, wobei es in einzelnen Ländern für die jeweilige Regierung durchaus Möglichkeiten gibt, in den Prozess der Lohnfindung einzugreifen. In der Bundesrepublik ist der Handlungsspielraum der Regierung in diesem Politikfeld sehr gering. Artikel 9 Absatz 3 des Grundgesetzes enthält die sogenannte *Koalitionsfreiheit*, also das Recht „zur

Wahrung und Förderung der Arbeits- und Wirtschaftsbedingungen Vereinigungen zu bilden".
Das Grundgesetz schützt den Bestand dieser Vereinigungen (auch: Koalitionen), und da das
Bundesverfassungsgericht das Aushandeln von Tarifverträgen als einen wesentlichen Zweck
der Koalitionen betrachtet, ist die Tarifautonomie, also das Recht der Tarifparteien, ohne
staatliche Einmischung Tarifverträge auszuhandeln, verfassungsrechtlich geschützt.

Auch wenn sich die Lohnpolitik in der Regel der Steuerung durch die staatliche Wirtschaftspolitik entzieht, ist sie dennoch ein wichtiges wirtschaftspolitisches Instrument. Löhne haben
in zweierlei Hinsicht eine große ökonomische Bedeutung. Zunächst ist der Lohn schlicht der
Preis für den Faktor Arbeit. Da Arbeit ein besonders wichtiger Produktionsfaktor ist, bestimmt der Lohn (neben dem Zins als Preis für den Faktor Kapital) entscheidend über die
Höhe der Produktionskosten mit: Je höher die Löhne, desto höher sind die Produktionskosten
und somit der Preis eines Gutes und desto geringer wird entsprechend die Nachfrage nach
diesem Gut sein. Der Lohn in seiner Funktion als Preis für einen wichtigen Produktionsfaktor ist deshalb ein zentraler Bestandteil der gesamtwirtschaftlichen Angebotsbedingungen.
Gleichzeitig ist der Lohn aber auch eine wichtige Einkommensquelle der privaten Haushalte
(vgl. Kap. 1.2): Die Höhe der Löhne hat Einfluss darauf, wie viel Geld den privaten Haushalten zur Verfügung steht und folglich wie viel sie konsumieren können. Da der private Konsum ein wichtiger Bestandteil der gesamtwirtschaftlichen Nachfrage ist, bestimmt die Lohnhöhe also auch die gesamtwirtschaftliche Nachfrage. Diese beiden Positionen im Rahmen
von Lohnverhandlungen in Einklang zu bringen, ist die – nicht immer einfache – Aufgabe
der Lohnpolitik. Sehen die lohnpolitischen Akteure das wesentliche Problem einer Volkswirtschaft in einer zu geringen gesamtwirtschaftlichen Nachfrage, werden sie zu einer expansiven Lohnpolitik neigen, also zu deutlichen Lohnerhöhungen; wird dagegen die Wettbewerbsfähigkeit der einheimischen Unternehmen aufgrund zu hoher Produktionskosten als
gefährdet betrachtet, werden die Tarifparteien eher zu moderaten Lohnabschlüssen kommen.
Nicht selten sind sich die Tarifparteien allerdings nicht einig, vor welchem Problem eine
Volkswirtschaft steht, sodass sie unterschiedliche lohnpolitische Vorstellungen haben. Zusätzlich wird die Lohnpolitik noch dadurch erschwert, dass sie auch erhebliche verteilungs-
politische Auswirkungen hat.

1.4.5   Arbeitsmarkt- und Beschäftigungspolitik

Unter Beschäftigungspolitik versteht man diejenigen gesamtwirtschaftlichen Maßnahmen,
die auf eine allgemeine Verbesserung der Beschäftigungssituation in einer Volkswirtschaft
abzielen. Hier werden also bestimmte wirtschaftspolitische Instrumente wie die Geld-, Fis-
kal- und Lohnpolitik mit dem Ziel der Beschäftigungssicherung oder der Schaffung zusätzlicher Beschäftigung eingesetzt.

Die Arbeitsmarktpolitik dagegen geht selektiver vor. Sie beinhaltet alle staatlichen Regelungen über Art, Umfang und Dauer kompensatorischer Leistungen infolge von Arbeitslosigkeit
(die sogenannte *passive Arbeitsmarktpolitik*) sowie die Gesamtheit der staatlichen Maßnahmen, die darauf abzielen, Angebot und Nachfrage auf dem Arbeitsmarkt selektiv zu beeinflussen (die sogenannte *aktive Arbeitsmarktpolitik*). Die passive Arbeitsmarktpolitik in der
Bundesrepublik besteht aus dem Arbeitslosengeld I sowie dem Arbeitslosengeld II. Beispiele
für aktive Arbeitsmarktpolitik sind die öffentliche Arbeitsvermittlung, Weiterbildungs- sowie
Arbeitsbeschaffungsmaßnahmen.

Bei der passiven Arbeitsmarktpolitik geht es vorwiegend um die Einkommenssicherung von Arbeitslosen, weshalb sie nur mit Einschränkungen als wirtschaftspolitisches, sondern treffender als sozialpolitisches Instrument bezeichnet werden kann. Innerhalb der expansiven Fiskalpolitik allerdings kommt der Arbeitslosenversicherung eine Rolle als sogenannter *automatischer Stabilisator* zu: Wenn während einer Rezession die gesamtwirtschaftliche Nachfrage und die Beschäftigung sinken, dann begrenzen die Transferleistungen der Arbeitslosenversicherung den Einkommensverlust der arbeitslosen Wirtschaftssubjekte zumindest teilweise, sodass die Nachfrage stabiler gehalten werden kann, als dies bei einem höheren Einkommensverlust der Arbeitslosen der Fall wäre.

Die aktive Arbeitsmarktpolitik hingegen dient als wirtschaftspolitisches Instrument, wenn es um das Ziel eines hohen Beschäftigungsstandes bzw. die Senkung von Arbeitslosigkeit geht. Sie soll helfen, Arbeitslose wieder in Beschäftigungsverhältnisse zu bringen, indem beispielsweise durch die staatliche Arbeitsvermittlung die Arbeitssuche erleichtert wird oder Qualifikationsdefizite durch Weiterbildungsmaßnahmen beseitigt werden. Allerdings ist die Arbeitsmarktpolitik alleine nur in sehr begrenztem Ausmaß in der Lage, tatsächlich zusätzliche Beschäftigung zu schaffen – beispielsweise über Arbeitsbeschaffungsmaßnahmen auf dem sogenannten *zweiten* – staatlich geförderten – *Arbeitsmarkt* oder über finanzielle Anreize für Unternehmen, Angehörige der Problemgruppen des Arbeitsmarktes einzustellen.

Träger der passiven Arbeitsmarktpolitik ist die Arbeitslosenversicherung, die in einigen Ländern (beispielsweise in Schweden) von den Gewerkschaften verwaltet wird. In anderen Ländern wie in der Bundesrepublik sind Körperschaften des öffentlichen Rechts wie die *Bundesagentur für Arbeit* für die passive (und überwiegend auch für die aktive) Arbeitsmarktpolitik zuständig. Die Gesetzgebungskompetenz für die Arbeitsmarktpolitik (und häufig auch die Finanzierung) liegt bei den jeweiligen Gesetzgebern. Die aktive Arbeitsmarktpolitik wird innerhalb der Industrieländer allerdings unterschiedlich finanziert: In Schweden zum Beispiel aus allgemeinen Steuermitteln, in der Bundesrepublik hingegen aus den Beiträgen der Arbeitnehmer und Arbeitgeber zur Arbeitslosenversicherung. In anderen Ländern wie beispielsweise in Großbritannien existiert die aktive Arbeitsmarktpolitik praktisch überhaupt nicht.

1.4.6   Konjunkturpolitik

Ziel der Konjunkturpolitik ist die Glättung des sogenannten *Konjunkturzyklus*. Da es um die Stabilisierung der wirtschaftlichen Entwicklung geht, wird sie in Teilen der Literatur auch als Stabilitäts- oder Stabilisierungspolitik bezeichnet. Der Begriff des Konjunkturzyklus bezieht sich darauf, dass die wirtschaftliche Entwicklung in der Regel nicht gleichmäßig, sondern in bestimmten Phasen verläuft. Der Auslastungsgrad des Produktionspotentials einer Volkswirtschaft schwankt im Zeitverlauf, und diese Schwankungen weisen eine gewisse Regelmäßigkeit auf – man bezeichnet sie deshalb als Zyklen. Innerhalb eines Konjunkturzyklus lassen sich vier Phasen unterscheiden. Zunächst kommt es zum wirtschaftlichen *Aufschwung* bzw. zur wirtschaftlichen Erholung: Die gesamtwirtschaftliche Nachfrage und das Wirtschaftswachstum steigen. Die Phase der *Hochkonjunktur* bzw. des Booms kann zu einer konjunkturellen Überhitzung führen, begleitet von hoher Inflation. Danach folgen der Abschwung bzw. die *Rezession* mit schwachen Wachstumsraten und steigender Arbeitslosigkeit. Die letzte

Phase schließlich ist die *Depression* bzw. Krise mit in der Regel negativen Wachstumsraten und deutlich niedrigerer Beschäftigung.

Die Konjunkturpolitik versucht nun, diesen Schwankungen entgegenzuwirken, indem einerseits Rezession und Depression, andererseits die Überhitzung in Zeiten der Hochkonjunktur in ihren Auswirkungen gemildert werden. Instrumente der Konjunkturpolitik sind die Maßnahmen der Fiskal- und der Geldpolitik: Eine Rezession wird bekämpft über die Ankurbelung der Volkswirtschaft durch niedrige Zinsen, zusätzliche Staatsausgaben sowie Steuersenkungen (expansive Politik), während in Boomphasen Zinsen und Steuern erhöht sowie die Staatsausgaben zurückgefahren werden (restriktive Politik).

1.4.7   Wachstumspolitik

Wachstumspolitik umfasst alle Maßnahmen, die darauf gerichtet sind, das Wirtschaftswachstum zu fördern. So versucht sie beispielsweise, zu einer verbesserten Effizienz der Produktionsfaktoren einer Volkswirtschaft beizutragen, indem der Wettbewerb geschützt bzw. ausgeweitet wird, etwa durch Deregulierung, indem die Rentabilität von Investitionen erhöht wird, durch die Senkung von Unternehmenssteuern und Zinssätzen oder indem öffentliche Investitionen in Infrastruktur, Bildung und Forschung vorgenommen werden.

Zur Konjunkturpolitik lässt sich die Wachstumspolitik wie folgt abgrenzen: Das Ziel der Konjunkturpolitik ist eine gleichmäßige Auslastung der vorhandenen Produktionsfaktoren – eine deutliche Über- bzw. Unterbeanspruchung der Faktoren soll vermieden werden. Die Wachstumspolitik hingegen zielt darauf ab, das vorhandene Produktionspotential zu erweitern.

1.5   Ökonomische Theorieschulen

Innerhalb der Volkswirtschaftslehre gibt es einige wichtige Theorieschulen bzw. Großtheorien, die ökonomische Ergebnisse und Zusammenhänge auf verschiedene Art und Weise beschreiben und erklären. Außerdem sprechen sie unterschiedliche, teilweise sogar gegensätzliche Empfehlungen an die Akteure der Wirtschaftspolitik aus. Die einzelnen Theorieschulen unterscheiden sich sowohl in ihren Annahmen, den zentralen wirtschaftspolitischen Zielen und den Maßnahmen zur Zielerreichung. Im Folgenden werden die wichtigsten ökonomischen Theorieschulen und ihre Bedeutung für die Wirtschaftspolitik vorgestellt.

1.5.1   Die Klassik

Die ökonomische Klassik entstand im 18. und 19. Jahrhundert. Ihre zentrale Annahme besagt, dass jede Volkswirtschaft inhärent stabil ist, dass also der Markt auch ohne Eingriffe des Staates stets zum Gleichgewicht tendiert. Analytisch basieren diese Überlegungen auf dem sogenannten *Sayschen Theorem*, entwickelt von dem französischen Ökonomen Jean Baptiste Say. Nach dieser Theorie schafft sich jedes Angebot seine eigene Nachfrage, sodass sich Angebot und Nachfrage immer im Gleichgewicht befinden. Der Zusammenhang zwischen Angebot und Nachfrage wird dabei – ganz analog dem in Kapitel 1.2 eingeführten einfachen Kreislaufmodell – wie folgt begründet: Das Angebot an Gütern muss zunächst produziert werden, und im Rahmen des Produktionsprozesses werden Einkommen erzeugt, da die jeweiligen Produktionsfaktoren bezahlt werden müssen. Aus diesen Einkommen entsteht dann die entsprechende Nachfrage. Die Einkommen werden entweder direkt für den Kauf von Gütern verwendet oder gespart. Da die Ersparnisse einer Volkswirtschaft den Investitionen entsprechen, werden auch sie ein Teil der Nachfrage. Insgesamt schafft sich so jedes Angebot seine eigene Nachfrage.

Eine weitere zentrale Annahme der Klassik besagt zudem, dass Preise und Löhne flexibel sind, sich also rasch anpassen können. Falls es beispielsweise aufgrund eines exogenen Schocks zu Verschiebungen von Angebot oder Nachfrage und folglich zu einem Marktungleichgewicht kommt, bewirkt eine Veränderung der Preise als „unsichtbare Hand" einen Ausgleich und führt die Volkswirtschaft zu einem neuen Gleichgewicht. Sinkt zum Beispiel die Nachfrage, dann sinken auch die Preise, und zwar so lange, bis sich Angebot und Nachfrage erneut entsprechen (siehe Kap. 1.1.6). Demnach ist es nicht möglich, dass es in einer Volkswirtschaft dauerhaft zu einem Ungleichgewicht in Form von Unter- oder Überproduktion kommt. Der Begriff der „unsichtbaren Hand" wurde übrigens von einem der berühmtesten Vertreter der Klassik, dem schottischen Moralphilosophen Adam Smith, in seinem ökonomischen Hauptwerk „An Inquiry into the Nature and Causes of the Wealth of Nations" von 1776 geprägt. Nach Smith handeln die einzelnen Wirtschaftssubjekte auf Märkten nur nach ihrem Eigeninteresse, werden dabei aber von einer „unsichtbaren Hand" gelenkt, sodass der Marktmechanismus am Ende auch für das Allgemeinwohl die besten Ergebnisse hervorbringt. Damit dieser Mechanismus funktioniert, muss es sich allerdings um vollkommene Märkte mit vollständigem Wettbewerb handeln, wie wir sie weiter oben schon kennen gelernt haben (vgl. Kap. 1.1.6). Die Grundüberlegung der Klassik lässt sich somit wie folgt zusammenfassen: Unter den Annahmen eines vollständigen Wettbewerbs sowie flexibler Preise und Löhne tendiert jede Volkswirtschaft langfristig von selbst zum Gleichgewicht. Die Empfehlung von Seiten dieser Theorieschule an die praktische Wirtschaftspolitik ist deshalb, Wettbewerb zu schaffen und zu sichern, aber nicht direkt in das Marktgeschehen einzugreifen.

Der zentrale Unterschied zwischen der Klassik und anderen Theorieschulen lässt sich gut daran veranschaulichen, wie die jeweilige Sichtweise das Phänomen der Arbeitslosigkeit erklärt. Aus Sicht der Klassik dürfte es unfreiwillige und lang andauernde Arbeitslosigkeit gar nicht geben: Schließlich kann Arbeitslosigkeit als ein kurzfristiges Marktungleichgewicht interpretiert werden, das sehr schnell wieder verschwindet, weil die Arbeitslosen ihre Lohnforderungen senken und – da die Arbeitsnachfrage der Unternehmen bei niedrigeren Löhnen steigt – folglich schnell wieder eine neue Beschäftigung finden würden. Kommt es nun doch zu Arbeitslosigkeit, so kann es sich nur um kurzfristige Sucharbeitslosigkeit handeln, die verschwindet, sobald die Anpassungsprozesse am Arbeitsmarkt abgeschlossen sind; oder die Arbeitslosigkeit ist in dem Sinne als „freiwillig" zu bezeichnen, dass die Arbeitslosen nicht bereit sind, zu einem niedrigeren Lohn zu arbeiten. Diese Vorstellung der Klassiker erwies sich jedoch als empirisch nicht haltbar – und zwar spätestens angesichts der großen Weltwirtschaftskrise nach 1929, als die in hohem Maße unfreiwillige Arbeitslosigkeit nicht mehr zu übersehen war. Einige Ökonomen bewog diese Entwicklung schließlich zum Umdenken und somit zur Abkehr von der klassischen Theorie, nicht zuletzt einen gewissen John Maynard Keynes.

1.5.2   Der Keynesianismus

John Maynard Keynes (1883-1946) war ein britischer Ökonom und als politischer Berater unter anderem beteiligt an den Friedensverhandlungen in Versailles (wo er sich übrigens gegen die Höhe der Reparationsforderungen gegenüber Deutschland aussprach) und den Verhandlungen über die neue Weltwährungsordnung nach dem zweiten Weltkrieg auf der Konferenz von Bretton Woods. Das Hauptwerk von Keynes ist „The general theory of employment, interest and money" („Die allgemeine Theorie der Beschäftigung, des Zinses und des Geldes") von 1936. Es entstand unter dem Eindruck der Weltwirtschaftskrise ab 1929, die in fast allen Ländern zu Massenarbeitslosigkeit führte – in Deutschland beispielsweise waren im Jahr 1932 sechs Millionen Menschen arbeitslos.

Ausgangspunkt der Theorie von Keynes war, dass die dauerhafte Existenz von Arbeitslosigkeit mit den bis dahin dominierenden Theorien der Klassiker nicht zu erklären war. Dabei bezweifelte Keynes gleich mehrere zentrale Annahmen der Klassik. Zum einen ging er nicht davon aus, dass die Volkswirtschaften inhärent stabil sind. Insbesondere die Investitionsnachfrage der Unternehmen, aber auch die Konsumnachfrage der privaten Haushalte ist laut Keynes überwiegend von psychologischen Faktoren und Erwartungen abhängig und daher prinzipiell instabil. Die Investitionsnachfrage ist Keynes zufolge nicht, wie von der Klassik angenommen, abhängig vom Zinsniveau, sondern von den Erwartungen der Investoren, wie sich die Nachfrage nach den von ihnen produzierten Gütern in der Zukunft entwickeln wird. Folglich kommt es regelmäßig zu Konjunkturschwankungen. Darüber hinaus glaubte Keynes nicht, dass Preise und Löhne auch nach unten flexibel sind, dass also bei sinkender Nachfrage nach einem Gut automatisch auch dessen Preis sinkt. Am Beispiel des Arbeitsmarkts lässt sich dieser Punkt gut veranschaulichen: Gemäß der klassischen Vorstellung müsste bei einer sinkenden Arbeitsnachfrage auch der Preis des Faktors Arbeit, also der Lohn, sinken. Keynes hingegen ging davon aus, dass die Löhne nach unten nicht flexibel, sondern starr sind – aufgrund der Existenz starker Gewerkschaften, der Laufzeit von Tarifverträgen, aber auch, weil Unternehmen ein Interesse daran haben können, qualifizierte Arbeitnehmer zu halten, indem sie Löhne oberhalb des Gleichgewichtsniveaus zahlen. Aus dieser Inflexibilität der Löhne und Preise folgt für Keynes, dass eine Volkswirtschaft nach einem exogenen Schock oder aufgrund von Schwankungen der gesamtwirtschaftlichen Nachfrage eben nicht zwangsläufig zurück zum Vollbeschäftigungsgleichgewicht tendiert, sondern dass auch ein *Gleichgewicht bei Unterbeschäftigung* möglich ist – jedenfalls kurz- und mittelfristig. Selbst wenn die Klassiker langfristig Recht behalten sollten mit ihrer Erwartung, dass die Märkte von alleine zum Gleichgewicht zurückkehren, hilft dies laut Keynes nicht viel, denn: „in the long run we are all dead".

Die Unterschiede zwischen klassischer und keynesianischer Theorie lassen sich auch daran veranschaulichen, wie der Verlauf der gesamtwirtschaftlichen Angebotskurve angenommen wird (vgl. Abb. 1.3 weiter oben). Im „keynesianischen" Bereich verläuft sie horizontal bzw. leicht steigend, im „klassischen" Bereich hingegen steil bzw. vertikal. Nehmen wir einmal an, wir befinden uns im klassischen Bereich mit einer vertikalen Angebotskurve. Falls nun die gesamtwirtschaftliche Nachfrage zurückgeht, dann kommt es zu einem Absinken der Preise und somit zu einem neuen Gleichgewicht. Das Sozialprodukt (in der Graphik abgetragen auf der x-Achse) bleibt jedoch gleich. Im keynesianischen Bereich hingegen wirkt sich eine gesunkene Nachfrage anders aus: In diesem Fall können die Preise nicht sinken. Es kommt zwar zu einem neuen Gleichgewicht, allerdings ist das Sozialprodukt nun niedriger – der Rückgang der gesamtwirtschaftlichen Nachfrage schlägt voll auf das Sozialprodukt durch. Da die Produktion zurückgeht, entsteht Arbeitslosigkeit, weshalb das neue Gleichgewicht auch als Gleichgewicht bei Unterbeschäftigung bezeichnet wird.

Die Klassiker und Keynes unterscheiden sich außerdem darin, wie sie die Möglichkeiten des Staates einschätzen, durch wirtschaftspolitische Maßnahmen die Produktion (und damit auch die Beschäftigung) stabilisieren zu können. Wenn wir uns in der Graphik im klassischen Bereich befinden, dann hat eine Erhöhung der Nachfrage nur Auswirkungen auf das Preisniveau – Produktion und Beschäftigung bleiben gleich. Im keynesianischen Bereich hingegen lässt sich das Sozialprodukt erhöhen, indem die Wirtschaftspolitik Maßnahmen zur Steigerung der gesamtwirtschaftlichen Nachfrage ergreift.

Die zentrale wirtschaftspolitische Empfehlung, die sich aus dem Keynesianismus ableiten lässt, ist daher die Folgende: In Krisenzeiten sollte der Staat eine Steigerung der gesamtwirtschaftlichen Nachfrage bewirken, um die Arbeitslosigkeit zu bekämpfen, während die Regierung in Phasen der Hochkonjunktur eine Nachfragedämpfung vornehmen sollte. Insgesamt soll der Staat so den Konjunkturzyklus steuern bzw. glätten. Diese Form der Wirtschaftspolitik wird auch als *antizyklische Politik* bezeichnet. Mit Hilfe der Fiskal- und Geldpolitik sollen sowohl Rezessionen als auch eine konjunkturelle Überhitzung verhindert werden. Ein antizyklischer Einsatz dieser Instrumente impliziert folgendes: Zur Bekämpfung einer Rezession mit einer sinkenden gesamtwirtschaftlichen Nachfrage soll die Wirtschaftspolitik expansiv sein, d.h. die Nachfrage soll gesteigert werden, um einen Rückgang der Produktion und somit Arbeitslosigkeit zu vermeiden. Befindet sich die Volkswirtschaft in der Hochkonjunktur, so sollen die Instrumente restriktiv eingesetzt werden, d.h. die Nachfrage soll gedämpft werden, um einen Anstieg der Inflation zu verhindern.

Im Rahmen dieser antizyklischen Politik eignet sich laut Keynes allerdings die Geldpolitik weniger gut als die Fiskalpolitik zur Steuerung der gesamtwirtschaftlichen Nachfrage und somit der konjunkturellen Lage. Wie wir bereits festgestellt haben, soll eine expansive Geldpolitik über niedrigere Zinsen die Investitionsnachfrage der Unternehmen und folglich die gesamtwirtschaftliche Nachfrage ankurbeln. Allerdings argumentiert Keynes, dass die Unternehmen unter bestimmten Umständen auch bei niedrigen Zinsen nicht mehr investieren, weil ihre Investitionsnachfrage vor allem davon abhängt, ob sie eine hohe Güternachfrage in der Zukunft erwarten, was in Zeiten einer Rezession eher unwahrscheinlich ist. Niedrige Zinsen zur Bekämpfung einer Krise würden daher wenig helfen – eine Tatsache, die sich mit einem Zitat von Karl Schiller (in den 1960er und 1970er Jahren deutscher Wirtschafts- bzw. Finanzminister) gut veranschaulichen lässt: „Man kann die Pferde zum Wasser führen, aber trinken müssen sie schon allein". Eine sinnvolle Wirtschaftspolitik zur Bekämpfung von Rezessionen ist laut Keynes hingegen eine expansive Fiskalpolitik, d.h. eine Stabilisierung der Nachfrage durch zusätzliche Staatsausgaben und Steuersenkungen. Keynes empfahl vor allem die Schaffung zusätzlicher Nachfrage durch staatliche Ausgaben, gegebenenfalls auch unter der Inkaufnahme von Haushaltsdefiziten, weshalb man auch von einer Politik des *deficit spending* spricht. Eine solche Politik kann dann zusätzlich auf die Multiplikatoreffekte hoffen, die wir in Kap. 1.4.2 vorgestellt haben. In Boomphasen wiederum soll die Wirtschaftspolitik einen Teil der gesamtwirtschaftlichen Nachfrage durch Kürzungen bei den

Staatsausgaben und Steuererhöhungen abschöpfen, um eine Überhitzung und folglich hohe
Inflation zu verhindern, und die in der Rezession entstandene Staatsverschuldung wieder
zurückzuzahlen.

Bei der Anwendung einer keynesianischen Wirtschaftspolitik können allerdings Schwierigkeiten auftauchen. Ein Problem ist der sogenannte *Crowding-out-Effekt*, also eine Verdrän-
gung privater Nachfrage durch den Anstieg der staatlichen Nachfrage (vgl. Kap. 1.4.2). Andere Probleme entstehen vor allem aufgrund verschiedener Zeitverzögerungen: Zunächst
vergeht eine gewisse Zeit, bis die wirtschaftspolitischen Akteure das Problem, also die Rezession, überhaupt wahrnehmen – man bezeichnet dies als *recognition lag*. Danach sorgen
die Entscheidungsfindung im politischen Prozess (*decision lag*) sowie die Implementations-
phase der einzelnen Maßnahmen (*implementation lag*) für Verzögerungen. Und auch bis zur
tatsächlichen Wirkung der beschlossenen Maßnahmen dauert es eine Weile (*policy effect
lag*). Im ungünstigsten Fall hat sich die wirtschaftliche Lage bis zum Einsetzen der Wirkung
der Maßnahmen von alleine wieder verändert, sodass die Maßnahmen nicht antizyklisch,
sondern *prozyklisch* wirken – also nachfragedämpfend in Zeiten einer Rezession oder nach-
fragesteigernd in der Hochkonjunktur. Auch wahlpolitisch kann eine keynesianische Wirtschaftspolitik Probleme aufwerfen. Keynes empfiehlt, die Schulden, die in Rezessionsphasen
aufgenommen wurden, während der nächsten konjunkturellen Erholung durch Steuererhöhungen und Ausgabenkürzungen abzubauen – für eine Regierung, die wieder gewählt werden möchte, stellt dies keine attraktive Option dar, sodass dieser Aspekt keynesianischer
Politik weniger Beachtung erfährt als das deficit spending, mit der Folge wachsender Schul-
denberge des Staates. Ein weiteres Problem ergibt sich schließlich aufgrund der fortgeschrit-
tenen Internationalisierung der Volkswirtschaften: Je enger die Gütermärkte verschiedener
Länder miteinander verknüpft sind, desto geringer kann der Multiplikatoreffekt einer expansiven Fiskalpolitik ausfallen. Wenn die Konsumenten ausländische Güter bevorzugen, kann
es durchaus sein, dass ein Großteil der zusätzlich geschaffenen Nachfrage in Form gestiegener Importe ins Ausland „abfließt" und die Politik im Inland wirkungslos bleibt.

Innerhalb der praktischen Wirtschaftspolitik der Industrieländer war der Keynesianismus in
der Nachkriegszeit das dominierende Paradigma. In der Bundesrepublik hingegen wurde eine
solche Form der Wirtschaftspolitik erst relativ spät umgesetzt, und zwar mit dem *Stabilitätsgesetz* von 1967 (vgl. Zohlnhöfer 2006), wobei die institutionellen Bedingungen die Umsetzung einer keynesianischen Wirtschaftspolitik auch erschwerten. So erzeugt beispielsweise
der Föderalismus Abstimmungsprobleme – ohne eine gemeinsame Politik der Haushalte von
Bund, Ländern und Kommunen kann aber eine effektive Nachfragesteigerung nicht ausgelöst
werden. In den 1970er Jahren verlor das keynesianische Paradigma auch international an
Zustimmung, was unter anderem daran lag, dass der Keynesianismus ein Problem nicht lösen
konnte, das gerade in dieser Zeit zunehmend an Brisanz gewann, und zwar die Inflation.
Insbesondere nach dem Scheitern des „keynesianischen Experiments" (Hall 1986) in Frankreich unter Präsident François Mitterrand 1981/82, als ein Großteil der von der Regierung
zusätzlich geschaffenen Nachfrage ins Ausland abfloss und die Regierung letztlich 1983 eine
Wende hin zu einer restriktiven Fiskal- und Geldpolitik vollziehen musste, verlor der Keynesianismus seine wirtschaftspolitische Relevanz (vgl. Kap. 3.3.2). In Folge der weltweiten
Wirtschafts- und Finanzkrise ab 2008 lässt sich allerdings eine gewisse Rückkehr zu einer
keynesianischen Konjunkturpolitik erkennen. So wurden in fast allen Industrieländern milli-
ardenschwere Konjunkturpakete aufgelegt, die Wachstum und Beschäftigung sichern sollten.

1.5.3   Der Monetarismus

Unter dem Monetarismus versteht man eine wirtschaftstheoretische Konzeption, die in den 1960er und 1970er Jahren entwickelt wurde. Teilweise spricht man auch von einer „Konterrevolution" im Sinne eines Gegenentwurfs zur vorherigen „keynesianischen Revolution". Einer der Hauptvertreter des Monetarismus ist der amerikanische Ökonom Milton Friedman. Der Name dieser Theorieschule stammt daher, dass die Geldmenge als zentrale Variable zur Steuerung von Volkswirtschaften angesehen wird.

Die Annahmen des Monetarismus unterscheiden sich in mehrfacher Hinsicht von denen des Keynesianismus. In Anknüpfung an die ökonomische Klassik geht der Monetarismus ebenfalls von einer inhärenten Stabilität der Volkswirtschaften aus. Kurzfristige Konjunkturschwankungen werden in den Augen der Monetaristen außerdem nicht durch Veränderungen der gesamtwirtschaftlichen Nachfrage, sondern durch Schwankungen der Geldmenge verursacht. Eine weitere Annahme ist die Flexibilität von Preisen und Löhnen: Der Monetarismus nimmt an, dass sie sich zumindest mit einer gewissen Zeitverzögerung anpassen können.

Die zentrale theoretische Grundlage des Monetarismus aber ist die sogenannte *Quantitätstheorie*, die einen direkten kausalen Zusammenhang zwischen der Entwicklung der Geldmenge und der des Preisniveaus (also der Inflation) postuliert. Grundlage der Quantitätstheorie wiederum ist die *Quantitäts- bzw. Verkehrsgleichung*: $M * V = P * Y$. Die Variable M bezeichnet die Geldmenge, V die sogenannte Umlaufgeschwindigkeit des Geldes, P das Preisniveau und Y das Sozialprodukt. Unter der *Umlaufgeschwindigkeit des Geldes* versteht man die Häufigkeit, mit der eine Geldeinheit innerhalb einer Periode „umgeschlagen" wird, wie häufig sie also für den Kauf von Gütern eingesetzt wird. Die Umlaufgeschwindigkeit gibt somit an, wie schnell sich das Geld in einer Volkswirtschaft bewegt. Je nach wirtschaftlicher Lage kann diese Geschwindigkeit durchaus variieren: In Zeiten hoher Inflation zum Beispiel wollen die Wirtschaftssubjekte ihr Geld meist rasch wieder loswerden (weil sie Angst haben, es verliert noch mehr an Wert), die Umlaufgeschwindigkeit ist dann sehr hoch. Die Quantitätsgleichung sagt nun zunächst nichts über eine kausale Beziehung zwischen Geldmenge und Preisniveau aus, sie ist im Grunde nur eine Identität: Per definitionem ist innerhalb einer abgeschlossenen Periode die umgesetzte Geldmenge ($M * V$) immer gleich dem mit Preisen bewerteten Sozialprodukt ($P * Y$). Schließlich muss jede Transaktion (rechte bzw. „reale" Seite der Gleichung) bezahlt werden (linke bzw. „monetäre" Seite der Gleichung). Da wir an einer kausalen Beziehung zwischen Geldmenge und Preisniveau interessiert sind, können wir die Gleichung nach P auflösen und erhalten: $P = M * V / Y$. Um von der Quantitätsgleichung zur Quantitätstheorie zu kommen, nimmt man nun an, dass V und Y *mittelfristig* konstant sind, sich also nicht verändern. Dahinter steckt die Annahme, dass sich die Umlaufgeschwindigkeit des Geldes selten ändert: Löhne werden üblicherweise jeden Monat zum gleichen Zeitpunkt ausgezahlt, und die privaten Haushalte geben ihr Einkommen in der Regel im Laufe eines Monats gleichmäßig aus. Zu einer deutlichen Änderung der Umlaufgeschwindigkeit kann es nur kommen, wenn die Haushalte und Unternehmen die Art und Weise, wie häufig sie Güter kaufen bzw. wie sie diese Transaktionen bezahlen, deutlich verändern. Auch Y ist kurzfristig stabil, wenn man davon ausgeht, dass alle Produktionsfaktoren vollbeschäftigt sind.

Damit haben wir die Quantitätstheorie hergeleitet, die besagt: $P = c * M$. Dabei steht c für den Quotienten V/Y, bei dem es sich um eine Konstante handelt, da wir angenommen hatten, dass sowohl V als auch Y zumindest kurzfristig konstant sind. Somit besteht eine direkte Beziehung zwischen Preisniveau und Geldmenge: Das Preisniveau (und damit die Inflation) steigt proportional zur Geldmenge. Wenn die Geldmenge stabil ist, ist auch das Preisniveau stabil; und wenn die Geldmenge wächst, steigt auch das Preisniveau. Die Inflation ist also laut Monetarismus immer ein monetäres Phänomen, verursacht dadurch, dass die Geldmenge stärker steigt als die Güterproduktion.

Welche Empfehlungen bezüglich der wirtschaftspolitischen Instrumente spricht der Monetarismus nun aus? Zunächst geht er davon aus, dass eine antizyklische Wirtschaftspolitik (wie sie Keynes empfiehlt) wirkungslos ist: Eine Erhöhung der gesamtwirtschaftlichen Nachfrage über eine expansive Fiskalpolitik funktioniert nicht, weil der Monetarismus annimmt, dass der Konsum der privaten Haushalte weniger von ihrem laufenden Einkommen als vom erwarteten Lebenszeiteinkommen abhängt. Steigen die Einkommen aufgrund einer expansiven Fiskalpolitik an, so wird dieses zusätzliche Einkommen kaum Einfluss auf die aktuellen Konsumausgaben der privaten Haushalte haben und deshalb auch keine Nachfragesteigerung bewirken. Der Monetarismus geht von einer kurzfristig steilen bzw. langfristig vertikalen gesamtwirtschaftlichen Angebotskurve aus. Expansive geldpolitische Maßnahmen können deshalb zwar einen Effekt auf Produktion und Beschäftigung haben, allerdings nur kurzfristig und – laut Milton Friedman – aufgrund der sogenannten *Geldillusion* (vgl. Kap. 1.3.2). Abgesehen davon ist eine Steuerung der Konjunktur über die Geldpolitik in der Praxis kaum umsetzbar, da die geldpolitischen Maßnahmen nur zeitverzögert auf die Produktion wirken und die Wirtschaftspolitik diese Zeitverzögerungen nicht richtig einschätzen kann. Mittel- und langfristig hält der Monetarismus die Volkswirtschaften außerdem für inhärent stabil, weshalb er davon ausgeht, dass eine antizyklische Politik Konjunkturschwankungen nicht glättet, sondern im Gegenteil verursacht.

Die Geldpolitik ist dennoch das zentrale wirtschaftspolitische Instrument des Monetarismus. Doch anstelle einer antizyklischen Politik, die die einzelnen Maßnahmen je nach konjunktureller Lage variiert, fordern die Monetaristen eine *regelgebundene Geldpolitik*. Die Steuerungsgröße soll außerdem nicht das Zinsniveau (wie bei einer keynesianischen Geldpolitik), sondern die Geldmenge sein. Sie soll von der Zentralbank nach festen Regeln gesteuert werden. Danach soll die Geldmenge so stark wachsen wie das Produktionspotential einer Volkswirtschaft. Steigt sie nämlich weniger stark, kann es zu einer Wachstumsschwäche kommen; steigt sie schneller, ist Inflation die Folge. Dem Monetarismus zufolge sollte die Zentralbank ein Geldmengenziel, also eine feste Quote für das Wachstum der Geldmenge, formulieren und daran unter allen Bedingungen festhalten. Eine solche Geldpolitik könne Inflation sowie konjunkturelle Schwankungen vermeiden und zu Wirtschaftswachstum beitragen. Abgesehen von einer regelgebundenen Geldpolitik empfiehlt der Monetarismus der Wirtschaftspolitik überwiegend, direkte staatliche Eingriffe zu vermeiden und auf die Stabilität freier Märkte zu setzen.

Kritik am Monetarismus wurde in verschiedener Hinsicht geübt. Problematisch ist zum einen seine vermögenstheoretische Ausrichtung: Die Nachfrage der privaten Haushalte kann vielleicht über das Lebenszeiteinkommen erklärt werden, aber für die Investitionen der Unternehmen können auch andere Faktoren relevant sein, wie zum Beispiel die Zinssätze. Und auch die Annahme einer inhärenten Stabilität der Volkswirtschaften ist nach wie vor umstritten. Insgesamt hat der Monetarismus seit den 1970er Jahren allerdings durchaus einen hohen Einfluss auf die praktische Wirtschaftspolitik ausgeübt. So begann die Deutsche Bundesbank ab 1974 mit einer Politik der Geldmengensteuerung, und gegen Ende des 20. Jahrhunderts wurden die meisten Zentralbanken der Industrieländer unabhängig und (statt einer antizyklischen Steuerung der Konjunktur) dem Ziel der Preisniveaustabilität verpflichtet.

1.5.4 Angebotstheorie

Der Keynesianismus wurde unter anderem auch dafür kritisiert, sich viel zu stark auf die Nachfrageseite einer Volkswirtschaft konzentriert zu haben und die Verzerrung der Anreize für die Wirtschaftssubjekte, die zum Beispiel durch höhere Steuern entstanden sei, nicht berücksichtigt zu haben. Innerhalb der Angebotstheorie (auch als angebotsorientierte Wirtschaftspolitik bezeichnet) steht deshalb die Angebotsseite der Volkswirtschaften im Vordergrund.

Ebenso wie die Klassik und der Monetarismus geht auch die Angebotstheorie davon aus, dass die Volkswirtschaften prinzipiell stabil sind und von selbst ins Gleichgewicht zurückfänden. Falls es beispielsweise zu einem exogenen Schock kommt, führen die „Selbstheilungskräfte" der Märkte wieder zurück zum Gleichgewicht. Das Kernstück der Angebotstheorie liegt jedoch in der Betonung wirtschaftlicher *Anreize*: Die staatliche Wirtschaftspolitik soll dafür sorgen, dass die Wirtschaftssubjekte genug Anreize verspüren, mehr zu sparen, zu arbeiten und zu investieren. Im Unterschied zum Keynesianismus ist das Ziel der Angebotstheorie also nicht die Glättung von Konjunkturschwankungen, sondern das vorhandene Produktionspotential einer Volkswirtschaft soll ausgelastet und erweitert werden – es geht nicht um Konjunktur-, sondern um Wachstumspolitik.

Aus der Sichtweise der Angebotstheorie hängen Wachstum und Beschäftigung vor allem von den Rahmenbedingungen der Angebotsseite einer Volkswirtschaft ab, weshalb die Wirtschaftspolitik Maßnahmen zur Stärkung dieser Angebotsseite ergreifen soll. Welche wirtschaftspolitischen Instrumente können dabei helfen? Arbeit, das Bilden von Ersparnissen und Investitionen von Unternehmen sollen sich lohnen. Eine der zentralen Forderungen der Angebotstheoretiker ist deshalb die nach Steuersenkungen: Hohe Steuersätze führen, so die Vorstellung, zu geringerer ökonomischer Aktivität, weil ein erheblicher Teil des durch zusätzliche Arbeit generierten Einkommens durch hohe Steuersätze an den Staat fließt, sodass es für die Wirtschaftssubjekte attraktiver erscheint, nicht zu arbeiten oder in die Schattenwirtschaft abzuwandern. Entsprechend sollen Steuersenkungen wirtschaftliche Impulse freisetzen. Weitere Instrumente aus dem angebotsökonomischen Werkzeugkasten sind:

- die Schaffung von Wettbewerb in bisher geschützten Bereichen (mit Hilfe von Deregulierung und Privatisierung), weil vom Wettbewerb Anreize ausgehen, Güter und Dienstleistungen in diesen Sektoren effizienter herzustellen;
- eine Konsolidierung der öffentlichen Haushalte, um Platz für Zinssenkungen zu schaffen, die wiederum die Investitionsnachfrage ankurbeln sollen;
- eine Politik der Sicherung der Preisniveaustabilität, um Erwartungssicherheit für Investoren zu schaffen;
- eine Flexibilisierung des Arbeitsmarktes;
- eine stärkere Lohndifferenzierung, damit Anreize für Arbeitnehmer entstehen, produktiver zu arbeiten;

- der Abbau von Bürokratie, um Investitionsprojekte schneller und kostengünstiger umsetzen zu können;
- Reformen der sozialen Sicherungssysteme in Richtung einer Aktivierung der Leistungsempfänger sowie einer Senkung der Lohnersatzraten relativ zu den unteren Lohngruppen, um Anreize für Arbeitslose zu schaffen, sich wieder in den Arbeitsmarkt zu integrieren sowie
- Investitionen in Bildung und Forschung, um hochqualifizierte, hochproduktive Arbeitskräfte zur Verfügung zu haben.

Insgesamt kommt es für die Angebotstheorie vor allem darauf an, ein geschlossenes Konzept zu erarbeiten, das mittelfristig angelegt ist und dessen Maßnahmen prinzipiell alle wirtschaftspolitischen Politikfelder umfassen. In der praktischen Wirtschaftspolitik spielte die Angebotstheorie seit den Regierungszeiten Ronald Reagans in den USA (1981-1989) und Margaret Thatchers in Großbritannien (1979-1990) für fast alle bürgerlichen Regierungen eine wichtige Rolle, aber spätestens seit den 1990er Jahren haben auch sozialdemokratische Regierungen viele Vorstellungen der angebotsorientierten Wirtschaftspolitik übernommen, wie insbesondere die Debatte um die „dritten Wege der Sozialdemokratie" Ende der 1990er Jahre zeigte (vgl. dazu Merkel et al. 2006).

Kritisiert wurde an der Angebotstheorie allerdings die weitgehende Vernachlässigung der Nachfrageseite. Außerdem können Steuersenkungen zu Budgetdefiziten und einem Anstieg der Staatsverschuldung führen. Die Maßnahmen, die die Angebotstheorie vorschlägt, sind zudem langfristig angelegt, d.h. ihre positive Wirkung tritt in der Regel erst mit einiger Verzögerung ein. Kurzfristig können die Maßnahmen aber mit negativen Effekten verbunden sein und die Bevölkerung verunsichern, zumal diese Politik mit gesellschaftlich in der Regel unerwünschten verteilungspolitischen Auswirkungen verbunden ist, da die einzelnen Maßnahmen meist zu einer stärken Ungleichverteilung beitragen. Das kann sowohl politisch als auch ökonomisch negative Folgen haben. So könnte es für eine Regierung aus wahlpolitischer Sicht durchaus gefährlich sein, eine angebotsorientierte Wirtschaftspolitik durchzuführen, weil diese Politik zwar möglicherweise mittelfristig zu einer Verbesserung wirtschaftspolitischer Indikatoren beiträgt, kurzfristig jedoch einige unpopuläre Maßnahmen mit sich bringt, die im Gegensatz zur beispielsweise positiven Arbeitsmarktentwicklung sofort spürbar sind. Die Verunsicherung der Wirtschaftssubjekte kann aber auch wirtschaftspolitisch negative Auswirkungen haben, wenn sie nämlich zu Angstsparen führt, die Wirtschaftssubjekte also aus Sorge um ihre wirtschaftliche Zukunft ihren Konsum reduzieren und so die gesamtwirtschaftliche Nachfrage abnimmt.

2 Problemfelder: Wie beeinflusst Politik das wirtschaftliche Leistungsprofil?

In diesem Kapitel wollen wir uns mit den wichtigsten wirtschaftspolitischen Problemen beschäftigen, nämlich dem Wirtschaftswachstum, der Arbeitslosigkeit sowie der Inflation. Diese Problemfelder haben eine wichtige politische Bedeutung. Auf der einen Seite setzt das Leistungsprofil eines Landes in diesen Bereichen Rahmenbedingungen für die Politik: So hängt es beispielsweise zu einem erheblichen Ausmaß von der wirtschaftlichen Entwicklung ab, welche Ressourcen für die verschiedenen Felder der Staatstätigkeit zur Verfügung stehen, während etwa die Höhe der Arbeitslosigkeit zu einem nicht unerheblichen Teil die Höhe und Zusammensetzung der Staatsausgaben mitbestimmt. Auf der anderen Seite stellen diese Bereiche aber auch selbst zentrale Felder wirtschaftspolitischer Staatstätigkeit dar: So versuchen Regierungen mit ihrer Wirtschaftspolitik, das Wirtschaftswachstum anzukurbeln, die Arbeitslosigkeit zu bekämpfen und Preisniveaustabilität zu garantieren. Sie tun dies nicht zuletzt, weil große Teile der Bevölkerung von diesen Entwicklungen betroffen sind und diese Indikatoren zudem von den Wählern leicht wahrgenommen werden und somit auch deren Wahlentscheidung beeinflussen können.

Daher fragen wir in diesem Kapitel danach, ob Regierungen überhaupt einen Einfluss auf diese Indikatoren makroökonomischer Performanz ausüben können, ob es also überhaupt politische Einflussfaktoren auf die Höhe des Wirtschaftswachstums, der Arbeitslosigkeit und der Inflation gibt – und welche dies gegebenenfalls sind. Ehe wir jedoch nach politischen Einflussfaktoren Ausschau halten können, müssen wir uns mit den wirtschaftswissenschaftlichen Erklärungen für die internationalen Differenzen beim Wirtschaftswachstum, der Beschäftigung und der Preisniveaustabilität beschäftigen. Entsprechend werden in den folgenden Unterkapiteln jeweils zuerst diese Erklärungen vorgestellt, die allerdings nur knapp dargestellt werden können, bevor die theoretischen Überlegungen zum Einfluss politischer Variablen sowie die entsprechenden empirischen Ergebnisse präsentiert werden.

2.1 Wirtschaftswachstum

Der erste Indikator des wirtschaftlichen Leistungsprofils, mit dem wir uns beschäftigen, ist das Wirtschaftswachstum. Nach einer kurzen Einführung und der Klärung zentraler Begrifflichkeiten werden die ökonomischen Wachstumstheorien, also die wirtschaftlichen Determinanten des Wachstums, dargestellt, bevor wir uns schließlich den politischen Erklärungsfaktoren zuwenden.

2.1.1   Wirtschaftswachstum als wirtschaftspolitisches Problem

Unter Wirtschaftswachstum versteht man, wie wir schon in Kapitel 1.3.1 gesehen hatten, die Veränderungsrate des Bruttoinlandsproduktes oder des Bruttonationaleinkommens eines Landes in einem bestimmten Zeitraum, häufig einem Jahr oder einem Quartal. Zu unterscheiden ist das reale Wirtschaftswachstum vom nominalen Wirtschaftswachstum. Während beim realen Wirtschaftswachstum die Preissteigerungen herausgerechnet werden, gibt das nominale Wirtschaftswachstum die Steigerung des Bruttoinlandsprodukts an, ohne diese um die Preissteigerungen zu korrigieren. Für die meisten Zusammenhänge interessanter ist zweifellos das reale Wirtschaftswachstum, weil nur dieser Indikator über die Veränderung des Wohlstandes eines Landes informiert. Daneben kann auch die Veränderung des Bruttoinlandsprodukts pro Kopf (auch per capita, p.c.) interessant sein. So ist ja denkbar, dass das Bruttoinlandsprodukt eines Landes steigt, gleichzeitig aber die Bevölkerung noch stärker gewachsen ist, sodass für den Einzelnen weniger Ressourcen zur Verfügung stehen. Doch auch das Wirtschaftswachstum selbst kann negative Werte annehmen, d.h. es sind – daran hat die Finanz- und Wirtschaftskrise seit 2007/08 erinnert – auch wirtschaftliche Schrumpfungsprozesse möglich.

In Kapitel 1.3.1 hatten wir allerdings bereits gesehen, dass das Wirtschaftswachstum zunächst lediglich ein Konstrukt der Wirtschafts- und Sozialstatistik ist und als ein rein quantitativer Indikator beispielsweise nicht zwischen nachhaltiger und umweltverträglicher Wirtschaftsleistung auf der einen und umweltschädigender Produktion und der daran anschließenden Beseitigung von Umweltschäden auf der anderen Seite unterscheidet. Zudem sagt die Höhe des Sozialproduktes oder des Wirtschaftswachstums noch nichts über die Verteilung der Ressourcen in der Bevölkerung aus. Schließlich hatten wir gesehen, dass das Wirtschaftswachstum sensitiv gegenüber dem Ausmaß gesellschaftlicher Arbeitsteilung ist, weil das Sozialprodukt mit steigender Arbeitsteilung quasi automatisch steigt – wenn nämlich bestimmte Tätigkeiten, die vorher unentgeltlich im familiären Rahmen erbracht worden sind, im Rahmen der gesellschaftlichen Arbeitsteilung gegen Entgelt erbracht werden. Obwohl es sich um die gleiche Tätigkeit handeln kann, etwa Hausarbeit, Kindererziehung oder Altenpflege, steigert diese Tätigkeit nur im zweiten Fall das Sozialprodukt, während sie im ersten Fall unberücksichtigt bleibt.

Warum sollten wir uns dann aber überhaupt mit dem Wirtschaftswachstum und den Bestimmungsfaktoren für seine zwischenstaatlichen Unterschiede beschäftigen? Der zentrale Grund besteht darin, dass das Sozialprodukt bzw. das Nationaleinkommen und sein Wachstum trotz der Unvollkommenheit der Berechnung doch ein vergleichsweise guter Indikator für die wirtschaftliche und soziale Entwicklung eines Landes ist. Das sieht man am Zusammenhang zwischen dem Pro-Kopf-Einkommen und verschiedenen sozialen Indikatoren, insbesondere, wenn man sich diese Zusammenhänge im weltweiten Vergleich anschaut (vgl. Tabelle 2.1).

Tabelle 2.1: Pro-Kopf-Einkommen und soziale Indikatoren

	BNE p.c. 2008	N
Fertilitätsrate 2008	-0,58***	163
Kindersterblichkeit (pro 1000 Lebendgeburten) 2008	-0,6***	166
Lebenserwartung bei Geburt 2008	0,67***	162
Ärzte pro 1000 Einwohner 2000	0,53***	86
Sekundäre Schulbesuchsquote (netto) 2006	0,68***	91
Alphabetismusquote (in Prozent der Bevölkerung über 15 Jahren) 2008	0,55***	95

*Quelle: eigene Berechnungen mit Daten der Weltbank.. Wiedergegeben sind Korrelationskoeffizienten. * p ≤ 0,10; **p ≤ 0,05; *** p ≤ 0,01.*

So bestehen ein stark negativer Zusammenhang zwischen dem Bruttonationaleinkommen pro Kopf und der Fertilität sowie der Kindersterblichkeit und ein positiver Zusammenhang zur Alphabetismusquote. Das heißt, dass in Ländern mit geringem Nationaleinkommen die Kindersterblichkeit und der Analphabetismus hoch waren, während in solchen Ländern wesentlich mehr Kinder geboren wurden als in den reichen Ländern. Gleichzeitig ist die durchschnittliche Lebenserwartung in den reichen Ländern signifikant höher als in Ländern mit geringem Nationaleinkommen und Kinder und Jugendliche haben in den reichen Ländern erheblich bessere Chancen, auf weiterführende Schulen zu gehen, als ihre Altersgenossen in ärmeren Ländern. Das heißt also, dass das Wirtschaftswachstum erhebliche Bedeutung für die individuellen Lebenschancen hat, ja, man kann zu Recht von einer „Schlüsselgröße" sprechen, „die den sozialen Lebensstandard einer Nation am nachhaltigsten beeinflusst" (Obinger 2001: 162).

2.1.2 Wie kommt es zu Unterschieden beim Wirtschaftswachstum? Ökonomische Wachstumstheorien

Auch wenn uns in erster Linie die Rolle der Politik beim Wirtschaftswachstum interessiert, müssen wir zunächst dessen ökonomische Grundlagen verstehen, wir müssen also wissen, wie Wirtschaftswachstum wirtschaftswissenschaftlich erklärt wird, um zu verstehen, wo eigentlich Ansatzpunkte für eine politische Beeinflussung liegen könnten. Allerdings müssen wir natürlich nicht die Details der ökonomischen Wachstumstheorie kennen, sondern es genügen die wesentlichen Aussagen (vgl. zum Folgenden zusammenfassend Obinger 2004: 21-36, ausführlicher zu neueren Ansätzen Barro/Sala-i-Martin 2003).

Die *klassische Wachstumstheorie* wurde in den 1930er und 1940er von Roy F. Harrod und Evsey D. Domar entwickelt. Zentral für das Harrod-Domar-Modell ist die Vorstellung, dass der Kapitalstock und die Investitionen (genauer sollten wir von den Nettoinvestitionen sprechen, die ja die Veränderung des Kapitalstocks bezeichnen) in einem proportionalen Zusammenhang mit dem Produktionsoutput stehen. Je größer der Kapitalstock, desto mehr kann produziert werden. Weiter wird angenommen, dass die marginale Kapitalproduktivität konstant sei. Das bedeutet, dass jede zusätzlich eingesetzte Kapitaleinheit den gleichen zusätzlichen Output erbringt. Das ist, wie einer der Autoren selbst einräumt, eine „heroic assumption" (Domar 1946: 140), weil man üblicherweise von einer abnehmenden marginalen Kapitalproduktivität ausgeht, d.h. normalerweise nimmt man an, dass sich mit jeder zusätzlich eingesetzten Kapitaleinheit weniger produzieren lässt als mit der zuletzt eingesetzten.

Was bedeuten diese Annahmen nun für das Wirtschaftswachstum? Die Wachstumsrate ist in dem Modell genau gleich der Investitionsquote multipliziert mit der marginalen Kapitalproduktivität. Wenn diese wie angenommen konstant ist, besteht ein direkter Zusammenhang zwischen Investitionen und Wirtschaftswachstum.

Für die Wirtschaftspolitik lässt sich daraus eine sehr einfache Schlussfolgerung ziehen, nämlich die, dass es vor allem darauf ankommt, die Investitionstätigkeit anzukurbeln. Das kann man entweder direkt tun, beispielsweise durch steuerliche Investitionsanreize, indem also Investitionen steuerlich begünstigt werden, oder durch die Verbilligung von Krediten für Investitionen, weil wir ja in Kapitel 1.4.3 gesehen hatten, dass Investitionen üblicherweise auf Zinsänderungen reagieren.

Ein erhebliches Problem für das Harrod-Domar-Modell besteht allerdings darin, dass es von der „heroic assumption" der konstanten marginalen Kapitalproduktivität ausgeht. Dies erscheint nicht recht plausibel, weil es ja mit zunehmendem Fortschritt immer schwieriger werden sollte, noch zusätzliche Wachstumsfortschritte zu erreichen. Das bedeutet, dass wir realistischerweise nicht von einer konstanten marginalen Kapitalproduktivität ausgehen können, sondern von fallenden Grenzerträge des Kapitals. Das heißt dann also, dass der Einsatz einer zusätzlichen Einheit Kapital einen geringeren Ertrag bringt als die letzte zuvor eingesetzte Einheit. Die Existenz fallender Grenzerträge des Kapitals wiederum ist die zentrale Annahme der zweiten Schule der ökonomischen Wachstumstheorien, die die *neoklassische Wachstumstheorie* genannt wird und deren Hauptvertreter Robert Solow ist. Was folgt aber aus dieser Annahme?

Aus dieser Annahme folgt, dass Volkswirtschaften umso geringer wachsen sollten, je weiter sie bereits entwickelt sind. Je stärker ein Land also wirtschaftlich entwickelt ist, desto schwieriger wird es, noch weiter zu wachsen. Wenn aber der Ertrag einer eingesetzten Einheit Kapital mit zunehmender Entwicklung abnimmt, ist es für Investoren ab einem bestimmten Punkt nahe liegend, ihr Kapital nicht mehr in hoch entwickelten Ländern anzulegen, wo die Erträge vergleichsweise geringer sind als in weniger entwickelten Ländern. Vielmehr wird das Kapital dann in diese weniger entwickelten Länder fließen, in denen der Grenzertrag hoch ist. Auf diese Weise sollte es – unter sonst gleichen Bedingungen – zu einem Aufholprozess der ärmeren gegenüber den reicheren Ländern kommen.

Wenn wir also die Differenzen von Wachstumsraten erklären wollen, müssen wir der neoklassischen Wachstumstheorie zufolge im Wesentlichen zwei Variablen im Auge behalten, nämlich erstens den gegenwärtigen Stand der wirtschaftlichen Entwicklung, gemessen am Bruttonationaleinkommen pro Kopf, sowie das länderspezifische Wachstumsgleichgewicht, das sogenannte Steady State. Die Rate des Wirtschaftswachstums ist also umso höher, je geringer der derzeitige Entwicklungsstand, also das BIP per capita, und je höher das Wachstumsgleichgewicht ist. Ist allerdings das Wachstumsgleichgewicht erreicht, kann es nur noch durch technologischen Fortschritt zu Wirtschaftswachstum kommen, wobei dann eben die Rate des Wirtschaftswachstums gerade der Wachstumsrate des technologischen Fortschritts entspricht. Allerdings kann der technologische Fortschritt modellendogen nicht erklärt werden. Das ist nicht zuletzt aus wirtschaftspolitischer Sicht insofern ein erhebliches Problem, als nach der neoklassischen Wachstumstheorie ja gerade der technologische Fortschritt „die zentrale wirtschaftspolitische Strategiegröße" darstellt (Obinger 2004: 22).

Entsprechend stellte eine dritte Theorieschule, die sich als *Neue Wachstumstheorie* bezeichnen lässt, genau den technologischen Fortschritt in den Mittelpunkt ihrer Überlegungen. Dabei wird insbesondere der Kapitalbegriff erweitert um die Komponente des Humankapitals, das wiederum konstante, wenn nicht sogar steigende Grenzerträge aufweise. Warum sollte Humankapital aber steigende Grenzerträge aufweisen? Der Grund bestehe darin, dass Wissen positive externe Effekte aufweise, beispielsweise durch Lerneffekte. Das bedeutet etwa, dass ein Land umso erfolgreicher in der Forschung und Entwicklung in einem bestimmten Sektor ist, je weiter es in diesem Sektor schon ist.

In gewisser Weise kommt also die Neue Wachstumstheorie wieder auf bestimmte Schlussfolgerungen des Harrod-Domar-Modells zurück, nämlich dahingehend, dass die Grenzerträge des Kapitals, zumindest die des Humankapitals, nicht fallen und dass es wiederum Investitionen, bei der Neuen Wachstumstheorie vor allem solche in Bildung, Forschung und Entwicklung, sind, durch die Wirtschaftswachstum politisch „gemacht" werden kann.

Zusammenfassend lässt sich demnach feststellen, dass die Anschlussfähigkeit für politische Variablen bei den vorgestellten Wachstumstheorien sehr unterschiedlich ist. Während das Harrod-Domar-Modell und die Neue Wachstumstheorie Wirtschaftswachstum als politisch steuerbar ansehen, nämlich über die Investitionen bzw. die Humankapitalinvestitionen, gibt es in der neoklassischen Wachstumstheorie keinen unmittelbaren Ansatzpunkt für politische Variablen, denn weder das Startniveau noch der Steady State sind politischer Steuerung zugänglich.

2.1.3   Empirische Befunde I: Politik und Wirtschaftswachstums im weltweiten Vergleich

Will man die Wachstumstheorien und mögliche politische Bestimmungsfaktoren wirtschaftlichen Wachstums empirisch untersuchen, bietet es sich an, mit der neoklassischen Wachstumstheorie zu beginnen. Diese lässt sich nämlich relativ einfach testen, indem man analysiert, ob der erwartete Aufholeffekt tatsächlich stattfindet. Dazu muss man das Startniveau, also das Pro-Kopf-Einkommen eines Landes am Beginn des interessierenden Untersuchungszeitraums, in Beziehung setzen zur durchschnittlichen Wachstumsrate während des Untersuchungszeitraums.

Wenn man das für 21 OECD-Länder und den Untersuchungszeitraum 1960-2000 macht, findet man in der Tat den von der neoklassischen Wachstumstheorie erwarteten Aufholeffekt: Ursprünglich arme Länder wie Japan, Irland oder die südeuropäischen Länder wachsen schneller, während die Länder, die schon 1960 reich waren, wie die USA oder die Schweiz, langsamer wachsen. Und der Zusammenhang ist – wenn man die Abweichungen von der Regressionsgerade anschaut – sehr eng (vgl. Abb. 2.1), das (logarithmierte) BIP pro Kopf im Jahr 1960 erklärt 78 Prozent der Varianz bei den Wachstumsraten (Obinger 2004: 172). Das bedeutet aber nicht zuletzt auch, dass der Beitrag, den politische Bestimmungsfaktoren zur Erklärung unterschiedlicher Wachstumspfade beitragen können, nur begrenzt sein kann.

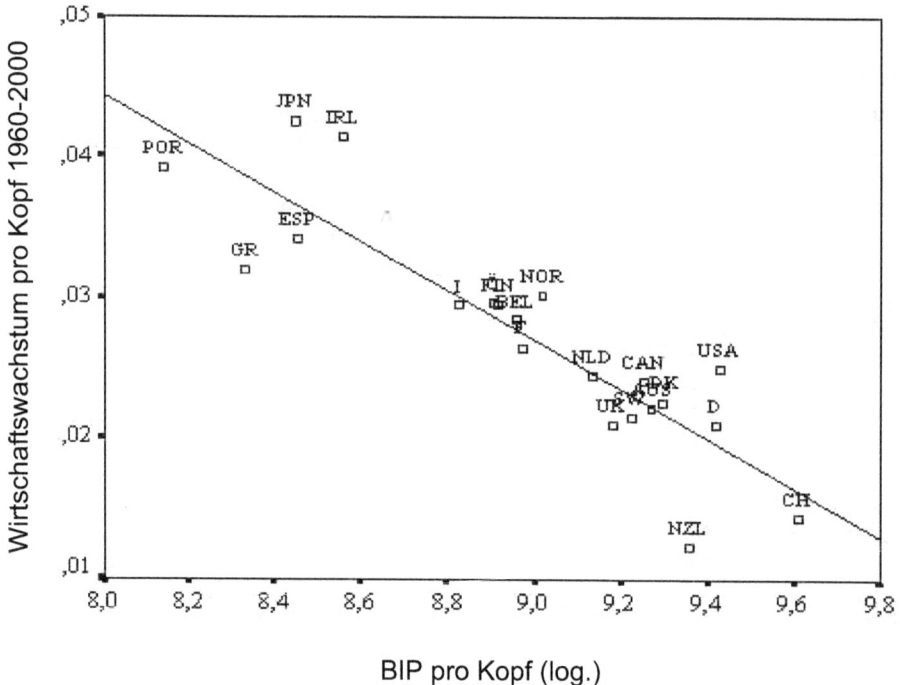

Abbildung 2.1: Wirtschaftswachstum 1960-2000 in Abhängigkeit des log. BIP pro Kopf im Jahr 1960 in 21 OECD-Ländern

Quelle: Obinger 2007: 312.

Anders sieht es allerdings aus, wenn wir unseren Blick einmal über die OECD-Länder hinaus schweifen lassen. Hier finden wir einen völlig anderen Befund (vgl. Abb. 2.2): Statt des theoretisch erwartbaren negativen Zusammenhangs zwischen Ausgangsniveau und Wachstum ist der Zusammenhang nun sogar leicht positiv: Je reicher Länder 1960 waren, desto stärker sind sie gewachsen! Von der neoklassischen Konvergenz ist hier also keine Spur mehr (vgl. Obinger 2004: 23).

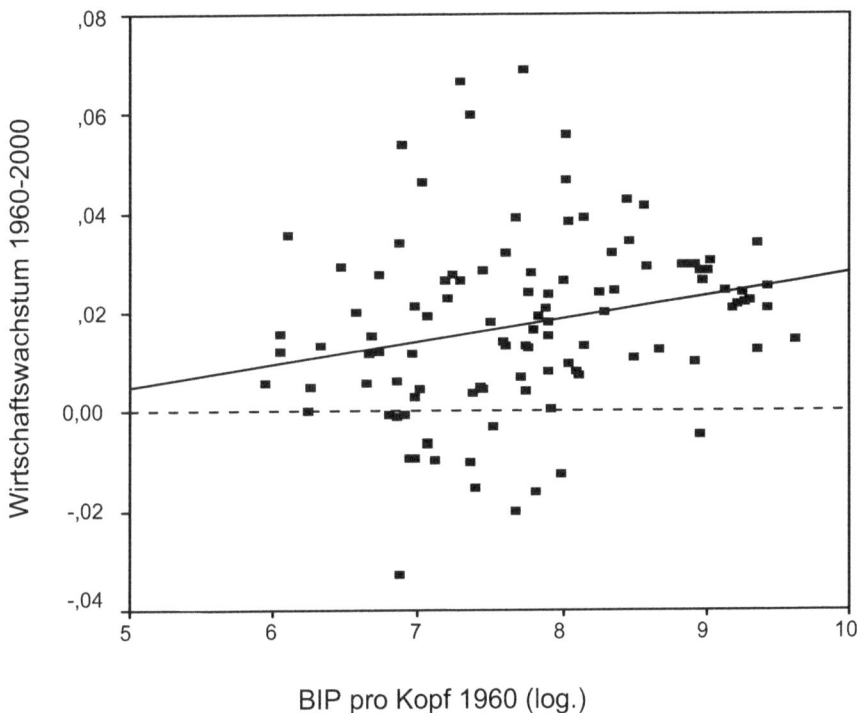

Abbildung 2.2: Wirtschaftswachstum 1960-2000 in Abhängigkeit des log. BIP pro Kopf im Jahr 1960 in 106 Ländern

Quelle: Obinger 2007:313.

Wie ist das zu erklären? Wieso finden wir bei den OECD-Ländern eine ausgesprochen überzeugende Bestätigung der Konvergenzhypothese, während sich das Bild beim weltweiten Vergleich nahezu umkehrt? Die Antwort auf diese Frage fängt damit an, dass wir eine Ceteris-paribus-Klausel bei der Formulierung der neoklassischen Konvergenz-Hypothese einführen. Konkret: Die Konvergenz lässt sich nur erwarten, wenn alles andere gleich ist, also ceteris paribus. Ganz offenbar sind ja innerhalb der OECD-Länder die meisten relevanten Einflussfaktoren außer dem ökonomischen Ausgangsniveau gleich, während sie das innerhalb der größeren Gruppe von 106 Ländern aus allen Erdteilen ebenso offensichtlich nicht sind. Wir finden also keine absolute Konvergenz über alle Länder hinweg, ganz unabhängig von allen anderen Rahmenbedingungen, sondern eben nur konditionale Konvergenz, also eine Form von Konvergenz, die nur auftritt, wenn eine Reihe von Rahmenbedingungen erfüllt ist. Die ärmeren Länder wachsen demzufolge nicht automatisch schneller als die reichen, sondern nur unter bestimmten Bedingungen.

Umso interessanter ist nun allerdings die Suche nach genau diesen Bedingungen, die gegeben sein müssen, damit die ärmeren Länder ihre Wachstumspotentiale ausnutzen können. Und hier kommen in der Tat politische Variablen ins Spiel.

Wenn man bedenkt, dass die Konvergenz in den OECD-Demokratien auftaucht, aber nicht im weltweiten Vergleich, könnte das ja daran liegen, dass die Demokratie gut für das Wirtschaftswachstum ist. Diese Vermutung bestätigt sich allerdings empirisch nicht: Zwar gibt es unter demokratischen Staaten keine Wachstumskatastrophen mit fortgesetztem und teilweise starkem negativen Wachstum, also einem wirtschaftlichen Schrumpfungsprozess. Aber umgekehrt gibt es eine Reihe von autoritären Regimen, deren Wirtschaftswachstum durchaus den Erwartungen der Konvergenzhypothese entspricht, wie insbesondere in Ostasien sichtbar. Von der Demokratie geht demnach kein, oder jedenfalls kein linearer Effekt auf das Wirtschaftswachstum aus (für ein Modell, das einen nicht-linearen Demokratieeffekt unterstellt vgl. Martin/Plümper 2001). Was ist dann aber verantwortlich für die Konditionalität des Konvergenzprozesses?

Ein erstes wichtiges, um nicht zu sagen, das wichtigste Puzzleteil ist die Existenz eines Rechtsstaates, der Eigentumsrechte gewährleistet und durchsetzt. Wenn es zu Investitionen in einem Land kommen soll, ist es notwendig, dass der Investor davon ausgehen kann, dass seine Investition nicht vom Staat oder anderen Machtgruppen konfisziert wird und dass er den Gewinn, den er mit seiner Investition erwirtschaftet, auch behalten und ggf. sogar aus dem Land transferieren darf. Wenn die Gefahr besteht, dass die Investition oder der Gewinn, den diese Investition abwirft, enteignet werden, dann wird der Investor vermutlich ganz auf die Investition verzichten. Und wenn keine Investitionen zustande kommen, dann kann die Wirtschaft auch nicht wachsen – so viel wissen wir aus dem Harrod-Domar-Modell. Das bedeutet also, dass die Gewährleistung von Eigentumsrechten eine zentrale Voraussetzung dafür ist, dass es überhaupt zu Wirtschaftswachstum kommen kann. Wo Eigentumsrechte nicht gewährleistet werden, kommt es entsprechend auch nicht zu Wirtschaftswachstum.

Ein zweiter relevanter Faktor, der das Wirtschaftswachstum bremst und ärmere Länder daran hindert, ihr Wachstumspotential auszuschöpfen, ist politische Instabilität, insbesondere andauernde Formen von Gewalt wie Kriege oder Bürgerkriege. Es ist nicht sehr schwer, sich vorzustellen, dass Kriege einerseits unmittelbar zu einer massiven Zerstörung von Menschenleben und Kapital führen. Entsprechend sinkt der Kapitalstock massiv, sodass wir auch kein Wirtschaftswachstum erwarten können – und keines finden. Hinzu kommt, dass sich unter Kriegsbedingungen kaum jemand finden wird, der bereit ist, längerfristig sein Kapital – oder gar sein Humankapital – in dem entsprechenden Land zu investieren.

Insofern können politische Faktoren erklären, warum es im weltweiten Vergleich nicht zu einem Konvergenzprozess kommt, warum die ärmeren Länder also nicht notwendigerweise schneller wachsen als die reichen. Das Zustandekommen eines solchen Konvergenzprozesses hängt nämlich davon ab, ob in einem Land Eigentumsrechte und Rechtssicherheit gewährleistet sind und politische Stabilität herrscht. Wo das der Fall ist, sind in der Tat Aufholprozesse zu erwarten. Wo aber die Gefahr von Enteignungen besteht und man sich nicht darauf verlassen kann, dass Verträge eingehalten werden, oder wo politische Gewalt oder Transformationen des politischen Systemtypus hin zu autoritären Regimen stattfinden, dort ist auch kein Aufholprozess zu erwarten. Im Extremfall kommt es dort zu Stagnation oder gar zu einem längerfristigen negativen Wachstum (vgl. hierzu die empirischen Ergebnisse bei Obinger 2004).

2.1.4 Empirische Befunde II: Politik und Wirtschaftswachstums im OECD-Vergleich

Wie sieht es nun aber bei den OECD-Ländern aus? Wie oben schon gesehen, befinden wir uns hier in einem „exklusiven Konvergenzklub" (Obinger 2007: 322), in dem tatsächlich das ökonomische Ausgangsniveau die zentrale Variable zur Erklärung von Differenzen bei den Wachstumsraten des Bruttosozialprodukts ist. Allerdings ist dieser Effekt seit dem Wachstumseinbruch in Folge der Ölkrisen Mitte der 1970er Jahre (vgl. Abb. 2.3) schwächer geworden, die Erklärungskraft des Ausgangsniveaus ist seitdem also geringer geworden (vgl. Obinger 2004: 174). Insofern scheint hier immer noch ein – wenn auch begrenzter – Raum für politisch determinierte Unterschiede zu existieren.

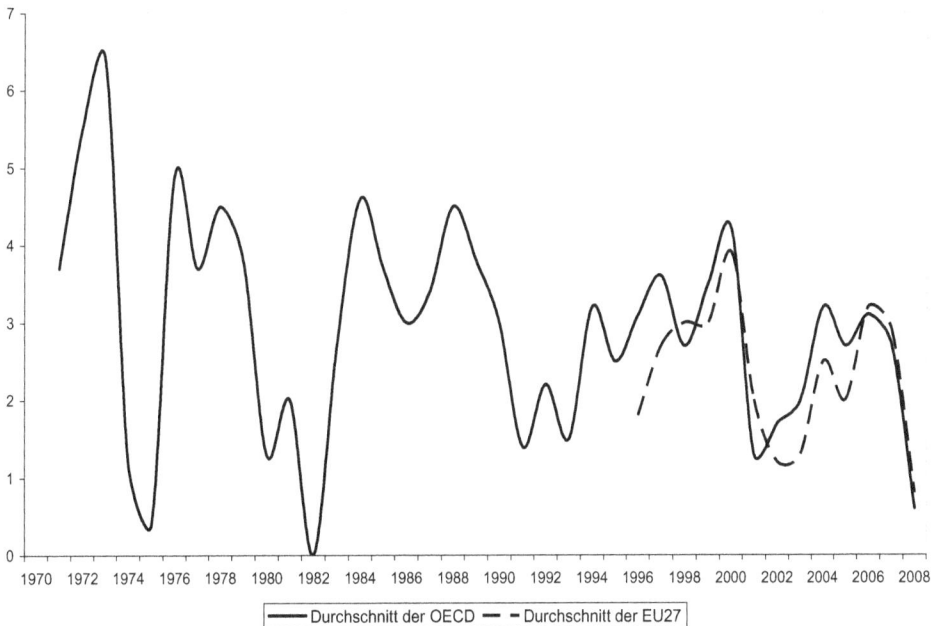

Abbildung 2.3: Entwicklung des Wirtschaftswachstums in der OECD, 1970-2008

Quelle: OECD Factbook 2010. Anmerkung: Dargestellt sind die Veränderungen zum Vorjahr in Prozent.

Gleichwohl ist schon auf der theoretischen Ebene nicht immer völlig klar, welche Einflussrichtung wir bei unseren politischen Variablen erwarten sollten. Nehmen wir als ein Beispiel den Einfluss politischer Parteien. Würden wir eher erwarten, dass linke oder dass rechte Parteien ein höheres Wachstum ermöglichen?

Theoretisch ist das schwer zu sagen, weil alle Parteien vermutlich gern hohe Wachstumsraten hätten. Linke und rechte Parteien unterscheiden sich ja nicht darin, ob sie hohes oder niedriges Wachstum haben wollen, sondern allenfalls darin, auf welchem Weg Wachstum erreicht werden soll oder wie der zusätzlich erzeugte Reichtum verteilt werden soll. Allenfalls wäre denkbar, dass eine Parteienfamilie einen dauerhaft erfolgreicheren Weg zum Wirtschaftswachstum verfolgt als eine andere. Damit sich ein solcher Effekt jedoch statistisch nachweisen lässt, müsste allerdings gelten, dass mindestens die meisten Parteien einer Parteienfamilie in unterschiedlichen Ländern auf Dauer nicht bereit sind, die erkennbar besseren Wege zu Wirtschaftswachstum, wie sie die parteipolitische Konkurrenz beschreitet, zu übernehmen. Das scheint aber keine plausible Annahme zu sein. Vermutlich ist eher zu erwarten, dass Parteien keinen Unterschied machen werden, weil sie alle Wirtschaftswachstum anstreben – vielleicht mit der Ausnahme grüner Parteien, die am wohl am ehesten zugunsten einer nachhaltigen Wirtschaftsentwicklung auf zusätzliches Wachstum verzichten würden.

Ähnliches gilt für institutionelle Variablen, insbesondere die Demokratieform. In Bezug auf dieses Variablenbündel gibt es zwei entgegengesetzte theoretische Erwartungen. Eine Argumentation lautet, dass das Wirtschaftswachstum in Ländern mit wenigen institutionellen Vetoakteuren höher sein sollte als in Ländern mit vielen solcher Akteure. Der Grund wird darin gesehen, dass Regierungen in solchen Westminster-Systemen sehr schnell handeln können und kaum Kompromisse eingehen müssen. Die Regierung kann in solchen politischen Systemen also tun, was nötig ist, um das Wirtschaftswachstum zu beschleunigen.

Eine andere Denkschule argumentiert genau entgegengesetzt. Hier wird argumentiert, dass ein hoher Grad an institutionellem Pluralismus sicherstellt, dass es nicht zu einer Vielzahl von kurzfristig motivierten Eingriffen des Staates in den Wirtschaftsablauf oder gar zu gegenläufigen Maßnahmen im Sinne einer Stop-and-Go-Politik kommt, die wiederum in ihrer Summe eher zu Störungen des Marktmechanismus führen. Im Wesentlichen lautet die Hypothese hier also, dass das Wirtschaftswachstum in Ländern mit vielen Vetoinstitutionen höher als in anderen Ländern sein sollte, weil die vielen Vetoinstitutionen unnötige und schädliche Staatseingriffe eher verhindern und eine hohe Kontinuität der Wirtschaftspolitik sicherstellen können, die wachstumsförderlich ist.

Hier lässt sich also zeigen, dass die Erwartungen über die Effekte des institutionellen Pluralismus auch davon abhängen, welche wirtschaftstheoretischen Vorstellungen man zugrunde legt. Wenn man Keynesianer ist und dem Staat eine wichtige Rolle bei der Konjunktursteuerung zuspricht, wird man eher vom positiven Effekt eines Westminster-Systems ausgehen, während Angebotstheoretiker, die eher auf die Selbstheilungskräfte des Marktes setzen, vom institutionellen Pluralismus einen wachstumsfördernden Effekt erwarten.

Was zeigt sich aber in der Empirie? Wie schon angesprochen ist die wichtigste Erklärungsvariable für die Unterschiede in den Wachstumsraten der OECD-Länder seit 1960 das Ausgangsniveau. Das gilt allerdings für die Zeit bis 1975 in deutlich stärkerem Maße als seither. Entsprechend ist die Bedeutung politischer Variablen auch begrenzt, und zwar insbesondere für den ersten Teil der Untersuchungsperiode (1960-1975).

Dagegen finden sich in der Zeit nach 1975 einige bemerkenswerte Effekte politischer Einflussfaktoren. Der theoretisch vielleicht interessanteste Befund stammt aus einer Studie von Herbert Obinger (2004). Er findet einen u-förmigen Zusammenhang zwischen Wirtschaftswachstum und politischen Parteien. Was heißt das? Das Wirtschaftswachstum wäre demnach dann besonders hoch, wenn sozialdemokratische Parteien entweder besonders lange besonders stark an der Regierung eines Landes beteiligt waren, oder wenn sie kaum je mitregiert haben. Dagegen sind Länder, in denen sozialdemokratische und bürgerliche Parteien im langjährigen Mittel etwa im gleichen Umfang an der Regierung beteiligt waren, besonders wenig erfolgreich bei der Erzielung von Wirtschaftswachstum.

Wie lässt sich ein solches Ergebnis theoretisch erklären? Die Erklärung für dieses Phänomen geht davon aus, dass es nicht einen einzigen Weg zu hohem Wirtschaftswachstum gibt, sondern mehrere. Parteien wollen zwar alle prinzipiell Wirtschaftswachstum, aber sie suchen nach unterschiedlichen Wegen – und finden diese auch. So könnte es einen sozialdemokratischen Weg geben, bei dem beispielsweise durch erhebliche Investitionen in Humankapital und die Infrastruktur Wachstum erreicht werden soll, während es auf der anderen Seite einen liberalen Weg gibt, bei dem dem Markt ein möglichst großer Raum eingeräumt wird (vgl. zu solchen Überlegungen bereits Boix 1998). Beide Wege können zu Wirtschaftswachstum führen. Voraussetzung dafür ist allerdings, dass der jeweilige Weg konsequent eingeschlagen wird und konsistent verfolgt wird, dass er also über längere Zeit und in einer Vielzahl von verschiedenen Politikfeldern, von der Bildungs- bis zur Finanzpolitik, umgesetzt wird. Man könnte in diesem Zusammenhang von der Notwendigkeit „konfigurationeller Konsistenz" der Wirtschafts- oder Wachstumspolitik sprechen. Das ist aber nur möglich, wenn eine Partei die Regierung längerfristig dominiert, wenn sie also die Chance hat, ihr Programm über einen längeren Zeitraum durchzusetzen. In Situationen dagegen, in denen es entweder häufig zu Regierungswechseln kommt (in deren Folge dann stets die Programme der Vorgängerregierung wieder zurückgenommen oder jedenfalls nicht weiterverfolgt werden), oder in denen programmatisch heterogene Regierungen gebildet werden müssen, die kein konsistentes Programm in verschiedenen Politikfeldern verfolgen, bleibt das Wachstum geringer, weil ein konsistenter Kurs eben nicht dauerhaft beibehalten werden kann.

Neben diesem politikwissenschaftlich besonders interessanten Befund bleiben einige weitere Ergebnisse zu erwähnen (ausführlicher dazu Obinger 2004): Institutioneller Pluralismus scheint sich, wenn man für das Ausgangsniveau und den eben genannten u-förmigen Parteieneffekt kontrolliert, positiv auf das Wirtschaftswachstum auszuwirken. Auch das spricht für die Notwendigkeit, stabile Rahmenbedingungen zu schaffen. Ebenfalls positiv wirkt (unter sonst gleichen Bedingungen) die wirtschaftspolitische Koordination mit den Sozialpartnern. Dagegen wirken sich Streiks negativ auf die Wachstumsrate aus. Interessant erscheint schließlich noch, dass die Inflationsrate erkennbar negativ mit dem Wirtschaftswachstum zusammenhängt.

Auch bei einigen Policy-Indikatoren lassen sich signifikante Ergebnisse festhalten. In Bezug auf die Finanzpolitik scheint eine solide Haushaltspolitik eine nennenswerte Rolle zu spielen, da sich Staatsverschuldung negativ, Budgetüberschüsse dagegen positiv auf das Wirtschaftswachstum auswirken. Auch Bildungsausgaben haben, wie auf der Grundlage der Neuen Wachstumstheorie zu erwarten, einen positiven Effekt auf das Wirtschaftswachstum.

Zusammenfassend lässt sich somit sagen, dass das Wirtschaftswachstum der OECD-Länder zwar in erheblichem Maße von wirtschaftlichen Variablen, insbesondere vom ökonomischen Ausgangsniveau, geprägt ist, dass es aber auch in der OECD, wie schon im weltweiten Vergleich, durchaus Hinweise darauf zu geben scheint, dass Politik einen Unterschied macht.

2.2   Arbeitslosigkeit und Beschäftigung

Die nächsten wirtschaftspolitischen Problemfelder, mit denen wir uns beschäftigen, sind Arbeitslosigkeit und Beschäftigung. Dabei werden zunächst die wichtigsten Begrifflichkeiten geklärt, bevor wir uns den ökonomischen Ursachen sowie den Instrumenten zur Bekämpfung von Arbeitslosigkeit zuwenden. Schließlich werden die zentralen politikwissenschaftlichen Erklärungsansätze und die Befunde quantitativer und qualitativer Studien zu den politischen Determinanten von Arbeitslosigkeit und Beschäftigung vorgestellt.

2.2.1   Grundlagen

Arbeitslosigkeit und Beschäftigung hängen zwar eng miteinander zusammen, stellen aber doch nicht unmittelbar die beiden Seiten derselben Medaille dar. Der Beschäftigungsstand einer Volkswirtschaft gibt an, wie viele Wirtschaftssubjekte am Erwerbsleben teilnehmen. Unter Arbeitslosigkeit hingegen versteht man eine Situation, in der das Arbeitsangebot der privaten Haushalte größer ist als die Arbeitsnachfrage der Unternehmen. Die Unterschiede zwischen Arbeitslosigkeit und Beschäftigung werden deutlich, wenn man sich anschaut, wie die beiden Phänomene jeweils gemessen werden.

Zentrale Begrifflichkeiten

Um den Unterschied zwischen Arbeitslosigkeit und Beschäftigung besser zu verstehen, sollten einige grundlegende Begrifflichkeiten geklärt werden. Zunächst lässt sich die Bevölkerung eines Landes einteilen in *Nichterwerbspersonen* (zum Beispiel Kinder, Rentner und Rentnerinnen, Hausfrauen und Hausmänner) und *Erwerbspersonen*. Die Erwerbspersonen sind der erwerbsorientierte Teil der Bevölkerung, also alle Personen, die entweder erwerbstätig sind oder es sein wollen. Dazu gehören zum einen alle *Erwerbstätigen*, also abhängig Beschäftigte, Freiberufler und Selbständige sowie mithelfende Familienangehörige. Daneben werden auch die registrierten Arbeitslosen zu den Erwerbspersonen gezählt. Schließlich gibt es noch das Konzept der *Stillen Reserve*: Darunter versteht man Personen, die zwar eine Beschäftigung suchen, sich aber nicht bei den Arbeitsagenturen arbeitslos melden und somit ihre Erwerbsorientierung nicht artikulieren – entweder weil sie keinen Anspruch auf staatliche Transferleistungen haben oder weil sie der Arbeitsvermittlung nicht zutrauen, ihnen eine Beschäftigung zu vermitteln. Zur Stillen Reserve gehören außerdem Personen, die zwar erwerbsorientiert, aber aufgrund einer schlechten Arbeitsmarktlage „entmutigt" sind und deshalb die Suche nach einer Beschäftigung aufgegeben haben. Im Unterschied zu den Erwerbspersonen fallen somit unter die Stille Reserve Personen, die zwar prinzipiell erwerbsorientiert sind, dies aber aus verschiedenen Gründen nicht kenntlich machen.

Der Stand der Beschäftigung in einer Volkswirtschaft wird entweder anhand der *Erwerbsquote* oder der *Beschäftigungsquote* gemessen. Beide Quoten geben Auskunft darüber, wie hoch der erwerbsorientierte Teil der Bevölkerung ist. Die Erwerbsquote ist dabei definiert als der Anteil der Erwerbspersonen an der gesamten Bevölkerung oder an der Bevölkerung im erwerbsfähigen Alter, also von 15 bis 64 Jahren (die sogenannte Nettoerwerbsquote). Die

Beschäftigungsquote dagegen gibt den Anteil der Erwerbstätigen an der gesamten Bevölkerung oder (als Nettobeschäftigungsquote) an den Personen im erwerbsfähigen Alter an.

Die Höhe der Arbeitslosigkeit wird mit Hilfe von *Arbeitslosenquoten* angegeben. Diese können auf zwei verschiedene Arten definiert werden: entweder als Anteil der registrierten Arbeitslosen an allen Erwerbspersonen oder als Anteil an den abhängig beschäftigten Erwerbspersonen, also ohne Selbständige und Freiberufler. Da bei der zweiten Variante die Bezugsgröße (der Nenner der Quote) kleiner ist, fällt diese Arbeitslosenquote etwas höher aus.

Aus den unterschiedlichen Definitionen der einzelnen Quoten wird bereits deutlich, dass Arbeitslosigkeit und Beschäftigung zwar eng miteinander zusammenhängen, aber nicht automatisch zwei Seiten derselben Medaille bilden. Wenn beispielsweise die Stille Reserve in einem Land höher ist als in einem anderen, ist bei gleicher Arbeitslosenquote die Beschäftigungsquote in dem Land mit der größeren Stillen Reserve niedriger, da dort ein höherer Anteil der Bevölkerung nicht erwerbsorientiert ist. Eine niedrige Arbeitslosenquote impliziert also nicht automatisch einen hohen Beschäftigungsstand. Auch bei der Interpretation der Entwicklungstendenz der Arbeitslosenquote müssen wir vorsichtig sein: Eine steigende Arbeitslosenquote kann zwar auf eine sinkende Zahl von Erwerbstätigen zurückgehen, sie muss es aber nicht. Schließlich ist die Arbeitslosenquote definiert als Anteil der registrierten Arbeitslosen an den Erwerbspersonen, also der Summe aus Erwerbstätigen und Arbeitslosen. Ein Anstieg kann somit einerseits dadurch verursacht werden, dass die Zahl der Erwerbstätigen sinkt. Ursache der höheren Arbeitslosenquote wäre in diesem Fall eine gesunkene Arbeitsnachfrage der Unternehmen. Die Arbeitslosenquote kann allerdings auch steigen, weil die Erwerbsorientierung der Bevölkerung wächst, wenn sich beispielsweise ein Teil der Stillen Reserve bei den Arbeitsagenturen registrieren lässt und damit die Zahl der Arbeitslosen steigt. In diesem Fall wäre ein Anstieg des Arbeitsangebots Ursache der höheren Arbeitslosenquote. Sowohl Arbeitslosen- als auch Beschäftigungsquoten hängen also nicht nur von der Arbeitsnachfrage, sondern auch vom Arbeitsangebot ab.

Welche Quote ist nun besser geeignet, die Arbeitsmarktlage einer Volkswirtschaft abzubilden? Aus wirtschaftswissenschaftlicher Perspektive ist zweifellos die Höhe des Beschäftigungsstandes wichtiger, weil er anzeigt, in welchem Ausmaß der Produktionsfaktor Arbeit genutzt wird. Die Arbeitslosenquote besitzt jedoch eine größere politische Prominenz: Wenn die Bevölkerung die Regierung in der Verantwortung sieht, die Arbeitslosigkeit zu senken, dann werden Erfolg und Misserfolg von der Öffentlichkeit meist anhand der Arbeitslosenzahlen, und nicht anhand der Beschäftigungsquoten beurteilt. Regierungen dürften deshalb vorwiegend versuchen, Einfluss auf die Entwicklung der Arbeitslosenquote zu nehmen.

2.2.2 Wie entsteht Arbeitslosigkeit? Wirtschaftswissenschaftliche Perspektiven

Innerhalb der Wirtschaftswissenschaften kann man vereinfachend von zwei verschiedenen Ansätzen zur Erklärung von Arbeitslosigkeit ausgehen – dem neoklassischen und dem keynesianischen. Wie es nach der neoklassischen Sichtweise zur Entstehung von Arbeitslosigkeit kommen kann, lässt sich am besten verdeutlichen, wenn wir auf das mikroökonomische Modell des vollkommenen Marktes zurückgreifen (vgl. Kap. 1.1.6). Die Neoklassik geht nämlich davon aus, dass es sich beim Arbeitsmarkt prinzipiell um einen Markt wie jeden anderen auch handelt. Das Arbeitsangebot kommt von den privaten Haushalten, die ihre Arbeitskraft zu einem bestimmten Lohn anbieten. Auf der anderen Seite benötigen die Unternehmen zur Produktion ihrer Güter den Einsatz des Faktors Arbeit und fragen deshalb die Arbeitskraft der privaten Haushalte nach. Auch der Staat kann als Nachfrager auf dem Arbeitsmarkt auftreten. Bezüglich der Arbeitsangebotskurve geht man (wie für die Angebotskurve auf dem Gütermarkt) von einem steigenden Verlauf aus: Je höher der Lohn, desto höher ist unter sonst gleichen Bedingungen das Arbeitsangebot. Der Arbeitsnachfragekurve wiederum wird ein fallender Verlauf unterstellt: Je höher der Lohn, desto niedriger ist unter sonst gleichen Bedingungen die Arbeitsnachfrage bzw. je niedriger der Lohn, desto höher die Arbeitsnachfrage. Im Schnittpunkt der beiden Kurven liegt das Markt- bzw. Vollbeschäftigungsgleichgewicht: Wenn Arbeitsangebot und Arbeitsnachfrage genau gleich sind, gibt es keine Arbeitslosigkeit.

Wie kann es nun im neoklassischen Modell zu Arbeitslosigkeit kommen? Wenn die Annahmen zutreffen und es sich beim Arbeitsmarkt um einen vollkommenen Markt handelt, dann sollte er nach exogenen Schocks aus eigener Kraft wieder zurück zum Vollbeschäftigungsgleichgewicht finden. Allerdings haben wir bereits bei der Betrachtung des Gütermarktes festgestellt, dass nur wenige Märkte die Eigenschaften eines vollkommenen Marktes erfüllen – der Arbeitsmarkt wahrscheinlich am wenigsten. Schließlich ist der Faktor Arbeit kein homogenes, sondern im Gegenteil ein sehr heterogenes Gut. Es ist auch fraglich, ob man auf dem Arbeitsmarkt von vollkommener Transparenz ausgehen kann, ob also tatsächlich alle Marktteilnehmer alle relevanten Informationen haben. Die unendlich schnelle Anpassungsgeschwindigkeit der Löhne ist ebenfalls umstritten. Folgt man allerdings den Annahmen des neoklassischen Modells, dann kann es mittel- und langfristig nur Arbeitslosigkeit geben, wenn der Marktmechanismus nicht funktioniert. Gibt es beispielsweise einen Mindestlohn, der über dem Gleichgewichtslohn liegt, dann besteht ein Angebotsüberschuss und somit Arbeitslosigkeit, die nicht über ein Sinken der Löhne abgebaut werden kann.

Der keynesianische Ansatz zur Erklärung von Arbeitslosigkeit setzt an den Kritikpunkten am neoklassischen Modell an. Zunächst geht die keynesianische Theorie davon aus, dass der Arbeitsmarkt ein vom Gütermarkt abgeleiteter Markt ist. Sinkt nun während einer Rezession die gesamtwirtschaftliche Güternachfrage, dann geht auch die Arbeitsnachfrage der Unternehmen zurück. Außerdem wird die Annahme der Neoklassik bestritten, dass sich die Löhne nach unten rasch anpassen können. Ist eine solche Flexibilität nicht gegeben, dann kommt es bei einer gesunkenen Arbeitsnachfrage zu Arbeitslosigkeit, die mittelfristig bestehen bleiben kann, weshalb man auch von einem Gleichgewicht bei Unterbeschäftigung spricht.

In der Diskussion um die empirisch vorhandene Arbeitslosigkeit wird häufig von verschiedenen Arten bzw. Formen von Arbeitslosigkeit gesprochen. Dahinter steckt die Vorstellung, dass Arbeitslosigkeit ein komplexes Phänomen mit verschiedenen Ursachen ist und deshalb nicht von einem Ansatz allein erklärt werden kann. Arbeitslosigkeit besteht also aus verschiedenen Komponenten mit jeweils unterschiedlichen Ursachen.

- *Friktionelle Arbeitslosigkeit* bzw. Sucharbeitslosigkeit entsteht dadurch, dass Arbeitslose eine gewisse Zeit benötigen, ehe sie eine geeignete Stelle finden, weil sie sich zunächst Informationen darüber beschaffen müssen, wo eine solche Stelle zu besetzen ist. Ursache dieser Arbeitslosigkeit ist also die Tatsache, dass auf dem Arbeitsmarkt keine vollständige Transparenz herrscht. Deshalb versteht man unter Vollbeschäftigung auch keine Arbeits-

losenquote von null Prozent: Ein gewisser Teil der Bevölkerung wird immer für eine gewisse Zeit auf der Suche nach einer Beschäftigung sein.

- *Saisonale Arbeitslosigkeit* tritt in bestimmten Branchen wie der Landwirtschaft oder der
  Bauwirtschaft aufgrund von jahreszeitlichen Produktionsschwankungen auf.
- *Konjunkturelle Arbeitslosigkeit* ist durch Schwankungen im Konjunkturverlauf bedingt.
  Sie entsteht in Rezessionsphasen, verschwindet in der Regel im Aufschwung jedoch wie-
  der.
- *Strukturelle Arbeitslosigkeit* schließlich ist durch ihr langfristiges Bestehen gekennzeich-
  net, das darauf hinweist, dass Strukturprobleme des Arbeitsmarktes oder der gesamten
  Volkswirtschaft vorliegen.

Was sagt uns diese Unterscheidung nun darüber, welche Optionen eine Regierung hat, wenn
sie die jeweilige Arbeitslosigkeit bekämpfen will? Die ersten beiden Formen stellen zunächst
keine wirklichen Probleme dar und lassen sich – soweit sie nicht von selbst verschwinden –
mit Arbeitsmarktpolitik (vor allem mit Arbeitsvermittlung) wirksam bekämpfen. Sie sind
außerdem nur für einen kleinen Anteil der gesamten Arbeitslosigkeit verantwortlich. Bei der
konjunkturellen und strukturellen Arbeitslosigkeit ist das anders: Sie machen den Hauptanteil
der Arbeitslosigkeit aus. Regierungen konzentrieren sich deshalb vor allem darauf, diese
beiden Formen durch geeignete Maßnahmen zu reduzieren – was allerdings sehr unterschiedliche Therapien verlangt.

Zur Verdeutlichung machen wir uns noch einmal klar, welche wirtschaftlichen Prozesse
jeweils zur Entstehung von Arbeitslosigkeit führen. Konjunkturelle Arbeitslosigkeit wird
unter Rückgriff auf die keynesianische Theorie erklärt und entsteht aufgrund eines Rückgangs der gesamtwirtschaftlichen Nachfrage in Zeiten einer Rezession. Die Empfehlung an
die Politik lautet deshalb, die Nachfragelücke durch den Einsatz expansiver Fiskal- und
Geldpolitik zu schließen. Strukturelle Arbeitslosigkeit hingegen wird im Wesentlichen vor
dem Hintergrund der neoklassischen Theorie erklärt. Als Ursachen kommen somit alle Faktoren in Betracht, die den Marktmechanismus am Arbeitsmarkt stören. Der Begriff der strukturellen Arbeitslosigkeit ist vielschichtig, allerdings lassen sich zwei zentrale Ursachengrup-
pen unterscheiden: Einerseits kann ein *Mismatch* zwischen Angebot und Nachfrage bestehen.
Darunter versteht man eine mangelnde Übereinstimmung von Arbeitsangebot und Arbeitsnachfrage, beispielsweise aufgrund mangelnder räumlicher Mobilität, oder weil die angebotenen Qualifikationen nicht zu den von den Unternehmen geforderten passen. Eine zweite
Ursache sind die bereits erwähnten Störungen des Marktmechanismus. So können Mindest-
löhne oder starke Gewerkschaften verhindern, dass sich die Löhne je nach Angebot und
Nachfrage flexibel anpassen. Zudem können staatliche Transferleistungen so hoch liegen,
dass es sich für Arbeitslose nicht lohnt, eine Beschäftigung aufzunehmen. Auch strikte Kün-
digungsschutzregelungen könnten die Unternehmen davon abhalten, zusätzliche Arbeitskräfte nachzufragen. Gemeinsam ist beiden Ursachebündeln, dass sie langfristige, persistente
Arbeitslosigkeit erzeugen – im Gegensatz zur häufig kurzfristigen konjunkturellen Arbeitslosigkeit, die im Aufschwung wieder verschwindet. Gerade angesichts der dauerhaft hohen
Arbeitslosigkeit insbesondere in Europa (vgl. Abb. 2.4) geht deshalb die Mehrheit der Wirt-
schaftswissenschaftler davon aus, dass es sich hier um strukturelle Arbeitslosigkeit handelt

(vgl. Siebert 1997).[8] Die Therapiemaßnahmen bei struktureller Arbeitslosigkeit setzen nun nicht auf der Nachfrage-, sondern auf der Angebotsseite einer Volkswirtschaft an. Ganz im Sinne der Angebotstheorie (vgl. Kap. 1.5.4) geht es darum, die „Selbstheilungskräfte" des Marktes zu stärken, indem vor allem die wirtschaftlichen Rahmenbedingungen verbessert werden – beispielsweise durch eine Deregulierung des Arbeitsmarktes oder die Senkung der Lohn(neben)kosten.

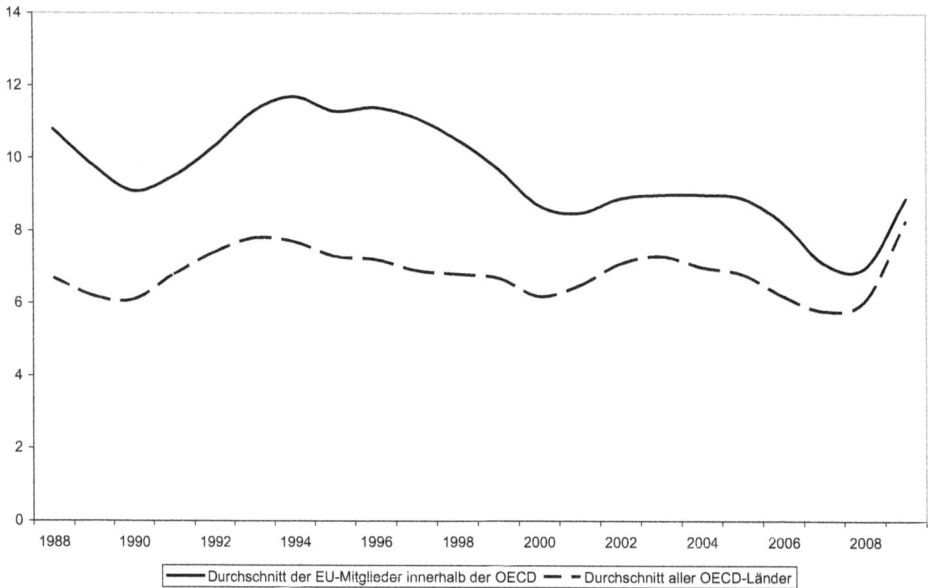

Abbildung 2.4: Entwicklung der Arbeitslosenquote in der OECD, 1988-2009

Quelle: OECD Main Economic Indicators. Anmerkung: Dargestellt sind standardisierte Arbeitslosenquoten in Prozent aller zivilen Erwerbspersonen.

2.2.3 Wirtschaftspolitische Instrumente zur Bekämpfung von Arbeitslosigkeit

Wenden wir uns nun unserer Ausgangsfrage nach den politischen Determinanten von Arbeitslosigkeit und Beschäftigung zu. Zunächst stellt sich die Frage, ob sich diese ökonomischen Phänomene überhaupt mit Hilfe politischer Variablen erklären lassen können. Die Beobachtung, dass sich auch die Arbeitslosen- und Beschäftigungsquoten wirtschaftlich ähnlicher Länder durchaus unterscheiden (vgl. Tabelle 2.2), spricht zunächst dafür. Aber auf welche Art und Weise lassen sie sich politisch beeinflussen? Wie wir bereits gesehen haben,

---

[8] Allerdings ist diese Position innerhalb der Wirtschaftswissenschaften durchaus umstritten. Als Ansatz, der eher von konjunktureller Arbeitslosigkeit ausgeht vgl. Solow 2000.

ist die Entwicklung von Arbeitslosigkeit und Beschäftigung das Resultat von Entwicklungen des Arbeitsangebotes und der Arbeitsnachfrage. Bei der Erklärung struktureller Arbeitslosigkeit spielt es außerdem eine Rolle, ob Arbeitsangebot und Arbeitsnachfrage übereinstimmen und wie sie zueinander finden, wie also der Marktmechanismus am Arbeitsmarkt funktioniert. In diesem Zusammenhang sind die sogenannten Arbeitsmarktinstitutionen relevant. Darunter versteht man Regelungen und Institutionen, die die Funktionsweise des Arbeitsmarktes berühren – beispielsweise die Höhe und Auszahlungsdauer von Transferleistungen, die aktive Arbeitsmarktpolitik, das Lohnverhandlungssystem sowie der Kündigungsschutz (für einen Überblick über den Zusammenhang zwischen Arbeitsmarktinstitutionen und Arbeitslosigkeit vgl. SVR 2005). Neben einer Steuerung von Arbeitsangebot und Arbeitsnachfrage kann eine Regierung also auch über die konkrete Ausgestaltung dieser Arbeitsmarktinstitutionen Einfluss auf Arbeitslosigkeit und Beschäftigung nehmen.

Tabelle 2.2: Arbeitslosen- und Beschäftigungsquoten der OECD-Länder 2008

Land	Arbeitslosen-quote	Beschäftigungs-quote	Land	Arbeitslosen-quote	Beschäftigungs-quote
Australien	4,2	73,2	Neuseeland	4,2	74,9
Belgien	7,0	62,0	Niederlande	2,8	76,1
Dänemark	3,4	78,4	Norwegen	2,5	78,1
Deutschland	7,3	70,2	Österreich	3,8	72,1
Finnland	6,4	71,9	Polen	7,2	59,2
Frankreich	7,8	64,6	Portugal	7,7	68,2
Griechenland	7,7	62,2	Schweden	6,2	75,7
Großbritannien	5,6	72,7	Schweiz	3,5	79,5
Irland	6,3	68,1	Slowakei	9,6	62,3
Island	3,0	84,2	Spanien	11,4	65,3
Italien	6,8	58,7	Südkorea	3,2	63,8
Japan	4,0	70,7	Tschechien	4,4	66,6
Kanada	6,1	73,7	Türkei	9,4	44,9
Luxemburg	4,9	64,4	Ungarn	7,8	56,7
Mexiko	4,0	59,9	USA	5,8	70,9
Durchschnitt	6,0	66,5	Standardab-weichung	2,2	8,07

Quelle: OECD Employment Outlook 2009: 251-252. Anmerkung: Angegeben sind standardisierte Arbeitslosenquoten in Prozent aller zivilen Erwerbspersonen sowie standardisierte Beschäftigungsquoten als Anteil der Beschäftigten an der Bevölkerung im erwerbsfähigen Alter (15-64 Jahre).

Die Option einer Steuerung des Arbeitsangebots erfreute sich insbesondere in den kontinentaleuropäischen Ländern bis in die 1990er Jahre großer Beliebtheit. Die Idee besteht darin, die Arbeitslosigkeit zu senken, indem die Zahl derjenigen, die ihre Arbeitskraft anbieten, künstlich verknappt wird. Die Entscheidung, ob eine Person ihre Arbeitskraft auf dem Arbeitsmarkt anbietet, kann von der Regierung natürlich nicht direkt gesteuert werden; allerdings kann die Politik für diejenigen Gruppen, die eine gesellschaftlich anerkannte Alternative zur Erwerbstätigkeit haben, Anreize setzen, aus dem Arbeitsmarkt auszuscheiden. Betroffen waren bzw. sind hiervon Jugendliche (mit der „Alternative" Ausbildung), Frauen (mit der „Alternative" Haushalt) und Ausländer (mit der „Alternative" Rückkehr ins Heimatland), insbesondere aber ältere Arbeitnehmer, die in den vorzeitigen Ruhestand entlassen wurden. Die Strategie einer Verknappung des Arbeitsangebots basiert im Wesentlichen auf der Annahme, dass das Arbeitsvolumen in einer Volkswirtschaft fix sei und es somit nur eine begrenzte Zahl an Arbeitsplätzen geben kann. Nach dieser *„lump-of-labour"-Theorie* kann die Arbeitslosigkeit gesenkt werden, wenn das vorhandene Arbeitsvolumen beispielsweise durch eine Verkürzung von Arbeitszeiten für mehr Arbeitnehmer „ausreicht" bzw. wenn aufgrund einer Senkung des Arbeitsangebotes weniger Arbeitnehmer einen Anteil des Arbeitsvolumens, d.h. einen Arbeitsplatz haben wollen. Kosmetisch wird so tatsächlich eine kurzfristige Verringerung der Arbeitslosenquote erreicht. Ist nämlich die Erwerbsorientierung der Bevölkerung insgesamt geringer, dann sinkt auch die Zahl der Erwerbspersonen und somit die Arbeitslosenquote. Für Regierungen, die ja vor allem an der Entwicklung der Arbeitslosenquote gemessen werden, hat die Strategie der Arbeitsangebotsverknappung somit durchaus einen gewissen Reiz. Mittelfristig kann diese Politik allerdings nicht aufrechterhalten werden, da sie insbesondere in Sozialversicherungsstaaten an die Grenzen ihrer Finanzierbarkeit stößt. Einerseits nehmen nämlich die Ausgaben (vor allem für Rentenzahlungen durch die Frühverrentung) immer weiter zu, während die Einnahmen wegen der niedrigen Erwerbsbeteiligung nicht Schritt halten können. Wird der Ausweg dann in einer Erhöhung der Sozialversicherungsbeiträge gesucht, verschärft sich das Problem durch die damit verbundene Verteuerung des Faktors Arbeit – die ursprünglich zur Senkung der Arbeitslosigkeit eingesetzte Strategie kann dann die Ursache zusätzlicher Arbeitslosigkeit sein. Da wir im internationalen Vergleich zudem eine negative Beziehung zwischen Beschäftigungs- und Arbeitslosenquoten feststellen können (der Korrelationskoeffizient für 30 OECD-Länder im Jahr 2008 beträgt -0,63), wird deutlich, dass die „lump-of-labour"-Theorie auch empirisch nicht haltbar ist.

Neben der Steuerung des Arbeitsangebots können Regierungen auch auf die Steuerung der Arbeitsnachfrage zurückgreifen, wenn sie Arbeitslosigkeit bekämpfen und Beschäftigung fördern wollen. Grundsätzlich lässt sich die Arbeitsnachfrage auf zwei Wegen erhöhen. Eine direkte Erhöhung kann vor allem durch die Ausweitung staatlicher Beschäftigung erreicht werden. Auf diese Möglichkeit haben insbesondere die skandinavischen Staaten zurückgegriffen und die Zahl der öffentlich Beschäftigten durch den Auf- und Ausbau eines engmaschigen Netzes sozialer Dienstleistungen erhöht. Auch die Strategie, Beschäftigung in verstaatlichten Unternehmen zu horten, also auf rationalisierungsbedingte Entlassungen in Staatsunternehmen zu verzichten, gehört hier dazu – eine Politik, die nicht nur in staatssozialistischen Ländern, sondern beispielsweise auch in Österreich in größerem Umfang zum Zuge kam. Eine zweite Möglichkeit zur direkten Erhöhung der Arbeitsnachfrage ist der Einsatz aktiver Arbeitsmarktpolitik, indem Beschäftigung auf einem zweiten Arbeitsmarkt staatlich gefördert wird. Die Strategien zur direkten Erhöhung der Arbeitsnachfrage stoßen allerdings schnell an (finanzielle) Grenzen, sodass Regierungen in der Regel vor allem versuchen werden, die Nachfrage nach Arbeitskräften indirekt anzukurbeln, also so in die Volkswirtschaft einzugreifen, dass die Unternehmen zusätzliche Arbeitsplätze auf dem regulären, d.h. ersten Arbeitsmarkt schaffen. Je nachdem, von welcher Form von Arbeitslosigkeit man ausgeht, gibt es hier verschiedene Möglichkeiten. Die Regierung kann einerseits eine keynesianische Beschäftigungspolitik betreiben, d.h. über eine expansive Fiskal- und Geldpolitik die gesamtwirtschaftliche Nachfrage und damit auch die Arbeitsnachfrage erhöhen. Bei der strukturellen Arbeitslosigkeit kann zunächst der Einsatz aktiver Arbeitsmarktpolitik dazu beitragen, den Mismatch am Arbeitsmarkt zu verringern. Zusätzlich werden vor allem Maßnahmen der Angebotstheorie empfohlen. Über eine Verbesserung der Angebotsseite der Volkswirtschaft sollen Anreize für eine höhere Arbeitsnachfrage der Unternehmen gesetzt werden.

Wir haben bereits bei der Diskussion der verschiedenen Formen von Arbeitslosigkeit festgestellt, dass sich die Therapievorschläge im Fall von konjunktureller bzw. struktureller Arbeitslosigkeit deutlich unterscheiden – genau wie die Möglichkeiten einer indirekten Erhöhung der Arbeitsnachfrage. In jüngster Zeit haben sich mehrere quantitative Studien der Frage gewidmet, welche Instrumente denn nun tatsächlich erfolgreicher sind (vgl. Bradley/Stephens 2007; Baccaro/Rei 2007): Sollte der Schwerpunkt auf einer Deregulierung des Arbeitsmarktes liegen oder auf einer keynesianischen Beschäftigungspolitik? Auch wenn die einzelnen Studien nicht immer die gleichen Variablen testen und die Vergleichbarkeit somit eingeschränkt ist, kommen sie doch zu ähnlichen Ergebnissen. Demnach gibt es eine Reihe von Politikinstrumenten, die signifikante Effekte auf die Beschäftigungsperformanz haben: Beschäftigungsquoten sind tendenziell umso höher, je niedriger die Lohnersatzleistungen für Langzeitarbeitslose sind, je höher die Lohnersatzleistungen für Arbeitslose in den ersten Monaten sind, je niedriger die Sozialversicherungsbeiträge sind, je schwächer der Kündigungsschutz und je stärker ausgebaut die aktive Arbeitsmarktpolitik ist. Zudem konnte ein positiver Zusammenhang zwischen Arbeitslosigkeit und einer restriktiven Geldpolitik gefunden werden: Je restriktiver also die Geldpolitik einer Regierung, desto höher die Arbeitslosenquote.

2.2.4   Politikwissenschaftliche Erklärungsansätze von Arbeitslosigkeit und Beschäftigung

Nachdem wir nun gesehen haben, welche ökonomischen Ursachen Arbeitslosigkeit und Beschäftigung zugrunde liegen und mit welchen Instrumenten sie beeinflusst werden können, werden in den folgenden Abschnitten einige politikwissenschaftliche Modelle zur Erklärung von Arbeitslosigkeit und Beschäftigung dargestellt.

Eine besonders wichtige Perspektive zur Beziehung zwischen Arbeitslosigkeit und politischen Variablen liefert die *Parteiendifferenzhypothese*. In der ursprünglichen Formulierung von Douglas Hibbs (1977) wird explizit behauptet, dass Regierungsparteien einen Unterschied bei der Höhe der Arbeitslosigkeit machen. Hibbs geht davon aus, dass in einer Gesellschaft mindestens zwei unterschiedliche Gruppen existieren, die sowohl subjektiv als auch objektiv klar voneinander abgrenzbare wirtschaftspolitische Interessen haben: Die Arbeiter wollen eine möglichst niedrige Arbeitslosigkeit, die Bezieher höherer Einkommen und die

Vermögenden eine möglichst geringe Inflation. Hibbs nimmt zudem an, dass diese beiden Gruppen mehr oder weniger geschlossen eine Partei wählen. Die Regierungsparteien werden dementsprechend versuchen, die Interessen ihrer jeweiligen Klientel durchzusetzen. Wenn also eine Arbeiterpartei an die Macht kommt, wird sie versuchen, die Arbeitslosigkeit niedrig zu halten, während eine Regierungspartei, die von Beziehern höherer Einkommen gewählt wird, auf eine niedrige Inflation setzen wird. Eine weitere Annahme von Hibbs ist die Geltung der modifizierten Phillips-Kurve, die eine Austauschbeziehung zwischen Arbeitslosigkeit und Inflation impliziert (vgl. Kap. 1.3.2). Jede Regierungspartei muss also wählen, ob sie die Arbeitslosigkeit senken möchte (und dafür eine höhere Inflation akzeptiert) oder ob sie das Preisniveau stabil halten will (und dafür eine steigende Arbeitslosigkeit in Kauf nimmt). Vor diese Wahl gestellt, werden sich linke Parteien für eine niedrige Arbeitslosigkeit und rechte Parteien für eine niedrige Inflation entscheiden. Die Arbeitslosigkeit sollte somit unter linken Regierungen niedriger sein als unter rechten. Wir haben jedoch bereits gesehen, dass die modifizierte Phillips-Kurve allenfalls kurzfristig gilt, aber eben nicht langfristig. Regierungsparteien müssen also nicht notwendigerweise wählen, ob sie entweder die Arbeitslosigkeit oder die Inflation niedrig halten wollen. Es ist vielmehr auch möglich, eine niedrige Arbeitslosigkeit *und* eine niedrige Inflation zu erreichen. Dann besteht allerdings kein Grund mehr anzunehmen, dass rechte Parteien systematisch eine höhere Arbeitslosigkeit erzeugen sollten als linke Parteien, denn unter normalen Umständen dürfen wir wohl davon ausgehen, dass auch rechte Parteien die Kombination niedrige Inflation/niedrige Arbeitslosigkeit der Kombination niedrige Inflation/hohe Arbeitslosigkeit vorziehen. Es ließe sich allenfalls noch argumentieren, dass sich linke Parteien aufgrund der höheren Bedeutung des Themas für ihre Wähler stärker als rechte Parteien um eine Senkung der Arbeitslosigkeit bemühen und deshalb vielleicht auch etwas erfolgreicher sein sollten.

Neben den Parteien könnte auch der Einfluss von Interessengruppen relevant für die Erklärung von Arbeitslosigkeit und Beschäftigung sein. Aus ökonomischer Sicht ist schließlich die Arbeitsnachfrage eine Funktion des Preises des Faktors Arbeit: Je höher der Lohn, desto geringer ist (unter sonst gleichen Bedingungen) die Arbeitsnachfrage. Der Lohn wiederum wird im Wesentlichen von den Arbeitgeberverbänden und den Gewerkschaften ausgehandelt, wobei in der Literatur den Lohnforderungen der Gewerkschaften ein besonderes Gewicht beigemessen wird. Die Gewerkschaften wollen nun einerseits möglichst hohe Löhne für ihre Mitglieder durchsetzen. An diesem Punkt setzt eine Sichtweise innerhalb der Wirtschaftswissenschaften an, die davon ausgeht, dass das Lohnniveau umso stärker steigt, je mächtiger die Gewerkschaften sind. Diese Macht bzw. Stärke wird dabei in der Regel über den *gewerkschaftlichen Organisationsgrad* gemessen. Er ist definiert als Anteil der Gewerkschaftsmitglieder an allen Arbeitnehmern in einer Volkswirtschaft bzw. in einer bestimmten Branche. Folgt man der neoklassischen Erklärung von Arbeitslosigkeit, dann können mächtige Gewerkschaften dafür sorgen, dass die Löhne über dem Vollbeschäftigungsniveau liegen und deshalb mit einer höheren Arbeitslosigkeit einhergehen.

Theoretisch kann allerdings auch ein gegenteiliger Zusammenhang zwischen Gewerkschaften und Arbeitslosigkeit hergeleitet werden. Neben dem Ziel hoher Löhne verfolgen Gewerkschaften nämlich andererseits ein weiteres Ziel, und zwar die Arbeitsplatzsicherheit ihrer Mitglieder. Wenn nun die Arbeitsnachfrage in einer negativen Beziehung zur Lohnhöhe steht, stehen die Gewerkschaften vor einem Zielkonflikt: Wenn sie ihr erstes Ziel, die Lohnhöhe, maximieren, gehen Arbeitsplätze verloren. Wenn sie dagegen das Arbeitsplatzziel verfolgen, steigen die Löhne nicht so stark. Wie werden sich die Gewerkschaften vor diesem Hintergrund verhalten? Theoretisch sollte die Antwort davon abhängen, wie „umfassend" die Gewerkschaften in einem Land oder in einer wichtigen Branche organisiert sind. Die zentrale Frage ist nämlich, ob die Gewerkschaften in der Lage sind, die externen Effekte ihres Lohnverhandlungsverhaltens zu internalisieren. Nehmen wir an, in einer Volkswirtschaft gibt es nur eine starke Gewerkschaft, die ihre maximalen Lohnforderungen durchsetzt. Einerseits wird dies die Gewerkschaftsmitglieder zwar zufriedenstellen, weil ihre Einkommen deutlich steigen. Andererseits werden allerdings einige Mitglieder ihren Arbeitsplatz verlieren. Sofern sie den Zusammenhang zwischen den Lohnerhöhungen und dem Arbeitsplatzverlust erkennen, werden sie mit der Leistung ihrer Gewerkschaft eher unzufrieden sein. Und auch die Gewerkschaftsführer selbst werden merken, dass die Lohnmaximierungsstrategie zu den Arbeitsplatzverlusten und zur Unzufriedenheit ihrer Mitglieder geführt hat und deshalb künftig eine moderatere Lohnpolitik verfolgen. Bei einer „umfassenden" Organisation der Gewerkschaften werden also die negativen externen Effekte der Lohnmaximierungsstrategie, d.h. die Arbeitsplatzverluste, internalisiert. In diesem Fall können die Gewerkschaften als *umfassende Organisationen* im Sinne von Mancur Olson (1982) bezeichnet werden: Olson argumentiert nämlich, dass Organisationen, die einen großen Teil der Bevölkerung umfassen, die negativen Konsequenzen ihres Verhaltens berücksichtigen müssen, da sie nicht auf andere Bevölkerungsteile abgewälzt werden können, sondern direkt die eigenen Mitglieder betreffen.

In einem System mit einer Vielzahl kleinerer Gewerkschaften, die in Konkurrenz zueinander stehen, sieht es hingegen anders aus. Zunächst kann die Verantwortung für hohe Lohnabschlüsse nicht mehr eindeutig zugeordnet werden. Wenn es in der gesamten Volkswirtschaft zu hohen Lohnsteigerungen kommt und es viele Gewerkschaften gibt, dann ist dafür auch keine einzelne verantwortlich. Im Gegenteil: Jede der kleineren Gewerkschaften kann argumentieren, dass das Lohnniveau auch ohne ihr Zutun gestiegen wäre. Umgekehrt gibt es deshalb auch keinen Anreiz zur Lohnzurückhaltung, weil diese gar keine positive Wirkung auf die Beschäftigung hätte – schließlich ist der Einfluss einer einzelnen Gewerkschaft auf das gesamtwirtschaftliche Lohnniveau viel zu gering. Zusätzlich wirkt sich die Konkurrenz zwischen den Gewerkschaften negativ aus: Entscheidet sich eine Gewerkschaft für einen moderaten Kurs, während die anderen weiterhin eine aggressive Lohnpolitik betreiben, dann besteht die Gefahr, dass die Mitglieder der moderaten Gewerkschaft zu den aggressiveren abwandern. In einem System mit vielen kleinen Gewerkschaften ist eine moderate Lohnpolitik also höchst unwahrscheinlich. Große, umfassende Gewerkschaften dagegen können direkt für das gesamtwirtschaftliche Lohnniveau verantwortlich gemacht werden und müssen außerdem keine Konkurrenz durch die Lohnpolitik anderer Gewerkschaften fürchten. Wir können deshalb erwarten, dass die Arbeitslosigkeit in Ländern mit umfassenden Gewerkschaften niedriger ist als in solchen mit vielen kleineren, zueinander in Konkurrenz stehenden Gewerkschaften.

Neben Größe und Anzahl der Gewerkschaften spielt auch die Ausgestaltung des Lohnverhandlungssystems eine wichtige Rolle. In der Literatur wurde der Schwerpunkt hier zunächst auf die Zentralisation von Lohnverhandlungen gelegt, also auf die Frage, auf welcher Ebene sie stattfinden. Zentralisierte Lohnverhandlungen vollziehen sich auf der gesamtwirtschaftlichen Ebene. Verhandlungspartner der Arbeitgeber ist meist, wie zum Beispiel in Österreich, der Dachverband der Arbeitnehmerorganisationen, also der Zusammenschluss einzelner

Branchengewerkschaften auf der gesamtwirtschaftlichen Ebene. Sind dagegen, wie in der Bundesrepublik, die jeweiligen Branchengewerkschaften, beispielsweise die IG Metall in der Metall- und Elektroindustrie, für die Lohnverhandlungen verantwortlich, spricht man von einem mittleren Zentralisationsgrad. Ein dezentrales System schließlich ist dadurch gekennzeichnet, dass die Löhne auf der Unternehmensebene ausgehandelt werden.

Inwiefern hängt nun der Grad der Zentralisation mit der Arbeitslosigkeit zusammen? Ein Teil der Literatur geht davon aus, dass die Löhne in Ländern mit mittleren Lohnverhandlungssystemen am stärksten steigen, was wiederum zu einer höheren Arbeitslosigkeit führt. In zentralisierten und stark dezentralen Systemen hingegen steigen die Löhne weniger stark, weshalb auch die Arbeitslosigkeit geringer ist. Zwischen der Zentralisation von Lohnverhandlungen und der Arbeitslosigkeit besteht somit ein u-förmiger Zusammenhang, wie er von Calmfors und Driffil (1988) beschrieben wurde. Die Autoren begründen diesen Zusammenhang theoretisch ebenfalls mit Hilfe der Vorstellung umfassender Organisationen: Der Lohnanstieg und somit auch die Arbeitslosigkeit sind immer dann hoch, wenn Gewerkschaften eine mittlere Stärke haben. Sie sind dann nämlich stark genug, wirtschaftliche Schäden zu verursachen, aber nicht umfassend genug, um die dadurch verursachten Kosten auch selbst tragen zu müssen. Die Zentralisation hingegen stellt eine Motivation dar, bei der Lohnpolitik auch gesamtwirtschaftliche Belange wie eine höhere Arbeitslosigkeit infolge von Lohnsteigerungen zu berücksichtigen. Auch die Dezentralisation bewahrt vor einer aggressiven Lohnpolitik: Wenn die Löhne auf der Unternehmensebene ausgehandelt werden, sind die Gewerkschaftsmitglieder direkt betroffen, wenn ein Lohnanstieg die Wettbewerbsfähigkeit des Unternehmens und somit die eigenen Arbeitsplätze gefährdet.

Neben der Zentralisation ist zusätzlich die Koordination von Lohnverhandlungen von Bedeutung. Empirisch lässt sich nämlich auch in formal nicht zentralisierten Systemen ein Gewerkschaftsverhalten beobachten, das der Argumentation zu den umfassenden Organisationen ähnelt. Ein Beispiel ist die Lohnpolitik in der Bundesrepublik: Die Lohnverhandlungen finden hier auf mittlerer Ebene statt, nämlich in den einzelnen Sektoren unter Führung der jeweiligen Branchengewerkschaften. Der Deutsche Gewerkschaftsbund (DGB) als Dachverband ist hingegen nicht beteiligt. In der Bundesrepublik lässt sich allerdings das Phänomen der *Lohnführerschaft* finden: In der Regel orientieren sich die Lohnabschlüsse der Branchengewerkschaften an einem Pilotabschluss einer besonders wichtigen Branche – überwiegend die Metall- und Elektroindustrie. Obwohl es sich also nicht um ein zentralisiertes System handelt, werden die gesamtwirtschaftlichen Auswirkungen der Lohnpolitik über eine Abstimmung der Branchengewerkschaften ebenfalls berücksichtigt. Somit sollten koordinierte Lohnverhandlungssysteme ebenfalls zu einer niedrigeren Arbeitslosigkeit beitragen.

Als potentielle Determinante für Arbeitslosigkeit und Beschäftigung wird schließlich auch der *Korporatismus* genannt, worunter man im Allgemeinen eine Kooperation bzw. Koordination zwischen Staat und Interessenverbänden (vor allem in der Wirtschafts- und Sozialpolitik) versteht. Wie lässt sich nun ein Zusammenhang zu Arbeitslosigkeit und Beschäftigung herleiten? Wir haben bereits festgestellt, dass es im rationalen Eigeninteresse einer umfassenden Gewerkschaft sein kann, auf eine Maximierung des Lohnziels zu verzichten, da sie eventuelle negative Effekte ihrer Lohnpolitik internalisieren muss. Korporatistische Arrangements können ein kooperatives Verhalten der Gewerkschaften zusätzlich erleichtern. In tripartistischen Verhandlungssystemen, in denen der Staat gemeinsam mit Arbeitgebern und Gewerkschaften wirtschafts- und sozialpolitische Fragen abstimmt, sind nämlich Tauschgeschäfte möglich: Der Staat könnte den Gewerkschaften ihre Lohnzurückhaltung durch Zuge-ständnisse „abkaufen" bzw. belohnen, beispielsweise durch eine Berücksichtigung der Gewerkschaftsinteressen in der Sozialpolitik. Wir können also auch von der Existenz korporatistischer Arrangements moderate Lohnabschlüsse und in deren Folge eine niedrigere Arbeitslosigkeit bzw. eine höhere Beschäftigung erwarten.

Denkbar ist weiterhin, dass die parteipolitische Zusammensetzung der Regierung und der Korporatismus gemeinsam betrachtet werden müssen – so die Ausgangsüberlegung von Alvarez, Garrett und Lange (1991). Ihre zentrale These ist, dass der Einfluss, den politische Parteien auf die wirtschaftspolitische Performanz und somit auch auf die Arbeitslosigkeit haben, von der jeweiligen Organisationsform der Gewerkschaften abhängt. Nur wenn die parteipolitische Zusammensetzung der Regierung und das Muster der Interessenvermittlung kongruent sind, ist wirtschaftspolitischer Erfolg möglich. So können linke Regierungspartei-en nur dann erfolgreich die Arbeitslosigkeit bekämpfen, wenn sie auf umfassende Gewerk-schaften treffen, die in der Lage sind, die Vollbeschäftigungspolitik der Regierung durch Lohnmäßigung zu unterstützen. Allerdings werden linke Parteien ihre präferierte Politik nicht mehr durchsetzen können, wenn sie schwache Gewerkschaften vorfinden, die zu einer Kooperation mit der Regierung nicht fähig sind. Im Falle schwacher Gewerkschaften haben dagegen rechte Parteien gute Chancen, beschäftigungspolitisch erfolgreich zu sein: Hier kommt es zu einer angebotsorientierten Wirtschaftspolitik, die nicht durch starke Gewerk-schaften torpediert werden kann. Dagegen werden rechte Regierungen, die mit starken (aber kooperationsunwilligen) Gewerkschaften konfrontiert sind, keinen beschäftigungspolitischen Erfolg haben. Die wirtschaftspolitische Performanz hängt also davon ab, ob in einem Land eine kohärente Konfiguration von Regierung und Gewerkschaften vorliegt (d.h. linke Regie-rungen mit starken Gewerkschaften oder rechte Regierungen mit schwachen Gewerkschaf-ten) oder nicht. Die Autoren erwarten dabei in kohärenten Konfigurationen eine niedrigere Arbeitslosigkeit als in inkohärenten Konstellationen.

Wie wir bereits bei den Determinanten des Wirtschaftswachstums gesehen haben, gibt es in der vergleichenden Demokratieforschung Argumente, die einen Zusammenhang zwischen der Demokratieform eines Landes und der makroökonomischen Performanz – und damit auch der Arbeitslosigkeit – herstellen. Hier spielen vor allem die Arbeiten von Arend Lijphart (1999) eine Rolle, der verschiedene institutionelle Arrangements in die Modelle der Mehr-heits- und Konsensusdemokratien unterteilt. Das entscheidende Merkmal von Konsensusdemokratien ist, dass aufgrund von Schranken des Mehrheitsprinzips die zentralen politischen Entscheidungen im Rahmen von Verhandlungsprozessen getroffen werden. Kennzeichnend für Mehrheitsdemokratien wiederum sind die Dominanz des Mehrheitsprin-zips und eine Konzentration politischer Macht, weshalb parlamentarische Mehrheiten und Regierungen im Vergleich zu Konsensusdemokratien freier agieren können. Eine theoreti-sche Argumentation zum Zusammenhang zur Arbeitslosigkeit ist nun, dass Mehrheitsdemo-kratien bei wirtschaftlichen Herausforderungen und Krisen schneller und konsistenter reagie-ren können, weshalb sie eine bessere beschäftigungspolitische Performanz aufweisen sollten. Geht man beispielsweise davon aus, dass zur Senkung von (struktureller) Arbeitslosigkeit eine konsequente Arbeitsmarktflexibilisierung nötig ist, setzt dies eine Regierung voraus, die ihre Politik ohne wesentliche Zugeständnisse durchsetzen kann. Genau dies könnte in Wett-bewerbsdemokratien eher möglich sein als in Konsensusdemokratien, in denen die Regie-rung durch Vetoinstitutionen zu Kompromissen gezwungen wird. Gleichzeitig benötigt eine solche Kompromissfindung Zeit, weshalb auf plötzliche Schocks nur langsam reagiert werden kann.

Auf der anderen Seite lässt sich allerdings mit Lijphart argumentieren, dass gerade die langfristige Stabilität der Konsensusdemokratien zu einer besseren beschäftigungspolitischen Performanz führt. Radikale und schwankende Politiken sind unwahrscheinlich, sodass die Erwartungen der Wirtschaftssubjekte stabilisiert werden, was sich positiv auf Investitionen und Beschäftigung auswirken kann. Die theoretische Richtung des Effekts der Demokratieform ist somit nicht eindeutig.

2.2.5   Empirische Befunde I: Ergebnisse quantitativer Studien

Wenn wir uns die Zusammenhänge zwischen Arbeitslosigkeit, Beschäftigung und verschiedenen politischen Variablen empirisch anschauen, finden wir ein überraschend unvollständiges Bild vor. Die Ergebnisse der vorliegenden Studien sind gemischt und fallen periodenspezifisch unterschiedlich aus – insbesondere hinsichtlich des Parteieneffekts. Frank Castles (1998) beispielsweise findet mit Hilfe bivariater Korrelationen für die 1960er und die 1970er Jahre den erwartet negativen Einfluss linker Regierungsparteien auf die Arbeitslosigkeit. Für die 1990er Jahre geht dieser Effekt jedoch verloren – ein Befund, der auch in anderen Studien repliziert wird (vgl. z.B. Armingeon 2003). Bivariate Zusammenhangsmaße können allerdings bei der Erklärung eines derart komplexen Phänomens nicht als übermäßig zuverlässig bezeichnet werden. Multivariate Tests halten nun eine gewisse Überraschung bereit: Danach gehen nämlich die Effekte linker Parteien für die 1960er und 1970er Jahre verloren. Für die 1990er Jahre ergibt sich dafür ein negativer Zusammenhang zur Regierungsbeteiligung rechter Parteien. Unter sonst gleichen Bedingungen war also die Arbeitslosigkeit umso geringer, je länger nicht-linke Parteien an der Regierung beteiligt waren. Dieses Ergebnis passt zu dem Befund, dass die Arbeitslosigkeit zwischen dem Anfang der 1960er und den 1990er Jahren dort stärker gesunken bzw. weniger stark gestiegen ist, wo rechte Parteien über einen längeren Zeitraum an der Regierung waren. Hier findet sich also ein den theoretischen Erwartungen entgegengesetzter Effekt.

Zum Einfluss von Lohnverhandlungssystemen bestätigen jüngere Studien meist die theoretische Überlegung, dass zentralisierte und koordinierte Lohnverhandlungen mit einer niedrigeren Arbeitslosigkeit und einer höheren Beschäftigung einhergehen (vgl. Bradley/Stephens 2007; OECD 2006). Auch bezüglich des Korporatismus werden unsere theoretischen Erwartungen nicht enttäuscht. So findet Castles (1998) für das Niveau der Arbeitslosigkeit in den frühen 1960er, den späten 1970er sowie den frühen 1990er Jahren wie auch für die Veränderung zwischen den 1960er und den 1990er Jahren einen signifikant negativen Effekt des Korporatismus. Diese Ergebnisse werden von den statistisch aufwendigeren Untersuchungen von Bradley und Stephens (2007) unterstützt, wonach die Beschäftigung in korporatistischen Ländern höher ist als in nicht-korporatistischen Staaten.

Warum wirkt nun aber der Korporatismus wie erwartet arbeitslosigkeitssenkend, aber gleichzeitig auch die Regierungsbeteiligung rechter Parteien? Mit Castles (1998: 239f.) lässt sich argumentieren, dass beide Variablen die Funktionsweise des Arbeitsmarktes positiv beeinflussen: Der Korporatismus führt dazu, dass keine exorbitant hohen Lohnabschlüsse getätigt werden; andererseits kommt es auch seltener zu Streiks, weil der Klassenkampf eingehegt ist und Verteilungsfragen außerhalb der Produktionssphäre in korporatistischen Arrangements geklärt werden können. Rechte Parteien dagegen treten tendenziell für eine Arbeitsmarktflexibilisierung ein, die ebenfalls helfen kann, (strukturelle) Arbeitslosigkeit zu senken. Dieser Befund passt also zu den bereits beschriebenen Ergebnissen, wonach zumindest einige Politikinstrumente, die zu einer Deregulierung des Arbeitsmarktes führen, mit einer höheren Beschäftigung bzw. einer niedrigeren Arbeitslosigkeit einhergehen.

Statistisch signifikante Institutioneneffekte wie beispielsweise ein Einfluss von Mehrheits- und Konsensusdemokratien werden in der Regel nicht gefunden. Das mag einerseits daran liegen, dass die theoretischen Erwartungen von vornherein unklar waren und sich die unterschiedlichen Richtungen der erwarteten Effekte schlicht aufgehoben haben. Andererseits könnte es auch sein, dass die Einflüsse politischer Institutionen zu komplex sind für die (üblicherweise verwendeten) vergleichsweise einfachen statistischen Modelle. Darauf weisen die Befunde einiger qualitativer Studien hin.

2.2.6 Empirische Befunde II: Ergebnisse qualitativer Studien

Die wichtigste qualitative Studie zum Zusammenhang zwischen Arbeitslosigkeit und politischen Variablen stammt von Fritz Scharpf (1987), der die wirtschaftspolitischen Reaktionen von vier westeuropäischen Ländern (Österreich, Schweden, Großbritannien und die Bundesrepublik) auf die erste Ölkrise 1973 untersucht. Die Länderauswahl begründet Scharpf mit der weitgehend übereinstimmenden ökonomischen Ausgangslage sowie der Tatsache, dass alle Länder zu Beginn der Untersuchungsperiode von linken Parteien mit der Priorität auf das Vollbeschäftigungsziel regiert wurden. Es handelt sich somit um ein *„most-similar-systems"-Design*, bei dem möglichst viele erklärende Variablen konstant gehalten werden. In einem ersten Schritt identifiziert Scharpf die wirtschaftspolitische Strategie, die unter den gegebenen Umständen, und zwar dem um das Zwölffache gestiegenen Rohölpreis, geeignet war, die Arbeitslosigkeit niedrig zu halten, ohne zugleich die Inflationsraten in die Höhe zu treiben. Das Problem bestand nämlich darin, dass der enorme Anstieg des Erdölpreises einerseits zu einer starken Erhöhung der Produktionskosten und in Folge dessen zu einer höheren Inflationsrate führte, andererseits den Volkswirtschaften aber auch in großem Maße Kaufkraft entzog, was konjunkturelle Arbeitslosigkeit aufgrund mangelnder Nachfrage hervorbrachte. Somit drohte eine Stagflation, also die Kombination aus wirtschaftlicher Stagnation und Inflation.

Die Regierungen befanden sich nun in einem Dilemma: Schalteten sie auf eine expansive Fiskal- und Geldpolitik, konnte zwar die Arbeitslosigkeit erfolgreich bekämpft werden, aber auf Kosten einer immens steigenden Inflation. Die Bekämpfung der Inflation durch eine restriktive Politik wiederum wäre zwar erfolgreich gewesen, allerdings nur bei steigender Arbeitslosigkeit. Mit den Instrumenten der staatlichen Wirtschaftspolitik allein wären beide Ziele zusammen, also niedrige Arbeitslosigkeit *und* niedrige Inflation, nicht zu erreichen gewesen. Vielmehr war ein weiteres Instrument nötig, und zwar die Lohnpolitik. Scharpf zufolge hätte der optimale Policy-Mix zur Reaktion auf die Ölkrise einerseits aus einer moderaten Lohnpolitik bestanden, um die Produktionskosten der Unternehmen nicht zusätzlich zu erhöhen. Dadurch sollte letztlich der Anstieg der Inflation begrenzt werden, was der Finanz- und Geldpolitik ermöglicht hätte, durch eine Ankurbelung der gesamtwirtschaftlichen

Nachfrage die konjunkturelle Arbeitslosigkeit zu bekämpfen. Die entscheidende Frage ist nun, inwieweit eine Umsetzung dieser optimalen Politik gelang.

Dabei ergaben sich signifikante Unterschiede zwischen den vier Untersuchungsländern. Am wenigsten Erfolg sowohl bei der Bekämpfung der Arbeitslosigkeit als auch bei der Eindämmung der Inflation hatte Großbritannien. Besonders erfolgreich war dagegen Österreich, das bei der Arbeitslosigkeit am besten, bei der Inflation am zweitbesten abschnitt. Die Bundesrepublik landet zwar bei der Inflationsbekämpfung auf dem ersten Rang, musste aber deutlich höhere Beschäftigungsverluste hinnehmen als Österreich und auch Schweden, das in dieser „Disziplin" den zweiten Platz einnahm, dafür aber bei der Inflationsbekämpfung deutlich hinter Deutschland und Österreich zurückblieb. Wie lassen sich diese Unterschiede erklären?

Scharpf zufolge spielen hier die Institutionen und die Kollektivakteure Regierungen, Gewerkschaften und Zentralbanken eine zentrale Rolle. Eine dauerhaft erfolgreiche „keynesianische Koordinierung", bei der die Fiskalpolitik ungehindert durch die Geldpolitik auf Expansion schalten konnte, während die Gewerkschaften sich in Lohnmäßigung übten, gelang nur in Österreich. Dagegen führte die im internationalen Vergleich beispiellose Unabhängigkeit der deutschen Bundesbank dazu, dass die Geldpolitik überwiegend auf die Preisniveaustabilität fokussiert und daher restriktiv ausgestaltet war. Damit wurde zwar eine herausragende Performanz bei der Inflationsbekämpfung erreicht, allerdings war dadurch eine insgesamt expansive Nachfragepolitik zur Bekämpfung der Arbeitslosigkeit nicht mehr möglich. Und auch die deutsche Fiskalpolitik hatte größere Schwierigkeiten, auf Expansion zu schalten, als die Fiskalpolitik anderer Länder. Die Ursache dafür liegt in der föderalen Finanzverfassung der Bundesrepublik, die den Bundesländern einen erheblichen Anteil an den staatlichen Finanzmitteln zuspricht. Der Bund muss deshalb seinen Haushalt anteilsmäßig erheblich stärker ausweiten als die Zentralregierungen der Vergleichsländer, um einen fiskalischen Impuls auszulösen. Somit waren es die institutionellen Rahmenbedingungen in Deutschland, insbesondere der Föderalismus und die Unabhängigkeit der Bundesbank, die die Bekämpfung der Arbeitslosigkeit durch eine stärker expansive Politik erschwerten.

Ganz andere Probleme, den optimalen Policy-Mix durchzusetzen, hatte Großbritannien. Als Musterland einer Mehrheitsdemokratie musste sich die britische Regierung mit Durchsetzungsschwierigkeiten, wie sie die Bundesregierung in Form einer unabhängigen Zentralbank und des Föderalismus zu bewältigen hatte, nicht beschäftigen. Allerdings gelang es der Labour-Regierung nach 1974 nicht, eine nachhaltig moderate Lohnpolitik durchzusetzen. Der Grund hierfür liegt in der Struktur des britischen Gewerkschaftswesens, das hochgradig dezentralisiert und fragmentiert war und über keinen einflussreichen Dachverband verfügte. Für die Regierung existierte deshalb trotz der Bindung der Gewerkschaften an die Labour Party kein Ansprechpartner, der eine Politik der Lohnmoderation hätte durchsetzen können. Stattdessen führte die Konkurrenz zwischen den Gewerkschaften dazu, dass die Regierung insbesondere ab 1977 versuchen musste, „Einkommenspolitik ohne die Gewerkschaften", also mit Hilfe administrativer Mittel (wie beispielsweise Lohnstopps) durchzusetzen – mit geringem Erfolg. Vielmehr kam es im Winter 1978/79 („winter of discontent") zu einem mehrmonatigen Streik im öffentlichen Dienst, der im Mai 1979 sogar die Ablösung der Regierung zur Folge hatte.

Die zentrale Schlussfolgerung ist somit folgende: Für eine erfolgreiche Beschäftigungspolitik reicht es in der Regel nicht aus, dass die Regierung willens und in der Lage ist, die richtige

Fiskalpolitik zu betreiben. Vielmehr spielen auch die Zentralbank und die Gewerkschaften eine wichtige Rolle, wobei es vor allem auf den Status der Zentralbank (d.h. den Grad der Unabhängigkeit) sowie die Struktur des Systems der industriellen Beziehungen (d.h. den Zentralisierungsgrad oder den Korporatismus) ankommt. Nur soweit die Zentralbank die expansive Fiskalpolitik nicht durch eine restriktive Geldpolitik torpedierte und die Gewerkschaften zur „keynesianischen Koordinierung" bereit und in der Lage waren, konnte die Beschäftigungspolitik erfolgreich auf die erste Ölkrise reagieren.

Eine solche „keynesianische Koordinierung" wurde allerdings bereits seit den 1980er Jahren durch die zunehmende Liberalisierung der Finanzmärkte deutlich erschwert. Man könnte also einwenden, dass die Erkenntnisse über die Bedeutung der jeweiligen Institutionen im zweiten Jahrzehnt des 21. Jahrhunderts nicht mehr anwendbar sind. Das gilt allerdings nur für die optimale beschäftigungspolitische Strategie, nicht aber für die prinzipielle Bedeutung institutioneller Faktoren bei der Erklärung von Arbeitslosigkeit und Beschäftigung. Auch die Beschäftigungsperformanz der 1990er Jahre lässt sich nämlich mit Hilfe solcher institutioneller Variablen erklären, wie wiederum Fritz Scharpf (2000) gezeigt hat. Aufgrund der gestiegenen wirtschaftlichen Öffnung der Industriestaaten und insbesondere wegen der erhöhten Kapitalmobilität ist die keynesianische Strategie inzwischen nicht mehr Erfolg versprechend. Die Niedriglohnkonkurrenz aus Osteuropa und einigen Schwellenländern, die Sättigung der Märkte und der technische Fortschritt machen es außerdem für die Industrieländer immer schwieriger, die Beschäftigung im Industriesektor aufrechtzuerhalten. Potentiale für zusätzliche Beschäftigung existieren im Grunde nur noch im privaten oder öffentlichen Dienstleistungssektor. Ob dieses Beschäftigungspotential aber genutzt wird, hängt entscheidend vom Wohlfahrtsstaatsregime und der Struktur des Steuersystems ab. Für die Entwicklung eines niedrig-produktiven Dienstleistungssektors sind zwar hohe Steuern generell hinderlich; besonders negativ wirken sich aber Sozialversicherungsbeiträge und die Mehrwertsteuer aus, weil sie den Preis der Dienstleistungen erhöhen. Aufgrund der hohen Preiselastizität der Nachfrage im Bereich niedrig-produktiver Dienstleistungen können steuer- und abgabeninduzierte Preiserhöhungen aber nicht an den Konsumenten weitergegeben werden, sodass die entsprechenden Dienstleistungen nicht rentabel angeboten werden können. Folglich entstehen Arbeitsplätze in dieser Branche gar nicht oder nur in der Schattenwirtschaft. Wie hoch die beschäftigungsfeindlichen Abgaben nun sind, hängt zu einem erheblichen Teil vom *Wohlfahrtsstaatsregime* ab, also davon, wie der Wohlfahrtsstaat organisiert und finanziert wird.

In den liberalen Wohlfahrtsstaaten wie beispielsweise den USA besteht das Problem beschäftigungsschädlicher Abgaben kaum: Die niedrigen Steuern und vor allem die kaum existierenden Sozialabgaben ermöglichen einen großen privaten Dienstleistungssektor, der zu einer hohen Beschäftigungsquote beiträgt. Eine andere Konstellation findet sich in den skandinavischen Wohlfahrtsstaaten: Dort lässt die hohe Steuerbelastung in der Tat nur einen kleinen privaten Dienstleistungssektor zu. Allerdings nutzen die skandinavischen Länder ihre Steuereinnahmen dazu, eine hohe Beschäftigung im öffentlichen Dienstleistungssektor zu finanzieren, was ebenfalls zu einer hohen Beschäftigungsquote führt. Die kontinentalen Wohlfahrtsstaaten dagegen produzieren die schlechtesten Voraussetzungen für Dienstleistungsbeschäftigung: Ähnlich wie die skandinavischen benötigen auch sie hohe Steuern und Abgaben zur Finanzierung ihrer Sozialpolitik, was nur einen kleinen privaten Dienstleistungssektor zulässt. Da der kontinentale Wohlfahrtsstaat jedoch überwiegend Transferleistungen und nur in geringem Maße Dienstleistungen bereitstellt, wird durch die hohe Abgabenbelastung kaum Beschäftigung im öffentlichen Dienstleistungssektor geschaffen. Die Folge ist eine signifikant niedrigere Beschäftigungsquote als in den liberalen und sozialdemokratischen Wohlfahrtsstaaten.

Dem Ansatz von Scharpf zufolge sind also die Anreizstrukturen des Steuer- und Sozialsystems zentral für die Erklärung der Unterschiede der Beschäftigungsquoten. Daraus folgt allerdings keineswegs, dass der beschäftigungspolitische Misserfolg der kontinentalen Wohlfahrtsstaaten auch zukünftig determiniert ist. Vielmehr ist durch entsprechende Reformen, und zwar vor allem durch die Reduzierung der Steuerbelastung niedrig-produktiver Dienstleistungsbeschäftigung, ein höheres Beschäftigungswachstum möglich. Schattenseiten weisen außerdem auch die liberalen und skandinavischen Wohlfahrtsstaaten auf: In ersteren besteht häufig erhebliche Armut trotz Erwerbstätigkeit („working poor"), während letztere in Zeiten des internationalen Steuerwettbewerbs ihre hohen Abgaben verteidigen müssen.

Für unseren Zusammenhang ist allerdings vor allem festzuhalten, dass sowohl quantitative als auch qualitative Studien überzeugende empirische Belege dafür erbringen, dass Politik in Form von Parteien, Institutionen und industriellen Beziehungen (also den Beziehungen zwischen Arbeitgeberverbänden und Gewerkschaften sowie dem Staat) in der Tat einen prägenden Einfluss auf die Entwicklung von Arbeitslosigkeit und Beschäftigung in den westlichen Ländern genommen hat und wohl noch immer nimmt.

2.3   Inflation

Der letzte Indikator des wirtschaftlichen Leistungsprofils einer Volkswirtschaft, den wir genauer betrachten werden, ist die Inflation. Im ersten Abschnitt geht es darum, was man überhaupt unter Inflation versteht und warum sie zu den wirtschaftlichen Problemfeldern zählt. Danach werden die wirtschaftswissenschaftlichen Modelle zu den Inflationsursachen vorgestellt, bevor wir uns schließlich den politischen Bestimmungsfaktoren zuwenden.

2.3.1   Was ist Inflation und warum sollte man sie bekämpfen?

Unter Inflation versteht man einen andauernden Anstieg des allgemeinen Preisniveaus, also einen dauerhaften Prozess des Kaufkraftverlustes der inländischen Währung. Aus dieser Definition folgt, dass weder einmalige Preiserhöhungen noch die andauernde Erhöhung *eines* Preises als Inflation zu verstehen sind. Formal könnte man also sagen, dass beispielsweise die Ölpreisschocks der 1970er Jahre nicht unmittelbar zu Inflation geführt haben, weil nur ein einziges Produkt in wenigen Monaten teurer geworden ist. Erst die aus der Erhöhung des Rohölpreises folgenden Prozesse hätten demnach dort, wo sie aufgetreten sind, zu Inflation geführt. Solche Prozesse waren etwa die Verteuerung von Produkten, bei deren Herstellung Rohöl in erheblichem Ausmaß verwendet wurde, sowie höhere Lohnforderungen als Reaktion auf die gestiegenen Preise für Benzin, Heizöl und andere Produkte. Soweit diese Forderungen durchgesetzt werden konnten, führten sie wiederum zu einer Verteuerung sämtlicher Produkte, da auf diese Weise ja die Produktionskosten gestiegen waren.

Gemessen wird Inflation, wie wir schon in Kapitel 1.3.1 gesehen hatten, über verschiedene Indizes, die die Preisentwicklung von bestimmten Güterbündeln abbilden.

Die entscheidende Frage ist allerdings, warum wir uns überhaupt Gedanken um Inflation machen sollten. Was ist schlimm an Inflation? Haben nicht die Ökonomen der 1970er Jahre Recht, die meinten, das schlimmste an einer Inflation sei der stärkere Verschleiß der Schuhsohlen, weil man häufiger zur Bank gehen müsse, weil die Präferenz für das Halten von Bargeld sinkt?

Die Antwort auf diese Frage ist aus verschiedenen Gründen ein Nein. Zunächst hatten wir bereits im Abschnitt 2.1 gesehen, dass Inflation negativ für die wirtschaftliche Entwicklung ist, das Wirtschaftswachstum also negativ mit der Inflationsrate korreliert ist. Erklärbar ist dies durch das Investitionsverhalten: Unternehmen wollen, das hatten wir bei unserer Betrachtung des Wirtschaftswachstums gelernt, stabile Rahmenbedingungen und zu diesen stabilen Rahmenbedingungen gehört ganz offensichtlich auch Preisniveaustabilität, also die Abwesenheit von Inflation.

Warum genau ist aber Preisniveaustabilität für das Investitionsverhalten relevant? In diesem Zusammenhang ist zunächst zu berücksichtigen, dass unter sonst gleichen Bedingungen bei Inflation der Schuldner, also derjenige, der einen Kredit zurückzahlen muss, besser gestellt wird, während der Gläubiger, also derjenige, der anderen Geld leiht, verliert. Warum ist das so? Der Kredit und die darauf zu zahlenden Zinsen sind ja nominal festgelegt, d.h. die Höhe des Kredits ist in einem bestimmten Betrag der betreffenden Währung festgelegt und die darauf zu zahlenden Zinsen sind ebenfalls definiert als Anteil an diesem nominalen Betrag. Wenn die Inflation nun steigt, während der Zinssatz nominal festgelegt ist, wird der Realzins, also der nominale Zins abzüglich der Geldentwertung, immer geringer. Wenn die Inflation höher ist als der nominale Zinssatz, wird der reale Zinssatz sogar negativ, d.h. das Kapital des Gläubigers verliert an Wert, weil der Wertverlust durch die Inflation höher ist als die Zinseinnahmen.

Wenn also potenzielle Gläubiger von einer in der Zukunft hohen Inflationsrate ausgehen müssen, werden sie kaum Kredite mit langen Laufzeiten anbieten, schon gar nicht zu einem festgelegten Zinssatz; oder dieser Zinssatz wird sehr hoch sein, um auch im Falle hoher Inflationsraten noch einen Gewinn abzuwerfen. Wenn sich aber der Zinssatz permanent verändern kann, kann ein Investor nicht mehr sinnvoll planen, sodass er die Investition überhaupt nicht tätigen wird, während ein ausgesprochen hoher Zinssatz viele Investitionen als nicht lohnend erscheinen lässt. In beiden Fällen unterbleiben also Investitionen, was wiederum das Wirtschaftswachstum dämpft.

Wechselkurse und Wechselkurssysteme

Unter einem *Wechselkurs* versteht man den Preis einer Währung, und zwar das (Austausch-) Verhältnis zwischen inländischer und ausländischer Währung. Wechselkurse können auf zwei verschiedene Arten dargestellt werden: Die *Preisnotierung* gibt den Preis der ausländischen Währung in Einheiten der inländischen Währung an, sie sagt uns also beispielsweise, wie viele Euros man für eine Einheit Dollar bezahlen muss (€/ 1 $). Üblicherweise verwendet man allerdings die *Mengennotierung* (den Kehrwert der Preisnotierung). Sie ist definiert als Preis der eigenen Währung in Einheiten der ausländischen Währung ($/ 1 €).

Gehandelt werden Währungen am *Devisenmarkt*, wobei man unter Devisen Zahlungsmittel versteht, die auf eine fremde Währung lauten. Der Wechselkurs ergibt sich auf dem Devisenmarkt zunächst – wie auf dem Gütermarkt – aus dem Zusammenspiel von Angebot und Nachfrage. In diesem Fall spricht man von *flexiblen Wechselkursen*. Ist ein Land allerdings in ein System *fester Wechselkurse* integriert, funktioniert der Ausgleich von Angebot und Nachfrage auf dem Devisenmarkt anders. Von einem System fester Wechselkurse spricht man, wenn die Regierungen der beteiligten Länder die Wechselkurse ihrer Währungen langfristig festgelegt haben. Allerdings werden meist bestimmte Bandbreiten für die Wechselkurse festgelegt, innerhalb derer sie schwanken dürfen. Sobald diese Grenzen über- bzw. unterschritten werden, intervenieren dann aber die Zentralbanken der beteiligten Länder. Sie müssen also jederzeit bereit (und in der Lage) sein, ihre jeweilige Währung zum vereinbarten Wechselkurs zu kaufen oder zu verkaufen. Täten sie das nicht, würde der Mechanismus von Angebot und Nachfrage dafür sorgen, dass Kauf- und Verkaufwünsche sich angleichen – und zwar über eine Veränderung des Preises, d.h. des Wechselkurses. Das heißt, ohne die Interventionen der Zentralbanken würden die Wechselkurse schwanken.

Ein Beispiel für ein System fester Wechselkurse ist das *System von Bretton Woods* (1944-1973). Die Währungen der meisten Industrieländer (darunter auch die D-Mark) waren damals an den US-Dollar gekoppelt; die amerikanische Zentralbank wiederum hatte sich verpflichtet, den Dollar an den Goldpreis zu binden, d.h. zu einem festgesetzten Verhältnis jederzeit Dollar gegen Gold einzutauschen. Alle anderen Zentralbanken mussten intervenieren, sobald sich ihre Währung zu weit vom vereinbarten Verhältnis zum Dollar entfernte. Die D-Mark beispielsweise wurde aufgrund der niedrigen Inflation in Deutschland und der hohen Exporte häufig nachgefragt und tendierte deshalb meist zur Aufwertung. Um eine tatsächliche Aufwertung zu vermeiden, musste die Bundesbank daher dafür sorgen, dass die Nachfrage nach D-Mark auch ohne Preisänderung befriedigt werden konnte: Sie kaufte auf dem Devisenmarkt zum festgelegten Wechselkurs Dollar und verkaufte D-Mark (da sie den Kauf ja mit D-Mark bezahlte). Somit gab es ein größeres D-Mark-Angebot, und die Nachfrage konnte auch ohne Aufwertung befriedigt werden. Umgekehrt musste eine Zentralbank, deren Währung unter Abwertungsdruck stand, ihre eigene Währung gegen die Abgabe fremder Währung aufkaufen, wodurch das Angebot an der eigenen Währung sinkt, was den Preis erhöht und damit die drohende Abwertung verhindert. Im Falle eines dauerhaften Auf- oder Abwertungsdrucks auf eine Währung war es allerdings auch im Bretton-Woods-System möglich, die Wechselkurse zu ändern. Allerdings erforderte dies eine politische Entscheidung.

Das System fester Wechselkurse von Bretton Woods brach Anfang der 1970er Jahre zusammen. Die US-Regierung löste damals das Versprechen, Dollar in Gold einzutauschen. Aufgrund der expansiven Geldpolitik der amerikanischen Zentralbank stand der Dollar außerdem bereits länger unter Abwertungsdruck. Im Laufe des Jahres 1973 hörten die meisten Zentralbanken dann endgültig damit auf, den Dollar mit Hilfe von Devisenmarktinterventionen zu stützen – es entstand ein System flexibler Wechselkurse.

Im Unterschied zu flexiblen Wechselkursen gelten als zentrale Vorteile fester Wechselkurse vor allem die Planungssicherheit für Im- und Exporteure und der Wegfall von Kosten für die Absicherung von Wechselkursschwankungen. Zudem ist ein Abwertungswettlauf zwischen Ländern, die dadurch ihre internationale Wettbewerbsfähigkeit stärken wollen,

nicht mehr möglich. Eine wirklich autonome Geldpolitik kann eine Zentralbank allerdings nur bei flexiblen Wechselkursen betreiben. So konnte sich die Bundesbank erst
nach dem Ende von Bretton Woods frei für eine restriktive (oder expansive) Geldpolitik
entscheiden, da sie nicht mehr zu Devisenmarktinterventionen gezwungen war. Die Gefahr einer *importierten Inflation* bestand somit nicht mehr.

Neben Bretton Woods gab es noch andere Systeme fester Wechselkurse wie das *Europäi-
sche Währungssystem EWS* (1979-1998). Danach sollten die Länder der Europäischen
Gemeinschaft die Schwankungen ihrer Wechselkurse innerhalb bestimmter Bandbreiten
halten. 1999 schließlich wurde im Rahmen der *Europäischen Wirtschafts- und Währungs-
union EWWU* der Euro eingeführt; zunächst über unwiderruflich feste Wechselkurse der
Teilnehmerländer zum Euro, ab 2002 dann auch als Bargeld. Im Unterschied zu einem
System fester Wechselkurse ist in der Währungsunion eine Änderung der vereinbarten
Austauschverhältnisse nicht mehr möglich (im EWS waren noch regelmäßig Auf- bzw.
Abwertungen vereinbart worden). Zudem werden die nationalen Währungen abgeschafft
und es gibt nur noch eine gemeinsame Zentralbank für den gesamten Währungsraum.

Flexible Wechselkurse bestehen heute weiterhin unter anderem zwischen dem Euro, dem
Dollar und dem japanischen Yen; sie bilden sich also frei je nach Angebot und Nachfrage
auf dem Devisenmarkt. Exportieren die Länder der Eurozone beispielsweise mehr in die
USA als umgekehrt, dann steigt die Nachfrage nach dem Euro, und es kommt zu einer
Aufwertung der europäischen Währung.

Inflation hat aber auch außenwirtschaftliche Folgen: Für Kapitalbesitzer ist es wie gesehen
unattraktiv, ihr Kapital im Inland anzulegen, da dort ein Kaufkraftverlust ihres Kapitals
durch die Inflation droht. Entsprechend werden Kapitalbesitzer versuchen, ihr Kapital außer
Landes zu schaffen, da das Geld in einer stabileren ausländischen Währung seinen Wert nicht
verliert. Diese Kapitalexporte führen dazu, dass die inländische Währung abwertet, soweit
die Wechselkurse flexibel sind. Für diese Abwertungstendenz bei Inflation gibt es aber auch
noch einen zweiten Grund. Inflation impliziert ja definitionsgemäß steigende Preise. Wenn
die Preissteigerungen im Inland aber höher sind als im Ausland, werden die inländischen
Waren im Vergleich zu den im Ausland hergestellten teurer, sodass der Export sinkt und der
Import steigt und sich somit die Leistungsbilanz verschlechtert, was bei flexiblen Wechselkursen eben auch zu einer Abwertung führt. Im Falle fester Wechselkursen dagegen müssen
die betroffenen Zentralbanken intervenieren, um den festgelegten Wechselkurs aufrechtzuerhalten. Dies kann im Ausland ebenfalls zu einer inflationären Entwicklung führen, man
spricht dann von importierter Inflation (s.u.).

Wenn es dagegen für Kapitalbesitzer nicht möglich ist, ihr Kapital in anderen Währungen
anzulegen, werden sie bei hoher Inflation in Sachwerte „fliehen", also beispielsweise in
Immobilien, aber auch in Gold und andere Edelmetalle investieren. Die Idee hinter diesem
Verhalten besteht darin, dass der Wert von Immobilien, Edelmetallen etc. unabhängig vom
Wert der Währung ist, also auch in Inflationszeiten stabil bleibt, man sich auf diese Weise
also dem Kaufkraftverlust der Währung gewissermaßen entziehen kann.

Dieser Punkt macht auf eine weitere negative Folge von Inflation aufmerksam, nämlich die
negativen Verteilungswirkungen hoher Inflation. Wie gesehen treffen inflationäre Entwicklungen nämlich die Besitzer von Immobilien und anderen Sachwerten kaum. Soweit die

Sachwerte noch mit Hypotheken belastet sind, führt die Inflation sogar zu einer Entschuldung, da der reale Wert der Hypotheken durch die Inflation abnimmt. Dagegen werden Bezieher laufender Zahlungen benachteiligt, soweit diese Zahlungen nicht automatisch an die Inflation angepasst werden. Das gilt für Lohnempfänger, deren Reallöhne durch die Inflation abnehmen, aber auch für Empfänger von Sozialleistungen, da diese normalerweise nur in gewissen Abständen an die Inflation angepasst werden.

Schließlich hat Inflation noch erhebliche Auswirkungen auf die Staatsfinanzen, die allerdings aus Sicht des Staates nicht notwendigerweise negativ sind. Dabei sind mindestens zwei Effekte zu nennen:

- Erstens nimmt der reale Wert der Staatsverschuldung ebenso wie bei den Hypotheken ab, d.h. der Staat kann sich quasi über die Inflation entschulden.
- Zweitens kann der Staat vom Effekt der sogenannten *kalten Progression* profitieren. Auch das Steuersystem basiert nämlich auf nominalen Einkommensgrenzen, d.h. der Betrag, ab dem ein bestimmter Steuersatz zu zahlen ist, ist nominal festgelegt. Zudem sind die Einkommensteuersysteme praktisch aller Länder progressiv ausgestaltet, d.h. mit steigendem *nominalem* Einkommen steigt die durchschnittliche Steuerbelastung. Unter Inflationsbedingungen steigen nun die nominalen Einkommen bereits, um die Geldentwertung zu kompensieren, um also das gleiche Realeinkommen wie vor der Inflation sicherzustellen. In einem progressiven Steuersystem, das nicht um die Preisentwicklung bereinigt wird, führt diese nominale Einkommenserhöhung jedoch dazu, dass die relative Steuerbelastung steigt, der Steuerpflichtige also einen größeren Teil seines Einkommen abführen muss.

2.3.2   Wie kommt Inflation zustande? Wirtschaftswissenschaftliche Theorien zur Entstehung von Inflation

Bevor wir uns damit befassen können, welche politischen Variablen Unterschiede in der Inflationsperformanz zwischen verschiedenen Ländern erklären können, müssen wir uns knapp den wichtigsten ökonomischen Theorien zur Entstehung von Inflation zuwenden. Dabei spielt die Unterscheidung zwischen monetären und nicht-monetären Erklärungsversuchen eine wichtige Rolle.

Nicht-monetäre Ansätze können weiter danach differenziert werden, ob sie sich auf die Angebots- oder die Nachfrageseite beziehen. Wenden wir uns zunächst der Nachfrageseite zu. Wie kann hier Inflation entstehen? Um diese Frage zu beantworten, ist ein Blick auf Abbildung 1.3 in Kapitel 1.1.7 nützlich. Dort hatten wir verschiedene Abschnitte der gesamtwirtschaftlichen Angebotskurve unterschieden. Einer dieser Abschnitte war dadurch gekennzeichnet, dass alle Produktionsfaktoren vollständig ausgelastet sind, in diesem Abschnitt verlief die gesamtwirtschaftliche Angebotskurve also senkrecht. Wenn in einer solchen Situation, in der alle Produktionsfaktoren ausgelastet sind, sodass kurzfristig nicht mehr produziert werden kann, die gesamtwirtschaftliche Nachfrage steigt, kommt es zur sogenannten *Nachfragesoginflation*. Die Unternehmen reagieren auf die zusätzliche Nachfrage, indem sie versuchen, zusätzliche Produktionsfaktoren zu mobilisieren. Da aber alle Produktionsfaktoren ausgelastet sind, müssen die Unternehmen deren Entlohnung erhöhen. Wenn die Entlohnung der Produktionsfaktoren steigt, steigen auch die Produktionskosten und damit der Preis. Da sich alle Unternehmen in der gleichen Situation befinden, steigt auf diese Weise das gesamtwirtschaftliche Preisniveau.

Doch es gibt nicht nur die Nachfragesoginflation, sondern auch auf der Angebotsseite kann es zu Entwicklungen kommen, die zu Inflation führen. Dabei sind zwei verschiedene Wege zu unterscheiden. Zum einen kann es zur sogenannten *Kostendruckinflation* kommen. Hier steigen die Preise vieler Güter, weil die Produktionskosten der Unternehmen gestiegen sind, z.B. wegen hoher Löhne oder stark gestiegener Rohstoffpreise. Das eingangs angeführte Beispiel der Ölpreisschocks illustriert die Kostendruckinflation gut. Daneben gibt es auch die sogenannte *Gewinndruckinflation*. Zu einer solchen kann es kommen, wenn wir es nicht mit einem vollkommenen Markt zu tun haben, insbesondere wenn kein vollständiger Wettbewerb besteht (vgl. Kap. 1.1.6), sondern die Unternehmen Marktmacht besitzen, sie also aufgrund fehlenden Wettbewerbes die Preise selbst festsetzen können und sie dann aufgrund ihrer Marktmacht regelmäßig erhöhen.

Neben diesen nicht-monetären Ansätzen gibt es auch *monetäre Ansätze* zur Erklärung von Inflation. Diese Ansätze gehen – wie der Name schon sagt – davon aus, dass Inflation ein (rein) monetäres Phänomen ist. Die wichtigste Überlegung dieser Ansätze haben wir schon kennen gelernt, als wir uns im Rahmen der Betrachtung des Monetarismus mit der Quantitätstheorie des Geldes beschäftigt haben (vgl. Kap. 1.5.3). Dort hatten wir gesehen, dass der Monetarismus eine direkt proportionale Beziehung zwischen der Entwicklung der Geldmenge und der Veränderung des Preisniveaus postuliert. Demnach würde also Inflation durch ein zu starkes Wachstum der Geldmenge entstehen.

Schließlich haben wir weiter oben bereits eine Sonderform einer solchen Form von Inflation kennen gelernt, nämlich die importierte Inflation, zu der es bei festen Wechselkursen kommen kann. Wenn im Ausland die Inflation höher ist als im Inland, wird die ausländische Währung unter Abwertungsdruck geraten, weil die Wirtschaftssubjekte die instabilere ausländische gegen die stabilere inländische Währung tauschen wollen. Also steigt das Angebot an ausländischer Währung, sodass deren Preis, der Wechselkurs, sinkt. Bei einem System fester Wechselkurse darf aber der Wechselkurs gerade nicht sinken. Deshalb müssen die Zentralbanken die ausländische Währung gegen inländische eintauschen, bis Angebot und Nachfrage wieder im Gleichgewicht sind. Auf diese Weise vergrößert sich aber die inländische Geldmenge, was – so das Argument der monetären Ansätze zur Erklärung von Inflation – Inflation nach sich ziehen sollte.

Das bedeutet gleichzeitig, dass man nur in Systemen flexibler Wechselkurse eine eigenständige Geldpolitik verfolgen kann, und mithin auch nur bei flexiblen Wechselkursen nennenswerte Unterschiede bei den Inflationsraten auftreten können. In Systemen mit festen Wechselkursen ist die Geldpolitik der einzelnen Länder dagegen nicht unabhängig von einander, weil im Zweifelsfall die Inflation aus dem Ausland wieder importiert wird. Daher sollten die Inflationsdifferenzen zwischen Ländern in Systemen mit festen Wechselkursen vergleichsweise gering sein.

2.3.3   Politische Bestimmungsfaktoren unterschiedlicher Inflationsentwicklungen?

Es gibt also verschiedene mögliche wirtschaftliche Ursachen für Inflation. Aus polit-ökonomischer Sicht lässt sich vor diesem Hintergrund überlegen, welche politischen Variablen relevant sein könnten, um Unterschiede hinsichtlich der Preisniveaustabilität zwischen Ländern zu erklären.

Einer besonders populären politikwissenschaftlichen Hypothese zufolge könnte erwartet werden, dass Parteien einen Unterschied machen sollten (vgl. W. Zohlnhöfer 1975; Hibbs 1977). Nach der Logik der Phillips-Kurve, auf die sich insbesondere Douglas Hibbs bezieht, besteht ja eine Wahlmöglichkeit zwischen Vollbeschäftigung und Preisniveaustabilität – aber zugleich auch die Notwendigkeit, zwischen Arbeitslosigkeit und Inflation zu wählen. Wie wir bereits bei der Diskussion der Bestimmungsfaktoren von Arbeitslosigkeit und Beschäftigung gesehen haben (vgl. Kap. 2.2), geht Hibbs davon aus, dass linke Parteien sich für eine niedrigere Arbeitslosigkeit auch auf Kosten stärkerer Geldentwertung entscheiden werden, während die Klientel rechter Parteien ein Interesse an Preisniveaustabilität hat, sodass rechte Parteien für eine niedrigere Inflationsrate sorgen sollten.

Wiederum können wir aber auf das Friedman-Phelps-Argument verweisen, nach dem ja weder die Möglichkeit noch die Notwendigkeit besteht, zwischen Inflation und Arbeitslosigkeit zu wählen (vgl. Kap. 1.3.2). Insofern könnten wir also allenfalls aufgrund der größeren inhaltlichen Wichtigkeit von Preisniveaustabilität für rechte Parteien einen solchen Parteien-effekt erwarten, oder, weil linke Regierungen eine höhere Staatsquote produzieren und auf diese Weise zu Nachfragesoginflation beitragen.

Ein weiteres kommt hinzu. Wie wir bei der Betrachtung der Verteilungsfolgen von Inflation gesehen haben, leiden Kapitalbesitzer keineswegs notwendigerweise unter mangelnder Preisniveaustabilität: Sie können in Immobilien und andere Sachwerte investieren oder ihr Geld in stabilere Währungen retten. Stärker negativ betroffen sind die Teile der Mittelschicht, die gewisse Ersparnisse haben, die auf Sparkonten gehalten werden und im Falle von Inflation somit unmittelbar an Wert verlieren. Es ist nicht unplausibel anzunehmen, dass diese Kleinsparer hauptsächlich bürgerliche Mitteparteien wählen. Insofern könnte also erwartet werden, dass Mitteparteien eher als linke oder rechte Parteien ein Interesse an der Inflations-bekämpfung haben.

Neben der parteipolitischen Zusammensetzung der Regierung könnte auch die Ausgestaltung des jeweiligen Lohnverhandlungssystems eine Rolle für die Erklärung von Inflation spielen (vgl. zum Folgenden Busch 1995) – ähnlich wie bei der Arbeitslosigkeit. Löhne sind ja ein zentraler Kostenfaktor, sodass erhebliche Lohnerhöhungen unter Umständen für Kosten-druckinflation sorgen könnten. Bereits bei der Betrachtung der politischen Bestimmungsfaktoren von Arbeitslosigkeit und Beschäftigung hatten wir gesehen, dass es theoretisch von der Organisation der Gewerkschaften und der institutionellen Struktur des Lohnverhandlungssystems abhängen kann, wie offensiv die Lohnpolitik betrieben wird. Wir würden davon ausgehen, dass in Ländern mit lohnpolitisch aggressiven Gewerkschaften der Kostendruck, und damit auch die Inflation höher sind als in Ländern mit moderaten Lohnabschlüssen. Das heißt, wir würden geringere Inflationsraten in korporatistischen Ländern oder in solchen Ländern erwarten, in denen die Lohnauseinandersetzungen auf andere Weise moderat ablaufen. Eine mögliche Operationalisierung dieses Zusammenhangs könnte die Streiktätigkeit sein, eine andere Korporatismusindikatoren.

Darüber hinaus können theoretisch auch institutionelle Faktoren zur Erklärung beitragen, warum einige Länder höhere Inflationsraten aufwiesen und gelegentlich noch aufweisen als andere. So kann beispielsweise eine hohe Staatsquote, also die Nachfrage der Regierung, unter bestimmten Bedingungen, nämlich vor allem, wenn die Produktionskapazitäten eines Landes nahezu vollständig genutzt werden, einen Nachfragesog erzeugen. Allerdings können nicht alle Regierungen in gleicher Weise die Nachfrage ausdehnen. In einigen, und zwar insbesondere (aber nicht ausschließlich) in föderalen Ländern kontrolliert die Regierung beispielsweise nur einen vergleichsweise geringen Anteil der gesamten Staatsausgaben, weil die anderen staatlichen Ebenen autonom über ihre mitunter erheblichen Ausgaben entscheiden können. In einer solchen Konstellation ist es aufgrund des vergleichsweise kleinen Budgets des Zentralstaates viel unwahrscheinlicher, dass die Regierung eine Nachfragesoginflation auslöst als in stärker zentralisierten Ländern.

Darüber hinaus können Regierungen versucht sein, die Inflation gezielt zu erhöhen. Dafür gibt es mehrere Gründe. Zum einen könnte die Regierung glauben (oder geglaubt haben), dass tatsächlich eine Austauschbeziehung zwischen Inflation und Arbeitslosigkeit besteht. Wenn eine Regierung diese Vorstellung haben sollte, könnte sie versuchen, durch eine steigende Inflationsrate die Arbeitslosigkeit zu reduzieren. Daneben hatten wir weiter oben festgestellt, dass Inflation für die Staatsfinanzen durchaus positive Effekte haben kann, weil der reale Wert der Staatsverschuldung abnimmt und durch die kalte Progression die Steuereinnahmen steigen. Insofern könnte eine Regierung geneigt sein, Probleme der Staatsverschuldung durch eine höhere Inflationsrate in den Griff zu bekommen.

Das bedeutet, dass Regierungen gewisse Anreize haben, die Geldpolitik in einer Weise zu manipulieren, die zu vergleichsweise hoher Inflation führt – wobei hier also davon ausgegangen wird, dass Inflation zumindest auch ein monetäres Phänomen ist. Das lenkt unseren Blick auf die institutionelle Ausgestaltung der Geldpolitik und somit auf die Frage, ob die Zentralbank unabhängig vom politischen Willen der Regierung ist oder nicht. Unabhängige Zentralbanken, wie es beispielsweise die Deutsche Bundesbank war und die Europäische Zentralbank ist, sind nämlich in der Regel gesetzlich auf die Sicherung der Preisniveaustabilität verpflichtet. Daher werden sie den oben genannten Versuchungen bei der Konzeption ihrer Geldpolitik weniger ausgesetzt sein als Regierungen, die ein vielfältiges Zielbündel verfolgen, bei dem die Bekämpfung der Inflation mitunter nicht immer die oberste Priorität genießt. Entsprechend ist zu erwarten, dass die Inflation dort niedriger sein sollte, wo Regierungen keinen Zugriff auf die Geldpolitik haben, wo also die Geldpolitik unabhängigen Zentralbanken überantwortet worden ist.

Wie sieht es aber mit der Empirie aus? Gibt es Erkenntnisse darüber, dass solche politischen Variablen tatsächlich Einfluss auf die Inflationsperformanz ausüben? Bei der statistischen Analyse der Determinanten der Unterschiede in der Inflationsperformanz im internationalen Vergleich ist zunächst eine Besonderheit zu beachten: Bis 1973, also bis zum Ende des sogenannten Bretton-Woods-Systems, bestand wenigstens zwischen den westlichen Demokratien ein System grundsätzlich fester Wechselkurse. Wie wir weiter oben bei der Betrachtung der importierten Inflation gesehen hatten, sind aber in einem solchen System die Inflationsraten der einzelnen Länder nicht unabhängig von einander, sondern hängen im Gegenteil eng miteinander zusammen. Insofern können die genannten politischen Variablen also kaum Einfluss auf die Inflationsperformanz genommen haben. Wenn nämlich beispielsweise Länder mit einer unabhängigen Zentralbank in dieser Epoche tatsächlich kurzfristig niedrigere Inflationsraten aufgewiesen hätten, hätte dies zu Aufwertungsdruck auf die entsprechende Währung geführt, der mit Interventionen der betroffenen Zentralbanken beantwortet worden wäre, und zwar im Fall der Zentralbank des preisstabilen Landes mit dem Verkauf der eigenen Währung. Auf diese Weise wäre aber die entsprechende Geldmenge wiederum ausgeweitet worden, sodass auch dort letztlich die Inflation wieder gestiegen wäre. Vergleichbare analytische Schwierigkeiten bringt die europäische Währungsintegration mit sich, die 1999 schließlich in der Einführung des Euro gipfelte. Doch schon lange bevor eine gemeinsame Währung in Europa eingeführt wurde, hatten die Mitglieder der Europäischen Gemeinschaft mit dem Europäischen Währungssystem (EWS) 1979 ein System grundsätzlich fester Wechselkurs eingeführt. Aufgrund der großen Zahl der hiervon betroffenen Länder (zumindest relativ zur Gesamtzahl der westlichen Länder) erschwert also auch die europäische Währungsintegration eine international vergleichende Analyse der Unterschiede in den Inflationsraten der OECD-Länder.

Andreas Busch, der eine ausführliche Studie zu den Bestimmungsfaktoren der Preisniveaustabilität im internationalen Vergleich vorgelegt hat (Busch 1995, 2003), schlägt deshalb vor, den Beobachtungszeitraum für eine statistische Analyse auf die Jahre zwischen 1973 (Ende des Bretton-Woods-Systems) und 1986 (letzte Anpassung der Wechselkurse im Rahmen des EWS) zu begrenzen.

Für diesen Beobachtungszeitraum findet Busch in der Tat sehr starke Effekte politischer Variablen auf die Differenzen der durchschnittlichen Inflationsraten von 17 bzw. 18 OECD-Ländern. So weist er erstens den erwarteten inflationsdämpfenden Effekt von unabhängigen Zentralbanken nach. Wo also die Regierung keinen (unmittelbaren) Einfluss auf die Geldpolitik ausüben kann, ist die Inflation ceteris paribus niedriger. Auch die Streiktätigkeit übt den theoretisch prognostizierten Effekt aus: Je öfter in einem Land gestreikt wird, desto höher ist die Inflationsrate. Eine hohe Streiktätigkeit scheint also einher zu gehen mit einer gewissen Wahrscheinlichkeit, dass es auch zu hohen Lohnsteigerungen und in der Folge zu Kostendruckinflation kommt. Schließlich findet Busch noch einen negativen Effekt einer Variable, die die politische Schwierigkeit expansiver Fiskalpolitik erfassen soll (vgl. Busch 1995: 119). Diese Variable misst die prozentuale Ausweitung des Budgets der jeweiligen Zentralregierung, die notwendig wäre, um eine Ausweitung der gesamtwirtschaftlichen Nachfrage um ein Prozent zu erreichen. Länder mit kleinen zentralstaatlichen Budgets müssen also ihr bestehendes Budget um einen größeren Anteil ausweiten, um einen solchen Nachfrageeffekt zu erzielen, als Länder mit hoher Staatsquote und einem hohem Anteil der Ausgaben des Zentralstaates an den gesamten Staatsausgaben. Die theoretische Erwartung, die wir weiter oben schon hergeleitet hatten, dass nämlich fiskalpolitisch zentralisierte Länder, in denen also die Regierung über ganz erhebliche Finanzmittel verfügt, dazu neigen, Nachfragesoginflation zu erzeugen, trifft Buschs Analysen zufolge zu: Fiskalpolitisch stark zentralisierte Länder weisen unter sonst gleichen Bedingungen höhere Inflationsraten auf als fiskalisch eher dezentral organisierte Staaten. In einer multiplen Querschnittsregression für 17 OECD-Länder kann Busch mit den genannten drei Variablen 73 Prozent der Varianz bei den durchschnittlichen Inflationsraten der OECD-Länder erklären (Busch 1995: 138).

Gleichwohl hat das Modell von Busch ein methodologisches Problem, weil nämlich in der multivariaten Analyse weder die Variable für die Zentralbankunabhängigkeit noch die für den fiskalpolitischen Schwierigkeitsgrad signifikant sind, d.h. das statistische Modell kann nicht ausschließen, dass die berechneten Effekte womöglich zufällig und nicht systematisch sind. Der Grund für dieses Problem besteht darin, dass die erklärenden Variablen untereinander stark korreliert sind (man spricht von Multikollinearität). Dieses Problem lässt sich wenigstens teilweise beheben, indem man auf alternative Operationalisierungen der fraglichen Variablen zurückgreift, wie unsere eigenen Auswertungen zeigen. Wenn man statt des fiskalpolitischen Schwierigkeitsgrades und der Streikhäufigkeit die Variablen Föderalismus (in der Operationalisierung nach Lijphart 1999) und Korporatismus (in der Operationalisierung nach Siaroff 1999) verwendet – und damit ein rein institutionalistisches Erklärungsmodell prüft –, bleiben immerhin diese beiden Variablen signifikant, während die Zentralbankunabhängigkeit auch in diesem Modell wegen der Multikollinearität insignifikant wird.[9] Dieses rein institutionelle Modell hat allerdings eine geringere Varianzaufklärung als das von Busch vorgeschlagene Erklärungsmodell. Ersetzt man im rein institutionellen Modell jedoch die Korporatismusvariable durch eine Variable, die die Streikhäufigkeit misst, erhöht sich die erklärte Varianz noch nennenswert auf knapp 88 Prozent – damit liegt sie deutlich über den 73 Prozent, die Busch erreicht. Zusätzlich bleiben beide Variablen, Streikhäufigkeit und Föderalismus, signifikant.[10] Spezifiziert man das Modell in dieser Weise und fügt weitere Variablen hinzu, tritt noch ein anderer interessanter Befund auf: Es finden sich Parteieneffekte. Wenn man nämlich für Föderalismus und Streiktätigkeit kontrolliert, ergibt sich ein signifikant negativer Effekt für Parteien der politischen Mitte, wie etwa die kontinentaleuropäischen Christdemokraten. Solche Parteien sorgen demnach unter sonst gleichen Bedingungen für niedrigere Inflationsraten.[11] Theoretisch könnte das damit zu tun haben, dass diese Parteien in erheblichem Maße von Kleinsparern gewählt werden, die von Inflation besonders hart getroffen werden. Allerdings ist dieser Effekt im statistischen Sinne wenig robust.[12]

Somit zeigt sich, dass zumindest in der Phase weitgehend flexibler Wechselkurse zwischen 1973 und 1986 politische, insbesondere institutionelle Variablen wie die Existenz von Föderalismus, korporatistische Lohnverhandlungssysteme und wohl auch die Zentralbankunabhängigkeit einen ganz erheblichen Beitrag zur Erklärung der Differenzen der Inflationsraten im OECD-Länder-Vergleich beitragen können. Wie steht es jedoch in der Zeit seit 1986? Hier ist zunächst auf die Beobachtung zu verweisen, dass die Inflationsraten in der gesamten OECD-Welt in diesem Zeitraum auf ausgesprochen niedrigem Niveau verharrt haben. Lag die durchschnittliche Inflationsrate der 18 von Busch betrachteten Länder zwischen 1973 und

---

[9]   Der Korrelationskoeffizient zwischen Zentralbankunabhängigkeit und Föderalismus ist größer als 0,75, was als klares Zeichen für das Vorliegen von Multikollinearität zu werten ist.

[10] Die Regressionsgleichung lautet (t-Statistik in Klammern, n=18, R^2 korr= 0,878): Durchschnittliche Inflation 1973-86 = 9,9 (15,6) – 1,094 (6,7) Föderalismus + 0,008 (7,4) Streik.

[11] Die Regressionsgleichung für diese Spezifikation lautet (t-Statistik in Klammern, n=18, R^2 korr= 0,905): Durchschnittliche Inflation 1973-86 = 9,9 (17,7) – 0,99 (6,6) Föderalismus + 0,009 (8,4) Streik – 0,024 (2,3) Mitteparteien.

[12] So hängt die Signifikanz der entsprechenden Variable an der Inkludierung Australiens. Ohne Australien erreicht der Effekt nicht die üblichen Kriterien statistischer Signifikanz, die Einflussrichtung bleibt allerdings bestehen.

1986 noch bei fast neun Prozent, ist sie zwischen 1987 und 2000 auf weniger als drei Prozent gefallen. Darüber hinaus haben sich die Inflationsraten der Länder einander angenähert: Lag die Standardabweichung bei den durchschnittlichen Inflationsraten zwischen 1973 und 1986 noch bei 2,94, fiel sie seit 1987 auf 0,84 (Busch 2003: 177). Auch Abbildung 2.5 sowie Tabelle 2.3 zeigen für größere Ländersample, dass in den meisten Industrieländern Inflation in den vergangenen fast 25 Jahren kein größeres Problem mehr war und dass die Differenzen zwischen den Ländern geringer geworden sind, wenngleich die Daten für 2008 deutlich machen, dass eine Wiederkehr inflationärer Entwicklungen keineswegs ausgeschlossen werden kann. Wie ist der generelle Konvergenzprozess in den OECD-Staaten seit den 1980er Jahren jedoch zu erklären?

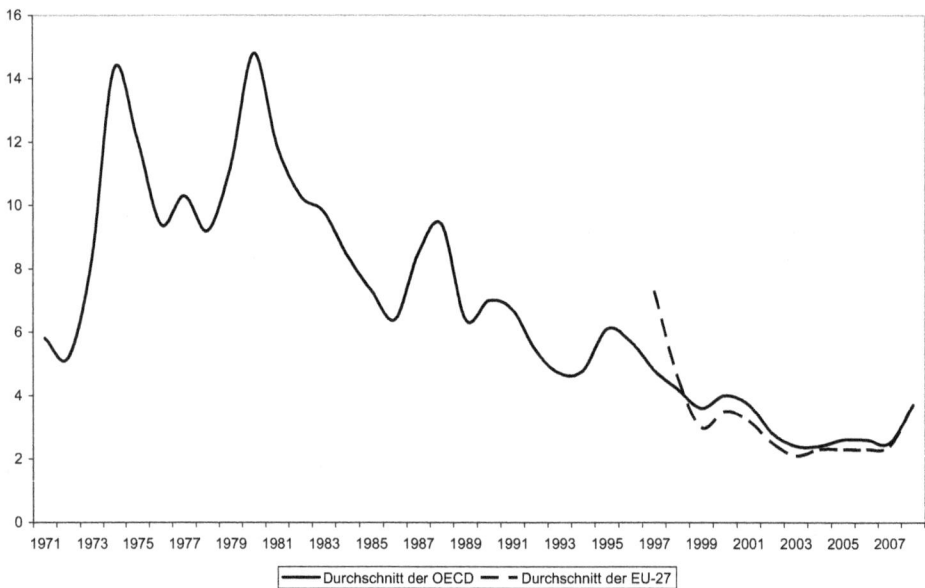

Abbildung 2.5: Entwicklung der Inflationsrate in der OECD, 1971-2008

Quelle: OECD Factbook 2010. Anmerkung: Dargestellt ist die Veränderung des Verbraucherpreisindex in Prozent zum Vorjahr

Busch (2003: 190-192) zufolge hat ein signifikanter Wandel in verschiedenen Bereichen seit den 1980er Jahren dazu beigetragen, dass die Differenzen hinsichtlich der Inflationsentwicklung in den westlichen Demokratien immer geringer geworden sind. Zunächst ist hier, wie bereits angedeutet, auf die europäische Währungsintegration einzugehen. Die Europäische Währungsunion brachte allen Mitgliedsländern unabhängige Zentralbanken, die ja in Buschs und anderen Modellen (vgl. z.B. Anderson 2001) in einem negativen Zusammenhang zur Höhe der Inflationsrate stehen. Auch die zusätzlichen Schranken gegen staatlich induzierte Nachfragesoginflation, wie sie sich in den Defizitkriterien des Maastrichter Vertrages und des Europäischen Stabilitäts- und Wachstumspaktes finden, sind in diesem Zusammenhang zu nennen, wenngleich spätestens die Eurokrise des Jahres 2010 darauf aufmerksam gemacht hat, dass es Grenzen der Wirksamkeit dieser Defizitschranken gibt.

Tabelle 2.3: Inflationsraten der OECD- Länder 2008

Land	Inflation	Land	Inflation
Australien	4,4	Neuseeland	4,0
Belgien	4,5	Niederlande	2,5
Dänemark	3,4	Norwegen	3,8
Deutschland	2,6	Österreich	3,2
Finnland	4,1	Polen	4,2
Frankreich	2,8	Portugal	2,6
Griechenland	4,2	Schweden	3,4
Großbritannien	3,6	Schweiz	2,4
Irland	4,1	Slowakei	4,7
Island	12,7	Spanien	4,1
Italien	3,3	Südkorea	4,7
Japan	1,4	Tschechien	6,3
Kanada	2,4	Ungarn	6,0
Luxemburg	3,4	USA	3,8
Mexiko	5,1		
Durchschnitt	4,3	Standardabweichung	2,2

Quelle: OECD Factbook 2010. Anmerkung: Angegeben ist der Verbraucherpreisindex, Veränderungen zum Vorjahr in Prozent.

In der Bereitschaft praktisch aller Regierungen der Europäischen Union, sich diesen Defizit-kriterien zu unterwerfen und ihre Zentralbanken in die Unabhängigkeit zu entlassen, zeigt sich darüber hinaus ein Wandel des wirtschaftspolitischen Paradigmas (vgl. insbesondere Hall 1993), der sich auch außerhalb der EU beobachten lässt und der in anderen Politikfel-dern, etwa bei der Beschäftigungspolitik und der staatlichen Intervention in die Wirtschaft, ebenfalls nachgewiesen werden kann (vgl. dazu Kap. 3.3 und 3.5). Statt der politischen Um-setzung keynesianischer Gedanken mit dem Ziel der Bekämpfung von Arbeitslosigkeit wandten sich die politischen Entscheidungsträger ab den 1980er Jahren zunehmend moneta-ristischen Ideen zu. Diese Tendenz war zunächst in den angelsächsischen Länder zu be-obachten, verbreitete sich im Laufe der 1980er und 1990er Jahre aber in fast allen anderen westlichen Demokratien. Dieser wirtschaftspolitische Paradigmenwechsel führte zu einer allgemeinen Ablehnung von Inflation – Helmut Schmidts Bonmot aus den 1970er Jahren, fünf Prozent Inflation seien besser als fünf Prozent Arbeitslosigkeit, mochten in den 1980er und vor allem den 1990er und 2000er Jahren nur noch die wenigsten Entscheidungsträger zustimmen – und entsprechend richteten sie ihre Politik auf eine möglichst niedrige Inflation aus.

Dieser Paradigmenwechsel hatte zum Teil damit zu tun, dass die keynesianischen Rezepte seit den 1970er Jahren immer weniger wirkten und insbesondere die Arbeitslosigkeit zunehmend als strukturell bedingt angesehen wurde (vgl. Kap. 2.2). Dies führte in vielen Ländern insbesondere in den 1990er Jahren zu einer Art Konsens, dass die Lohnkosten begrenzt werden müssten, wenn die Arbeitslosigkeit bekämpft werden sollte. Daraus entwickelten sich in einer Reihe von Ländern neue Formen korporatistischer Kooperation, die geringere lohnpolitische Konflikte und damit eine abnehmende Streiktätigkeit zur Folge hatte. Wie wir anhand der statistischen Auswertungen gesehen haben, ist damit eine weitere Voraussetzung für niedrige Inflationsraten erfüllt. Daher erscheint der wirtschaftspolitische Paradigmenwechsel seit den 1980er Jahren sowie das Fortschreiten der europäischen Währungsintegration dafür verantwortlich, dass immer mehr Länder ihre Notenbanken in die Unabhängigkeit entlassen, sich einer Politik der Haushaltskonsolidierung verschrieben haben und die Streiktätigkeit stark zurückgegangen ist, sodass letztlich die Inflation fast in der gesamten OECD auf sehr niedrige Werte gefallen ist. Dieser Befund sollte allerdings nicht mit der Prognose verwechselt werden, dass damit das Problem das Geldentwertung ein für alle Male gelöst ist.

2.4   Politik und wirtschaftspolitische Performanz: eine Zusammenfassung

In diesem Kapitel ging es darum herauszufinden, inwieweit politische Variablen Einfluss haben auf gesamtwirtschaftliche Aggregatgrößen wie das Wirtschaftswachstum, die Arbeitslosigkeit oder die Inflation.

Wer die zurückliegenden Seiten gelesen hat, wird festgestellt haben, dass es tatsächlich solche Zusammenhänge gibt, auch wenn wir natürlich nicht davon ausgehen dürfen, dass Politik die wirtschaftspolitische Performanz determiniert. Bei Wirtschaftswachstum, Arbeitslosigkeit und Inflation handelt es sich um die Ergebnisse von sehr komplexen Prozessen, sodass eine zielgenaue politische Steuerung kaum möglich ist. Dennoch sind politische Variablen nicht ohne Einfluss.

Parteien könnten beispielsweise bei der Arbeitslosigkeit und der Inflation eine gewisse Rolle spielen, hatten wir doch gesehen, dass rechte Parteien zumindest in bestimmten Perioden die Arbeitslosigkeit reduziert haben und Mitteparteien einen – allerdings nicht sehr robusten – dämpfenden Effekt auf die Geldentwertung ausüben. Auch beim Wirtschaftswachstum ist die parteipolitische Zusammensetzung der Regierung nicht ohne Bedeutung, allerdings kommt es hier offensichtlich stärker auf konfigurationelle Konsistenz an, also darauf, dass Regierungen über einen längeren Zeitraum in möglichst vielen Politikfeldern einen bestimmten

Weg gehen, wobei es dann nicht mehr so wichtig ist, ob dieser Weg ein sozialdemokratischer oder ein liberaler Weg ist.

Institutionen spielen ebenfalls eine Rolle. Das lässt sich besonders eindrucksvoll am Vergleich der Wachstumsraten demonstrieren. Dort hatten wir festgestellt, dass die von der neoklassischen Wachstumstheorie erwarteten Aufholprozesse ärmerer Länder zwar in der OECD, nicht aber im weltweiten Vergleich auftreten und dass die institutionelle Sicherung von Eigentumsrechten eine wichtige Rolle für die Erklärung dieses Phänomens spielt. Nur dort, wo Rechtssicherheit herrscht, sind nämlich die Voraussetzungen gegeben, dass es zu den wirtschaftlichen Aufholprozessen kommt, die die neoklassische Wachstumstheorie erwartet.

Auch bei der Inflation waren die institutionellen Rahmenbedingungen von großer Bedeutung. So hatten wir gesehen, dass ein relativ starker negativer Zusammenhang zwischen Inflation einerseits und Zentralbankunabhängigkeit sowie Föderalismus andererseits bestand. Bei der Arbeitslosigkeit schließlich waren die Zusammenhänge etwas komplizierter, aber die qualitativen Fallstudien von Fritz Scharpf haben gezeigt, dass auch hier durchaus eindrückliche Zusammenhänge bestehen. So macht eine unabhängige Zentralbank unter bestimmten Umständen eine Vollbeschäftigungspolitik ebenso schwer wie der Föderalismus. Seit den 1990er Jahren haben außerdem die Wohlfahrtsstaatsregime eine immer wichtigere Rolle bei der Erklärung der unterschiedlichen beschäftigungspolitischen Erfolge der OECD-Länder gespielt. Schließlich konnten wir im Falle von Arbeitslosigkeit und Inflation auch noch positive Wirkungen von Korporatismus auf die wirtschaftliche Performanz feststellen, wenngleich sich diese Effekte vor allem auf die 1970er und 1980er Jahre beziehen dürften.

Insgesamt zeigt sich also in der Tat, dass politische Variablen durchaus einen Einfluss auf den wirtschaftlichen Erfolg von Ländern haben. Allerdings müssen Regierungen natürlich auf bestimmte wirtschaftspolitische Instrumente zurückgreifen, um ihre Erfolge zu erreichen, und auch Institutionen wirken nicht automatisch, sondern sie erleichtern oder erschweren nur bestimmte Handlungsoptionen, also den Einsatz bestimmter Politikinstrumente. Entsprechend geht es in einem weiteren Schritt darum zu untersuchen, ob und ggf. in welcher Weise auch der Einsatz bestimmter Politikinstrumente von politischen Variablen abhängt. Mit dieser Frage beschäftigt sich das folgende Kapitel.

3 Politikfelder: Was beeinflusst die Wirtschaftspolitik?

Nachdem wir im zweiten Kapitel einen Blick auf die (politischen) Bestimmungsfaktoren von Wirtschaftswachstum, Arbeitslosigkeit und Inflation geworfen haben, sollen im folgenden Kapitel die wichtigsten Politikfelder analysiert werden. Die einschlägigen Fragen lauten also: Welche Instrumente stehen Regierungen zur Verfügung, um die Wirtschaft zu beeinflussen? Gibt es Unterschiede im Einsatz dieser Instrumente? Und: Wie können diese Unterschiede erklärt werden? Dabei ist zu erwarten, dass wir im Bereich der wirtschaftspolitischen Instrumente noch deutlichere Effekte politischer Variablen finden als im vorangegangenen Kapitel, weil der Einsatz bestimmter wirtschaftspolitischer Instrumente ja unmittelbar von politischen Akteure entschieden werden kann – während diese Akteure dann darauf vertrauen müssen, dass die von ihnen gewählte Kombination wirtschaftspolitischer Instrumente die angestrebten Ziele, wie zum Beispiel ein höheres Wirtschaftswachstum oder eine niedrigere Arbeitslosigkeit, auch erreicht.

Zweifellos gibt es eine Vielzahl von wirtschaftspolitisch relevanten Politikfeldern. Bei der Analyse des Wirtschaftswachstums in Kapitel 2.1 hatten wir beispielsweise gesehen, dass Wachstumspolitik eine Querschnittsaufgabe ist, die eine Vielzahl von Politikfeldern berührt, von der Bildung bis zur Infrastruktur. Im Rahmen dieses Buches können wir aber nur die besonders wichtigen wirtschaftspolitischen Felder behandeln. Dazu gehört ohne jeden Zweifel die Finanzpolitik, auch wenn sie keineswegs ausschließlich wirtschaftspolitische Bedeutung hat. Doch aufgrund der Höhe der Staatsquote, die zwischen einem und zwei Dritteln der Wirtschaftsleistung der Industrieländer liegt, ist das staatliche Einnahmen- und Ausgabenverhalten zwangsläufig relevant für die gesamtwirtschaftliche Nachfrage, aber auch für die Bedingungen auf der Angebotsseite. Daneben soll der Arbeitsmarkt- und Beschäftigungspolitik jeweils ein Kapitel gewidmet werden, da sich diese beiden Politikfelder konkret mit dem wirtschaftspolitischen Problembereich beschäftigen, dem von den Wählern in der Regel die größte Aufmerksamkeit geschenkt wird, nämlich der Arbeitslosigkeit. Schließlich wollen wir als weiteres Beispiel noch die Politik der staatlichen Intervention in die Wirtschaft untersuchen. Dabei handelt es sich um kein Politikfeld im engeren Sinne. Dennoch lässt sich gerade bei Fragen der Regulierung, Subventionierung und Verstaatlichung bzw. Privatisierung besonders gut ein wirtschaftspolitischer Paradigmenwechsel in der Nachkriegszeit feststellen. Dagegen wird der Geldpolitik kein eigenes Kapitel gewidmet. Diese Politik ist selten Gegenstand politikwissenschaftlicher Analysen geworden, die nach den Bestimmungsfaktoren unterschiedlicher Geldpolitiken gefragt haben. Die eher technisch-wirtschaftswissenschaftlichen Aspekte, die für eine Analyse der Geldpolitik relevant sind, wurden dafür aber bereits in Kapitel 1.4.3 etwas ausführlicher dargestellt.

3.1   Finanzpolitik: Die Staatsausgaben

Die Finanzpolitik umfasst die Gesamtheit der Maßnahmen, die sich auf die Staatsfinanzen, also die Staatseinnahmen und Staatsausgaben beziehen. Die Staatsausgaben ergeben sich grundsätzlich aus der Summe der staatlichen Ausgaben für die unterschiedlichen Staatsaufgaben (Verteidigung, Rechtstaat, soziale Sicherung, Umweltschutz etc.), die Staatseinnahmen dienen zunächst der Deckung dieser Ausgaben. Ursprünglich hatte die Finanzpolitik also keineswegs in erster Linie wirtschaftspolitische Aufgaben, denn die genannten Staatsausgaben wurden in vielen Fällen aus anderen als wirtschaftspolitischen Motiven heraus getätigt. Doch auch wenn die Staatsausgaben nicht wirtschaftspolitisch motiviert waren, haben sie – wie wir beispielhaft in Kapitel 1.2 am Modell des Wirtschaftskreislaufs gesehen haben – einen wichtigen Einfluss auf die wirtschaftliche Entwicklung. Mit dem Anstieg der *Staatsquote*, also des Anteils der Ausgaben des öffentlichen Sektors am Bruttoinlandsprodukt, wuchs die wirtschaftspolitische Bedeutung der staatlichen Einnahmen und Ausgaben noch weiter. Insbesondere durch den Keynesianismus wurde der staatlichen Finanzpolitik eine wichtige wirtschaftspolitische Rolle zugeschrieben, sollten Staatsausgaben und Staatseinnahmen doch, wie bereits in Kapitel 1.5.2 gesehen, antizyklisch eingesetzt werden, um den Konjunkturzyklus zu glätten. Aber auch in angebotstheoretischen Überlegungen spielt die Finanzpolitik unter Anreizgesichtspunkten eine wichtige Rolle (Kap. 1.5.4).

Die Finanzpolitik, also die Politik in Bezug auf Staatsausgaben und Staatseinnahmen, ist somit ein besonders wichtiges wirtschaftspolitisches Instrument. Obwohl Staatseinnahmen und Staatsausgaben offensichtlich miteinander zusammenhängen, sind sie doch nicht die beiden Seiten derselben Medaille. Der Übersichtlichkeit halber und um die Zusammenhänge verständlicher darstellen zu können, präsentieren wir beide Bereiche in getrennten Kapiteln. Dieses Kapitel beschäftigt sich mit den Staatsausgaben, das nächste Kapitel widmet sich dann den Staatseinnahmen.

3.1.1   Die Entwicklung der öffentlichen Ausgaben: Das lange, aber nicht endlose Wachstum der Staatsquote

Betrachtet man die Entwicklung der öffentlichen Ausgaben seit der zweiten Hälfte des 19. Jahrhunderts, so fällt – trotz aller Datenprobleme – ein fast kontinuierlicher Anstieg der Staatsquote in praktisch allen Ländern auf. Abbildung 3.1 illustriert diese Entwicklung anhand des Durchschnitts der Staatsquoten in so unterschiedlichen Ländern wie Dänemark, Deutschland, Frankreich, Großbritannien, Italien, Japan, Kanada, Schweden und den USA. Wir finden einen 125 Jahre lang anhaltenden, fast kontinuierlichen Trend wachsender Staatsausgaben. Eine genauere Analyse der einzelnen Länder ergibt darüber hinaus, dass sich kein Land diesem Trend entziehen konnte. In allen entwickelten Demokratien ist die Staatsquote fast kontinuierlich und ganz erheblich gewachsen.

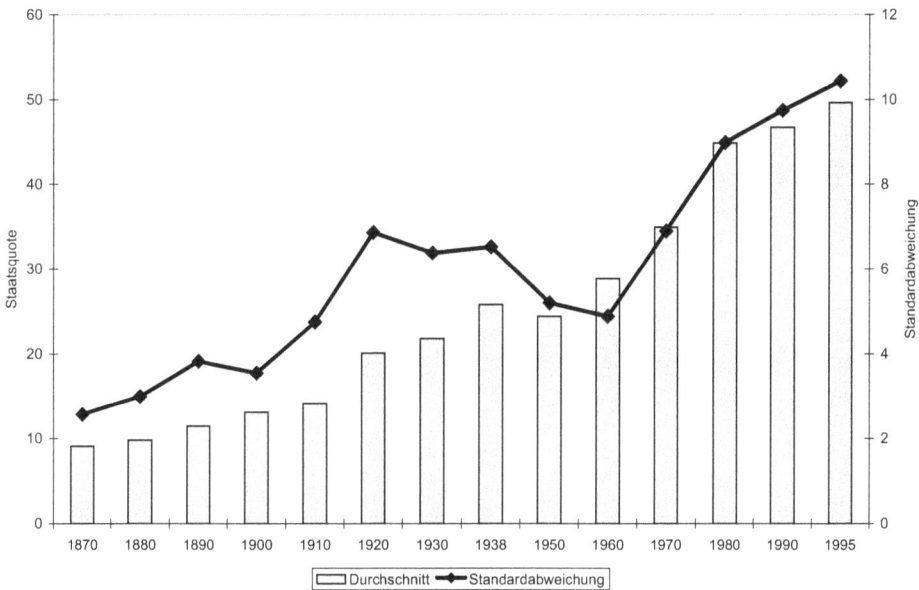

Abbildung 3.1: Entwicklung des Durchschnitts und der Standardabweichung der Staatsquote in neun Staaten, 1870-1995

Quelle: eigene Berechnung und Darstellung auf der Basis der Daten von Cusack/Fuchs 2003: 323.Anmerkung: Bei den Ländern handelt es sich um Dänemark, Deutschland, Frankreich, Großbritannien, Italien, Japan, Kanada, Schweden, USA.

Gleichwohl gab es zwischen den Staaten deutliche Unterschiede im Ausmaß, in dem die Staatsquote zugenommen hat. Die USA beispielsweise erhöhten ihre Staatsausgaben in Prozent des BIP von knapp acht Prozent im Jahr 1870 auf gut 36 Prozent 1995, während Schweden im selben Zeitraum eine Erhöhung von etwas über fünf Prozent auf stolze 67 Prozent erlebte. Deutschlands Staatsausgaben lagen 1870 bei knapp zehn Prozent des BIP und waren bis 1995 auf knapp 48 Prozent angestiegen (Zahlen nach Cusack/Fuchs 2003: 323). Dass das Wachstum der Staatsquote einher ging mit zunehmenden Unterschieden zwischen den einzelnen Staaten, zeigt auch Abbildung 3.1 anhand der stark gestiegenen Standardabweichung.

Die Aufteilung der Staatsausgaben auf einzelne Bereiche

Die einzelnen Politikbereiche verursachen sehr unterschiedlich hohe Ausgaben, sodass der Einfluss einzelner Politikfelder auf die Entwicklung der Staatsquote ausgesprochen unterschiedlich ist. In Abbildung 3.2 ist der Anteil verschiedener Ausgabenbereiche an den Gesamtausgaben im Durchschnitt von 17 OECD-Staaten im Jahr 2002 dargestellt. Dabei zeigt sich, dass die Sozialausgaben bei weitem den größten Anteil des Budgets in Anspruch nehmen, gefolgt von den Ausgaben für die allgemeine öffentliche Verwaltung, zu denen unter anderem der Schuldendienst, die Entwicklungshilfe und dergleichen gerechnet werden. Anschließend folgen mit den Gesundheits- und den Bildungsausgaben zwei weitere sozialpolitiknahe Ausgabenbereiche, während die Ausgaben für Verteidigung und innere Sicherheit mit vier bzw. drei Prozent nur einen kleinen Anteil der gesamten Staatsausgaben ausmachen.

Allerdings gibt es auch hier erhebliche Differenzen zwischen den Staaten. So ist der Anteil der Sozialausgaben an den – ohnehin vergleichsweise geringen – Staatsausgaben der USA mit etwa 20 Prozent sehr gering, während Deutschland etwa 46 Prozent seiner Staatsausgaben in die soziale Sicherung steckt und damit sogar einen höheren Anteil als Schweden oder Dänemark aufweist. Dagegen stehen die USA gemeinsam mit Irland an der Spitze beim Anteil der Gesundheitsausgaben an den Staatsausgaben: Dort werden jeweils 20 Prozent der Staatsausgaben für das Gesundheitswesen aufgewendet, während es in den Niederlanden gerade einmal neun Prozent sind. Auch in anderen Bereichen nehmen die USA Spitzenpositionen ein, nämlich einerseits bei den Bildungsausgaben (17 Prozent) und andererseits – und wenig überraschend – bei den Verteidigungsausgaben (zehn Prozent).

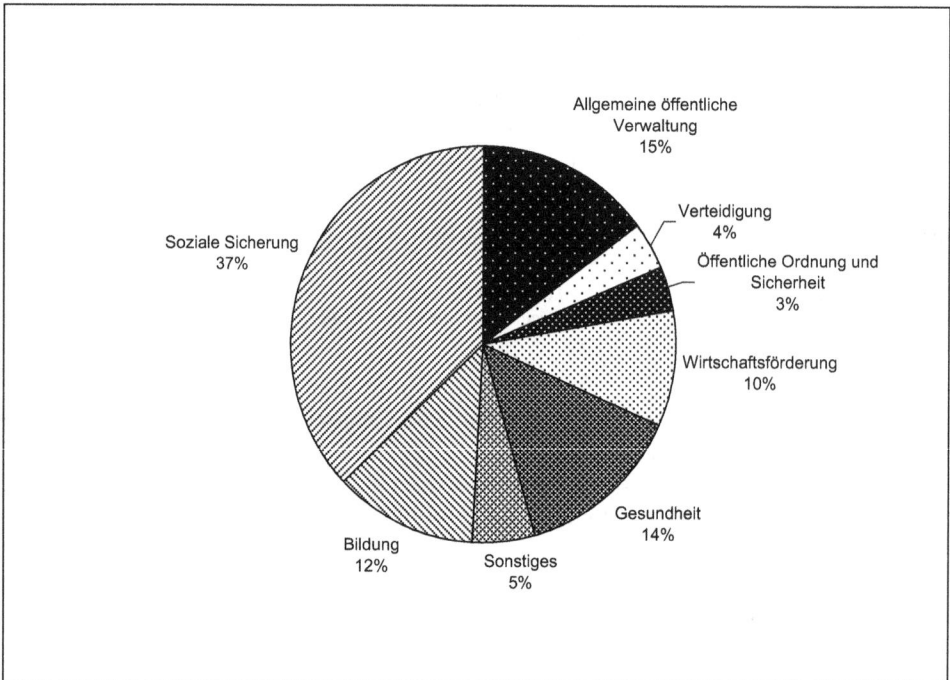

Abbildung 3.2: Durchschnittliche Ausgaben nach Ausgabenbereichen in 17 OECD-Ländern

Quelle: eigene Darstellung auf Basis der Daten von Fraser/Norris 2007: 70-74. Anmerkungen: Die Kategorie „Sonstiges" fasst die Kategorien Umweltschutz, Wohnungsbau sowie Kultur, Freizeit, Sport und Religion zusammen. Bei den 17 Ländern handelt es sich um Belgien, Dänemark, Deutschland, Finnland, Frankreich, Griechenland, Großbritannien, Irland, Italien, Japan, Niederlande, Norwegen, Österreich, Portugal, Schweden, Spanien und die USA.

Eine ähnliche Entwicklung lässt sich für die Sozialausgaben belegen, die im Laufe der Nachkriegszeit in praktisch allen entwickelten Demokratien zum größten Ausgabenposten der öffentlichen Hand anwuchsen. Betrachtet man beispielsweise die 18 Industriestaaten, die seit 1960 durchgehend demokratisch regiert wurden (außer Island und Luxemburg), so zeichnet sich die bereits von der Staatsquote bekannte Entwicklung ab: Durchschnittlich gaben diese 18 Demokratien im Jahr 1960 15,5 Prozent ihres Sozialproduktes für öffentliche Sozialleistungen aus, 1980 waren es bereits 18,4 Prozent, 1990 20,4 Prozent und 2005 lag die Sozialleistungsquote sogar bei 22,5 Prozent (Daten für 1960 nach Schmidt 2005: 200, Daten ab 1980 nach OECD Social Expenditure Data Base). Wiederum zeigt sich dabei für die Periode zwischen 1960 und 1990 eine Zunahme der Standardabweichung, die wachsende Unterschiede zwischen den Staaten anzeigt. Zwischen 1990 und 2005 dagegen nehmen die Unterschiede zwischen den Staaten, ebenfalls gemessen an der Standardabweichung, leicht ab, ohne allerdings wieder das Maß an Übereinstimmung zu erreichen, das noch 1960 herrschte.

Vergleichbare Muster, wie wir sie für die Staatsausgaben insgesamt und die Sozialausgaben im Besonderen finden, lassen sich auch in anderen Ausgabenbereichen nachweisen, wie wir beispielsweise für die Subventionsausgaben in Kapitel 3.5 sehen werden. Ein etwas anderes Muster wird dagegen bei den Verteidigungsausgaben erkennbar: Diese hatten in den 1950er und 1960er Jahren ihren Höchststand erreicht. So gaben die 20 OECD-Länder, für die Daten vorliegen, in den 1960er Jahren durchschnittlich 3,6 Prozent ihres Sozialprodukts für die Verteidigung aus. In der Phase der Entspannungspolitik der 1970er und 1980er Jahren lagen die entsprechenden Ausgaben lediglich noch bei 3,0 Prozent, ehe in den 1990er und zu Beginn der 2000er Jahre vollends eine Friedensdividende eingestrichen werden konnte, als die Ausgaben für Verteidigung nur noch 2,2 bzw. 1,8 Prozent des Sozialproduktes in Anspruch nahmen (Daten nach Cusack 2007: 108).

Schon der Befund, dass es erhebliche Unterschiede zwischen den Staaten hinsichtlich der Höhe ihrer Staatsausgaben gab und gibt, macht allerdings auch deutlich, dass wir es hier keineswegs mit einem zwangsläufigen, politisch nicht kontrollierbaren Prozess zu tun haben. Das wird noch deutlicher, wenn wir uns die Entwicklung der Staatsquote in den OECD-Ländern in den letzten 20 Jahren vor Augen führen, die in Tabelle 3.1 dargestellt ist.[13] Was wir hier finden, lässt sich als Stagnation oder sogar Rückgang der Staatsquoten interpretieren, denn im Durchschnitt ist die Staatsquote in den OECD-Staaten seit Anfang der 1990er Jahre um drei Prozentpunkte gefallen. Insbesondere in der zweiten Hälfte der 1990er Jahre ist es in den meisten OECD-Ländern zu einer deutlichen Verringerung der öffentlichen Ausgaben (relativ zur Wirtschaftsleistung) gekommen. Dass dies kein Sondereffekt der osteuropäischen Staaten ist, belegt die Betrachtung des Durchschnitts der Staatsquoten in den 21 klassischen OECD-Ländern, der sich fast identisch wie der Durchschnitt aller betrachteten Länder entwickelt. Auffallend ist allerdings, dass es einige Länder gibt, die vom Trend der fallenden Staatsquoten abweichen. Dabei handelt es sich allerdings mit der Ausnahme Frankreichs um Länder, die am Anfang der 1990er Jahre noch unterdurchschnittliche Staatsquoten aufwiesen, wie sich insbesondere am Fall Südkoreas zeigt, das zwar einen immensen Anstieg der Staatsquote in den letzten 20 Jahren zu verzeichnen hat, allerdings von einem Ausgangsniveau gestartet ist, das nicht einmal der Hälfte des Durchschnitts der anderen Staaten entsprach. Insgesamt zeigt sich für die Mehrheit der OECD-Staaten jedoch, dass der Wachs-

---

[13] Da die Daten, auf denen Abbildung 3.1 und Tabelle 3.1 basieren, aus unterschiedlichen Quellen stammen und sich auf unterschiedliche Länder beziehen, sind sie nicht direkt miteinander vergleichbar.

tumsprozess der Staatsausgaben spätestens in den 1990er Jahren (vorerst) geendet hat – und dass sich allenfalls noch Länder mit geringer Staatsquote dem Durchschnitt der übrigen Staaten von unten annähern. Insofern haben wir es in den letzten 20 Jahren bei den Staatsausgaben offenbar mit einem Konvergenzprozess zu tun, was sich auch an der sinkenden Standardabweichung ablesen lässt.

Interessanterweise ist die Sozialpolitik vom Prozess der Staatsausgabenkürzung offenkundig nicht in gleichem Maße betroffen wie vom Prozess des Staatsausgabenwachstums, denn wir hatten ja bereits gesehen, dass die Sozialausgabenquote im Durchschnitt der OECD-Staaten bis 2005 fast kontinuierlich gestiegen ist. Doch auch wenn wir einzelne Länder betrachten, sind die Fälle, in denen eine dauerhafte Senkung der Sozialleistungsquote gelungen ist, rar. Sie lag im Jahr 2005 nur in einem Land, nämlich in den Niederlanden, unter dem Niveau von 1980. Wählt man das Ausgabenniveau des Jahres 1990 als Referenzpunkt, können wir immerhin in fünf Ländern eine Senkung der Sozialleistungsquote feststellen; neben den Niederlanden handelt es sich dabei um Kanada, Neuseeland, Norwegen und Schweden.

Die Sozialleistungsquote und die Generosität von Sozialleistungen

Der Befund weiter zunehmender Sozialausgaben kann nicht dahingehend interpretiert werden, dass es in den vergangenen 25 Jahren in den meisten OECD-Ländern nicht zu Sozialkürzungen gekommen ist. Vielmehr hat Scruggs (2006) mittels einer Analyse von *Lohnersatzraten* nachgewiesen, dass die Generosität von Sozialleistungen, insbesondere von Leistungen der Arbeitslosenversicherung, in den meisten OECD-Ländern durchaus gekürzt wurde. Allerdings wurden diese Kürzungen überkompensiert durch die zunehmende Zahl von Sozialleistungsempfängern, seien dies Rentner, Arbeitslose, Kranke oder Pflegebedürftige. Ein einfaches Beispiel mag dies illustrieren. Nehmen wir an, in der Ausgangslage gebe es 1 Mio. Arbeitslose, die durchschnittlich ein Arbeitslosengeld in Höhe von 1.000 Euro monatlich erhalten. Die Ausgaben für das Arbeitslosengeld schlagen also mit 1 Mrd. Euro monatlich zu Buche. Nun plant die Regierung eine Senkung des Arbeitslosengeldes um zehn Prozent auf 900 Euro. Gleichzeitig steigt die Arbeitslosigkeit auf 1,2 Mio. In dieser Situation steigen die Ausgaben für das Arbeitslosengeld also trotz der Kürzung, und zwar auf 1,08 Mrd. Euro. Ein weiteres Element, das die Sozialausgaben nach oben treibt, ist der medizinische Fortschritt, der immer bessere Behandlungen ermöglicht, die jedoch auch zu zunehmenden Gesundheitsausgaben beitragen.

Tabelle 3.1: Die Entwicklung der Staatsquote in 26 OECD-Staaten, 1991-2008

	1991	1995	2000	2005	2008	Veränderung 1991-2008
Australien	37,8	38,2	35,2	34,8	34,3	-3,5
Belgien	53,5	52,1	49,2	52,2	50,1	-3,4
Dänemark	56,5	59,1	53,3	52,5	51,5	-5,0
Deutschland	46,1	54,8	45,1	46,9	43,8	-2,3
Finnland	56,7	61,4	48,3	50,3	49	-7,7
Frankreich	50,6	54,4	51,6	53,4	52,7	2,1
Griechenland	41,8	45,7	46,7	43,8	48,3	6,5
Groß-britannien	43,2	44,1	36,6	44,1	47,5	4,3
Irland	44,4	41,1	31,3	33,7	42	-2,4
Italien	54	52,5	46,1	48,1	48,7	-5,3
Japan	31,6	36	39	38,4	37,1	5,5
Kanada	52,3	48,5	41,1	39,3	39,7	-12,6
Neuseeland	50,2	42,2	39,2	39,1	41,1	-9,1
Niederlande	54,9	56,4	44,2	44,8	45,9	-9,0
Norwegen	54,5	50,9	42,3	42,3	40	-14,5
Österreich	52,6	56,2	52,2	50,1	48,9	-3,7
Polen	..	47,7	41,1	43,4	43,3	-4,4*
Portugal	43,4	43,4	43,1	47,6	46	2,6
Schweden	61,4	65,3	57	54	51,8	-9,6
Schweiz	32,1	35	35,1	35,3	32	-0,1
Slowakei	..	48,6	52,2	38	34,7	-13,9*
Spanien	44,3	44,4	39,1	38,4	41,1	-3,2
Südkorea	19,9	19,8	22,4	26,6	30	10,1
Tschechien	..	54	41,6	44,7	42,1	-11,9*
Ungarn	55,1	55,3	46,9	50,1	49,2	-5,9
USA	38	37,1	33,9	36,2	38,8	0,8
OECD-26	46,7	47,9	42,8	43,4	43,4	-3,7
OECD-21	47,6	48,5	43,3	44,1	44,3	-3,3
Standardab-weichung	9,95	9,84	7,80	7,07	6,37	

*Quelle: OECD 2010. Anmerkung: * Die Veränderung bezieht sich auf den Zeitraum 1995-2008.*

Der Rückgang der Staatsquote ist demnach in den meisten Ländern auf Veränderungen in anderen Ausgabenbereichen zurückzuführen. Wir hatten weiter oben schon gesehen, dass die Verteidigungsausgaben seit den 1980er Jahren deutlich zurückgegangen sind. Ebenso kam es zu einem deutlichen Rückgang der Subventionsausgaben (vgl. Kap. 3.5) und zudem profitierten die Staaten in den 1990er Jahren von einem niedrigeren Zinsniveau, das zu einer Senkung der Ausgaben für den Schuldendienst beitrug.

3.1.2   Was erklärt die Entwicklung der Staatsausgaben?

Wie der vorangegangene Abschnitt deutlich gemacht hat, haben wir es offensichtlich mit unterschiedlichen Phasen der Entwicklung der Staatsquote zu tun. Bis etwa 1990 wuchsen die Staatsausgaben, seither stagnierten sie und gingen in einigen Ländern sogar zurück. Entsprechend wollen wir auch die Gründe für die jeweilige Entwicklung gesondert diskutieren. Dabei ist die Literatur zum Wachstum der Staatsausgaben (noch) unvergleichlich umfangreicher als die zur Rückführung der Staatsquote.

Welche Faktoren sind aber verantwortlich für das Wachstum der Staattätigkeit, das fast das gesamte 20. Jahrhundert anhielt, aber vor allem auch für die beträchtlichen Unterschiede zwischen den Staaten hinsichtlich der Höhe der Staatsquote? Obwohl die entsprechenden Studien in Einzelheiten gelegentlich zu unterschiedlichen Ergebnissen kommen, können doch einige wichtige Variablen als weitgehend unumstritten gelten (vgl. zum Folgenden vor allem Cusack/Fuchs 2003).

Einen positiven Einfluss auf das Wachstum der Staatsausgaben hat demnach der wirtschaftliche Entwicklungsstand eines Landes. Im Rahmen der Entwicklung von der Agrar- zur Industrie- sowie später von der Industrie- zur Dienstleistungsgesellschaft entstand Handlungsdruck für den Staat, der in der Regel mit einer Ausweitung seiner Ausgaben reagierte. So kam es im Zuge von Industrialisierung und Urbanisierung im 19. Jahrhundert zu einer tief greifenden Veränderung der sozialen Verhältnisse und damit auch zur Schwächung oder gar Auflösung der hergebrachten sozialen Sicherungsnetze, die entweder über das Feudalsystem oder die Großfamilie und die dörflichen Gemeinschaften funktioniert hatten. Auf diese gesellschaftlichen Umwälzungen reagierten Regierungen zwar unterschiedlich schnell und in verschiedenem Ausmaß, doch der Problemdruck führte überall zu einem Mindestmaß an staatlicher Absicherung gegen die Wechselfälle des Lebens. Aber, um noch andere Beispiele anzuführen, auch die Bildungs- oder Infrastrukturaufgaben, die der Staat mit wachsendem Entwicklungsstand in immer größerem Umfang übertragen bekam, führten zu einem Wachsen der Staatsquote.

Ein positiver Zusammenhang besteht auch zwischen der wirtschaftlichen Offenheit eines Landes, gemessen an seiner Außenhandelsquote, also der Summe von Importen und Exporten eines Landes relativ zu seinem Sozialprodukt, und der Höhe seiner Staatsquote. Wie dieser Befund zu interpretieren ist, ist allerdings umstritten. Vertreter der sogenannten *Kompensationsthese* argumentieren, dass Handel zwar die Gesamtwohlfahrt eines Landes steigere, mit außenwirtschaftlicher Offenheit aber gleichzeitig eine höhere wirtschaftliche Unsicherheit einhergehe (vgl. z.B. Rodrik 2000, Rieger/Leibfried 1997). Je stärker sich ein Land dem Weltmarkt öffne, desto stärker sei seine wirtschaftliche Entwicklung von Faktoren abhängig, die nicht seiner Kontrolle unterliegen. So habe beispielsweise eine Rezession im

Ausland erhebliche Wirkungen auf das außenwirtschaftlich offene Inland, ohne dass das Inland Einfluss auf die wirtschaftliche Entwicklung im Ausland nehmen könne. Damit sich die Bevölkerung bereit finde, trotz dieses mutmaßlich größeren Risikos die außenwirtschaftliche Offenheit zu akzeptieren, müsse sie durch staatliches Eingreifen, insbesondere generöse Sozialleistungen, kompensiert werden.

Anders interpretiert David Cameron (1978) den positiven Zusammenhang zwischen wirtschaftlicher Offenheit und Staatsquote. Er stellt auf den engen Zusammenhang zwischen der Größe eines Landes und wirtschaftlicher Offenheit ab. So zeigt sich in der Tat, dass kleine Länder wesentlich höhere Außenhandelsquoten aufweisen als große Länder. Cameron zufolge müssen kleine Länder aber, wenn sie auf dem Weltmarkt Erfolg haben wollen, eine Strategie der Außenhandels-Spezialisierung verfolgen. Dies wiederum bedingt eine starke Konzentration der Industrie auf wenige große Unternehmen, was seinerseits aber besonders gute Bedingungen für die Organisation durchsetzungsstarker Gewerkschaften und linker Parteien bietet. Folglich weisen kleine offene Länder überproportional starke Linksparteien und deshalb auch besonders lange Perioden linker Regierungsbeteiligung auf, die wiederum für die Erhöhung der Staats- und speziell der Sozialausgaben verantwortlich sind.

Dieses Argument verweist auf einen dritten Faktor, der zur Erklärung der unterschiedlichen nationalen Entwicklung der Staatsausgaben beitragen kann: die Regierungsbeteiligung sozialdemokratischer oder anderer dem linken Spektrum zuzurechnender Parteien. Wo solche Parteien stark in der Regierung vertreten waren, waren auch die Staatsausgaben besonders hoch. Dieser Zusammenhang ist theoretisch hoch plausibel, erwarten wir doch, dass Linksparteien versuchen, die Bedeutung des Marktes für die Einkommensverteilung zurückzudrängen. Daher treten sie für eine starke Rolle des Staates in der Wirtschaft ein, während sich rechte, insbesondere liberale und konservative Parteien eher für einen schlanken Staat einsetzen.

Daneben sind noch einige institutionelle Faktoren für die Entwicklung der Staatsausgaben von Bedeutung. Wenn wir die langfristige Entwicklung der Staatsausgaben seit dem letzten Drittel des 19. Jahrhunderts erklären möchten, finden wir einen positiven Demokratieeffekt, d.h. Demokratien produzieren höhere Staatsquoten als die von ihnen abgelösten autokratischen Regime. Die theoretische Erklärung für diesen Befund stellt darauf ab, dass mit zunehmender Ausdehnung des Wahlrechts immer mehr Bürger mit geringem Einkommen wahlberechtigt wurden. Diese neuen Wähler sollten aber ein Interesse an einer Umverteilung der Ressourcen gehabt haben, sodass es zu einem Ausbau der Staatsausgaben kam.

Schließlich spielt noch die Zahl von Vetoakteuren oder *Vetospielern* (Tsebelis 2002) eine Rolle, also die Zahl solcher Akteure, deren Zustimmung zu einer Änderung des Status quo notwendig ist. Beispiele für solche Akteure oder institutionellen Arrangements sind zweite Kammern, Verfassungsgerichte, direktdemokratische Entscheidungsverfahren, aber auch Föderalsysteme. Je mehr solcher Akteure es gibt, desto schwerer lässt sich eine Politikänderung durchsetzen. In einem Einkammersystem beispielsweise, in dem keine Verfassungsgerichtsbarkeit und keine direktdemokratischen Elemente existieren, genügt es einer ausgabenfreudigen Partei, die Mehrheit in der einzigen Parlamentskammer zu erreichen, um ihre Vorstellungen durchzusetzen. In einem System mit vielen Vetoakteuren dagegen müsste sich die gleiche Partei, selbst wenn sie die Mehrheit in der ersten Parlamentskammer errungen hat, noch mit der zweiten Kammer, einem Verfassungsgericht, den Gliedstaaten oder gar einem Referendum auseinandersetzen, ehe sie ihre präferierte Politik implementieren könnte. Solange also die Staatsausgaben der Tendenz nach stiegen, war die Staatsquote in Ländern mit einer hohen Anzahl von Vetospielern niedriger.

Studien zu einzelnen Ausgabenbereichen bestätigen diese Befunde für die lange Phase wachsender Staatsausgaben in vielen Fällen. So finden beispielsweise Analysen zur Entwicklung der Sozialausgaben (vgl. etwa Huber/Stephens 2001, Schmidt 2005) jedenfalls bis in die 1980er Jahre hinein ebenfalls einen ausgabenerhöhenden Effekt von linken, aber auch von christdemokratischen Parteien. Auch der Bremseffekt gegenmajoritärer Institutionen wie Föderalismus oder zweite Kammern wurde in solchen Studien bestätigt. Das Gleiche gilt schließlich für die wirtschaftliche Offenheit und das ökonomische Entwicklungsniveau. Die Unterschiede der entwickelten Demokratien bei den Bildungsausgaben sind durch ähnliche Faktoren geprägt (zusammenfassend Wolf 2008): Wiederum erhöhen linke Parteien die Ausgaben, wiederum sind die Ausgaben dort niedriger, wo es nennenswerte institutionelle Gegengewichte wie Föderalismus oder andere Vetospieler gibt, und wiederum sind die Bildungsausgaben in wirtschaftlich weit entwickelten Ländern besonders hoch. In einer Untersuchung der nicht-sozialstaatlichen Staatsausgaben, also der Staatsausgaben, die verbleiben, wenn die Sozialausgaben von den gesamten Ausgaben subtrahiert werden, findet Francis Castles (2007) für die 1980er Jahre ebenfalls die schon bekannten Effekte linker Parteien sowie den ausgabenerhöhenden Effekt wirtschaftlicher Offenheit. Und auch einzelne Ausgabenbereiche innerhalb des Blocks der nicht-sozialstaatlichen Ausgaben weisen die genannten Parteien- und Institutioneneffekte auf, wie etwa die Analyse der Subventionsausgaben bis in die 1990er Jahre hinein nahe legt (vgl. Obinger/Zohlnhöfer 2007 sowie Kap. 3.5).

Wenn wir uns jedoch mit den Determinanten der Staatsausgabenentwicklung seit den 1990er Jahren beschäftigen, stellen wir in vielen Fällen eine Änderung der Politikmuster fest. Vor allem Parteieneffekte gehen wenigstens in quantitativen Studien häufig verloren. Das ist insbesondere für die Sozialausgaben festgestellt worden (Huber/Stephens 2001, Garrett/Mitchell 2001, Kittel/Obinger 2003), aber auch für die nicht-sozialstaatlichen Staatsausgaben (Castles 2007) und die Subventionsausgaben (Obinger/Zohlnhöfer 2007). Und sogar für die Bildungsausgaben sind abnehmende Parteieneffekte konstatiert worden (Wolf 2008). Dieser Befund könnte mit der zunehmenden Konvergenz der Staaten hinsichtlich der Staatsausgaben zusammenhängen: Soweit nämlich die Unterschiede zwischen den Ländern geringer werden, weil einerseits die Länder, die später mit dem Ausbau der Staatsausgaben begonnen haben, ihren Rückstand im Zeitverlauf reduzieren können, und weil andererseits die Vorreiter einer hohen Staatsquote an die natürlichen Wachstumsgrenzen gestoßen sind, machen Parteien tatsächlich keinen Unterschied mehr.

Allerdings ist das Erreichen natürlicher Wachstumsgrenzen keineswegs die einzige mögliche Erklärung für die Stagnation oder sogar Senkung der Staatsausgaben in den letzten beiden Jahrzehnten und das Verschwinden von Parteiendifferenzen. Die Beobachtung, dass die Staatsausgaben gerade zwischen 1995 und 2000 besonders stark gefallen sind, ließe sich auch als Beleg für einen Maastricht-Effekt interpretieren, denn diejenigen Staaten, die ab 1999 der Europäischen Währungsunion angehören wollten, mussten im Referenzjahr 1997 ein Defizit von weniger als drei Prozent am BIP und einen Schuldenstand von unter 60 Prozent am BIP nachweisen. Also lag es zumindest für die EU-Mitglieder nahe, gerade in der zweiten Hälfte der 1990er Jahre die Staatsausgaben herunterzufahren. Solche Effekte sind in der Tat gefunden worden (z.B. Schmidt 2001). Wenn aber das Erreichen der Maastrichter

Defizitkriterien parteiübergreifend das dominierende Ziel war, erscheint es nicht unplausibel, dass dann auch die Unterschiede zwischen Parteien nicht mehr relevant sind.

Eine andere Interpretation des Befundes stagnierender oder sogar fallender Staatsausgaben stellt auf die Effekte der Globalisierung ab. Weiter oben hatten wir bereits die sogenannte Kompensationsthese kennen gelernt, die besagt, dass Länder, die außenwirtschaftlich besonders offen sind, höhere Staatsausgaben aufweisen sollten. Seit dem Globalisierungsschub der 1990er Jahre ist allerdings auch eine Gegenthese formuliert worden, die häufig als *Effizienzthese* bezeichnet wird. Dieser These zufolge verursache eine hohe Staatsquote Nachteile im Standortwettbewerb, weil die hohen Staatsausgaben entweder durch hohe Steuern oder durch wachsende Haushaltsdefizite finanziert werden müssten. Beide Finanzierungsarten gerieten aber unter Globalisierungsbedingungen unter Druck. Wie wir im nächsten Kapitel ausführlicher diskutieren werden, argumentieren viele Autoren, dass unter Globalisierungsbedingungen ein Senkungsdruck auf den Steuersätzen laste, weil die Wirtschaftssubjekte erfolgreich versuchten, hohe Steuersätze zu umgehen. Dagegen könnten hohe Defizite unter den Bedingungen offener Kapitalmärkte zu Glaubwürdigkeitsverlusten der Regierungen und in der Folge zu Währungskrisen führen. Wenn aber die beiden wichtigsten Wege zur Generierung von Staatseinnahmen blockiert sind, muss eben, so das Argument, auf der Ausgabenseite gespart werden – die Staatsausgaben müssten also unter Globalisierungsbedingungen stagnieren oder sogar sinken. Und diese zuletzt genannte Erwartung finden wir seit Mitte der 1990er Jahre in der Tat bestätigt.

Ob aus diesem Befund aber auch auf ein Ursache-Wirkungs-Verhältnis geschlossen werden kann, ist zumindest umstritten. Eine große Zahl von Studien hat bislang bestritten, dass es einen solchen Kausalzusammenhang zwischen Globalisierung und dem Rückgang der Staatsquote gebe (vgl. für viele Garrett 1998, Swank 2002, Castles 2007). Doch es gibt auch eine Reihe von Hinweisen, dass die Effizienzthese durchaus zutreffen könnte, sich die Einflussrichtung wirtschaftlicher Offenheit seit den 1990er Jahren also umgekehrt hat. So zeigt Busemeyer (2009), dass zumindest eine Intensivierung wirtschaftlicher Offenheit mit niedrigeren Ausgabenquoten einhergeht. Zudem lässt sich in qualitativen Studien nachweisen, dass Globalisierung zwar nicht gleichsam automatisch wirkt, sondern dass die politischen Akteure durchaus unterschiedliche Anpassungsstrategien anwenden können, dass der Tendenz nach die finanzpolitischen Anpassungsreaktionen an Globalisierung jedoch mit einer Senkung der Staatsausgaben einhergehen (Zohlnhöfer 2009). Auch dies kann zu einer Begrenzung von Parteiendifferenzen beitragen. Allerdings ist diese Debatte derzeit noch nicht entschieden.

3.2   Staatseinnahmen: Steuerpolitik und Verschuldung

Neben den Staatsausgaben stellen die Staatseinnahmen den zweiten zentralen Bereich der Finanzpolitik dar. Dabei werden zunächst die verschiedenen Arten von Staatseinnahmen erläutert. Anschließend geht es in den Kapiteln zur Steuerpolitik nach einer Einführung in die wichtigsten Begrifflichkeiten um die Entwicklung und die Erklärungsfaktoren der Höhe der Steuern und Abgaben. Danach beschäftigen wir uns mit der Frage, ob es im Zuge der Globalisierung tatsächlich zu einem Steuersenkungswettbewerb gekommen ist. Im Anschluss stellen wir auch für die Staatsverschuldung die empirische Entwicklung und die zentralen politikwissenschaftlichen Erklärungsmodelle dar.

3.2.1   Unterschiedliche Arten von Staatseinnahmen

Wir haben im vorangegangenen Kapitel gesehen, dass sich die Staaten zwar darin unterscheiden, wie viel Geld sie relativ zu ihrer Wirtschaftskraft ausgeben, dass aber die Ausgaben aller entwickelten Demokratien fast das gesamte 20. Jahrhundert hindurch gestiegen sind. Doch wenn der Staat so erhebliche Ausgaben vornehmen will, muss er sich auch entsprechende Finanzmittel beschaffen. Dabei gibt es verschiedene Arten, wie der Staat zu Einnahmen gelangen kann:

- Der wichtigste Weg, auf dem Staaten an Finanzmittel gelangen, besteht in der Erhebung von *Steuern*. Nach § 3 Abs. 1 der deutschen Abgabenordnung sind „Steuern [...] Geldleistungen, die nicht eine Gegenleistung für eine besondere Leistung darstellen und von einem öffentlich-rechtlichen Gemeinwesen zur Erzielung von Einnahmen allen auferlegt werden, bei denen der Tatbestand zutrifft, an den das Gesetz die Leistungspflicht knüpft; die Erzielung von Einnahmen kann Nebenzweck sein." Zu den so definierten Steuern werden auch die Zölle gerechnet, die in früheren Zeiten eine wichtige Quelle der Staatseinnahmen waren.
- Eine eng mit den Steuern verwandte Art von Staatseinnahmen sind *Beiträge*, insbesondere die *Sozialversicherungsbeiträge*. Auch hier handelt es sich um Zwangsabgaben, allerdings erwirbt man mit der Zahlung der Beiträge einen Anspruch auf eine Gegenleistung, im Fall der Sozialversicherungsbeiträge eine Absicherung gegen bestimmte Lebensrisiken. Dennoch verwenden Staaten, allerdings in sehr unterschiedlichem Umfang, Beiträge zur Finanzierung ihrer (Sozial-)Ausgaben. Daher werden für bestimmte Fragestellungen die Steuern gemeinsam mit den Sozialversicherungsbeiträgen betrachtet.
- Soweit Staaten im Besitz von Unternehmen sind, die Gewinne erwirtschaften, fließen den Staaten diese Gewinne natürlich zu.
- Wie wir in Kapitel 3.5 sehen werden, haben sich viele entwickelte Staaten seit den 1980er Jahren allerdings dazu entschlossen, ihre Staatsbetriebe zu privatisieren. Auch diese *Privatisierungserlöse* können als Staatseinnahmen betrachtet werden. Allerdings ist hier zu beachten, dass sich durch Privatisierungen die Nettovermögensposition des Staates nicht verändert. Vielmehr wird das Vermögen lediglich umgewandelt von Anteilen an einem Unternehmen in monetäre Erlöse. Zur Finanzierung von laufenden Ausgaben ist die Privatisierung daher nicht übermäßig gut geeignet, weil die Einnahmen nicht dauerhaft zur Verfügung stehen, da jedes Unternehmen nur einmal verkauft werden kann.
- Auch durch *Gebühren* kann der Staat Geld einnehmen, im Normalfall allerdings nur in begrenztem Umfang. Gebühren fallen nicht zuletzt im kommunalen Bereich an, etwa für die Müllabfuhr.
- Geldstrafen können ebenfalls den öffentlichen Haushalten zufließen, allerdings kommt ihnen keine größere Bedeutung bei der Finanzierung der Staatsausgaben zu.
- Anders sieht dies bei der *Verschuldung* aus. Viele Staaten greifen auch für längere Zeiträume darauf zurück, ihre Ausgaben nicht vollständig durch eigene Einnahmen zu decken, sondern Teile der Ausgaben durch Kredite zu finanzieren. Der Nachteil dieser Art der Finanzierung besteht allerdings offensichtlich darin, dass das eingenommene Geld

nicht nur zu einem späteren Zeitpunkt zurückgezahlt werden muss, sondern dass oben-
drein an die Gläubiger auch noch Zinsen gezahlt werden müssen. Wenn in der Folgeperi-
ode weder die Einnahmen steigen noch die sonstigen Ausgaben sinken, bedeutet dies,
dass der Staat zusätzliche Ausgaben, nämlich den Schuldendienst, zu finanzieren hat, also
– bei unveränderten Einnahmen – noch höhere Schulden aufnehmen muss.

• Schließlich existieren noch einige sonstige Arten von Staatseinnahmen, z.B. Zuweisun-
gen von Internationalen Organisationen.

Wie schon angesprochen, sind nicht alle Arten von Staatseinnahmen von gleicher Bedeutung.
Entsprechend werden wir uns im Folgenden nur auf die beiden wichtigsten Arten konzentrieren, nämlich die Steuern (einschließlich der Sozialversicherungsbeiträge) und die Verschuldung.

3.2.2   Steuern: Begriffe und Funktionen

Steuern haben eine ganze Reihe unterschiedlicher Funktionen (vgl. zu weiteren Funktionen
von Steuern auch Wagschal 2005: 135). Zunächst dienen sie in den meisten Fällen der Erzielung von Staatseinnahmen, d.h., der Staat erhebt die meisten Steuern schlicht, weil er seine
Ausgaben finanzieren muss. Allerdings hatten wir bei der Steuerdefinition der deutschen
Abgabenordnung auch bereits festgestellt, dass „die Erzielung von Einnahmen [...] Nebenzweck sein" kann. In einem solchen Fall hat die entsprechende Steuer also offensichtlich
einen anderen Zweck. Steuern sollen beispielsweise das Verhalten der Bürgerinnen und Bürgern lenken, indem sie Anreize geben, bestimmte Dinge zu tun oder zu lassen. So kann der
Staat durch Steuern gesellschaftlich unerwünschtes oder schädliches Verhalten unattraktiver
machen. Ein Beispiel ist die Tabaksteuer, die das Rauchen verteuert und auf diese Weise
Menschen davon abhalten soll zu rauchen. Ebenso funktioniert der Idee nach eine Ökosteuer,
bei der nämlich der Verbrauch von Energie zusätzlich besteuert wird – und zwar in der Hoffnung, dass die Wirtschaftssubjekte auf die höheren Preise mit einer Reduzierung der Nachfrage reagieren. Wenn das Benzin teurer wird, fahren die Menschen in der Regel weniger
Auto, und genau das ist die Lenkungswirkung, die durch die Steuer erwünscht ist. Auch die
in Reaktion auf die Finanzkrise viel diskutierte Kapitaltransaktionssteuer ist wesentlich stärker als ein Instrument zur Lenkung des Verhaltens, nämlich zur Bekämpfung der Spekulation
an den internationalen Finanzmärkten, konzipiert als zur Erzielung von Steuereinnahmen.
Durch Steuern können Wirtschaftssubjekte aber nicht nur von bestimmten Verhaltensweisen
abgehalten werden, sondern es können auch Anreize geschaffen werden, bestimmte Dinge zu
tun. Ein Beispiel sind steuerliche Regelungen, die es für Unternehmen attraktiv machen, in
bestimmten Sektoren oder Regionen zu investieren.

Steuern: Grundbegriffe

Wenn man sich mit Steuern befasst, muss man auf einige Begrifflichkeiten achten, um
nicht missverstanden zu werden. Vor allem die Begriffe Steuereinnahmen, Steuersatz und
steuerliche Bemessungsgrundlage sind in diesem Zusammenhang von Bedeutung. Der
Steuersatz gibt an, welcher Anteil eines Preises, eines Einkommens und dergleichen als
Steuer zu zahlen ist. Die *Bemessungsgrundlage* oder *Steuerbasis* gibt dagegen an, auf
welche Güter, Einkommensteile und dergleichen der Steuersatz angewendet wird. So
müssen Einkommensteuerpflichtige in Deutschland beispielsweise nur auf ihr steuer-

pflichtiges Einkommen *Einkommensteuer* zahlen. Das steuerpflichtige Einkommen ist aber normalerweise geringer als das Bruttoeinkommen, weil eine Vielzahl von Werbungs-kosten und Sonderausgaben geltend gemacht werden können. Durch die Anerkennung von Werbungskosten, Sonderausgaben etc. verringert sich also die steuerliche Bemes-sungsgrundlage. Die *Steuereinnahmen* ergeben sich nun als das Produkt aus Steuersatz und steuerlicher Bemessungsgrundlage:

Steuereinnahmen = Steuersatz * steuerliche Bemessungsgrundlage

Die Steuereinnahmen bezeichnen also die Einnahmen, die durch eine bestimmte Steuer oder alle Steuern in einem Land generiert werden.

Wie bedeutend die Unterscheidung zwischen Steuersatz, steuerlicher Bemessungsgrund-lage und Steuereinnahmen ist, wird deutlich, wenn wir uns versuchen klarzumachen, was die politisch häufig gestellte Forderung nach Steuersenkungen eigentlich konkret bedeu-tet. Geht es dabei um die Senkung der Steuersätze? Oder um die Senkung der Steuerein-nahmen? Wenn alles andere gleich bleibt, führt eine Senkung eines Steuersatzes natürlich auch zu sinkenden Steuereinnahmen. Aber einerseits können sinkende Steuereinnahmen auch durch eine Verkleinerung der steuerlichen Bemessungsgrundlage erreicht werden, etwa durch einen neuen steuerlichen Ausnahmetatbestand. Und andererseits kann ein sin-kender Steuersatz in Kombination mit einer Verbreiterung der steuerlichen Bemessungs-grundlage auch zu gleich bleibenden oder sogar steigenden Steuereinnahmen führen, in Abhängigkeit davon, ob der einnahmenerhöhende Effekt der Verbreiterung der steuerli-chen Bemessungsgrundlage den Effekt der Steuersatzsenkung teilweise oder ganz kom-pensiert oder ihn sogar überkompensiert. Im zuletzt genannten Fall käme es in Folge einer Steuer(satz)senkung also sogar zu einer Steuererhöhung!

Doch auch den Begriff des Steuersatzes müssen wir noch weiter differenzieren. Zu unter-scheiden ist nämlich der Grenzsteuersatz vom Durchschnittssteuersatz. Unter dem *Grenz-steuersatz* ist derjenige Steuersatz zu verstehen, mit dem die letzte zu versteuernde Ein-heit zu versteuern ist. Dagegen ist der *Durchschnittssteuersatz* der Anteil der zu zahlen-den Steuern an der Bemessungsgrundlage.

Mit Steuern können aber noch andere Ziele verfolgt werden. Eines ist die Umverteilung. Das Steuersystem ist sogar der zentrale Mechanismus, über den eine Umverteilung von Ressour-cen von wohlhabenden zu ärmeren Teilen der Bevölkerung organisiert werden kann. Aller-dings eignen sich nicht alle Steuern in gleicher Weise zur Umverteilung. Insbesondere Kon-sumsteuern, wie die Umsatz- bzw. Mehrwertsteuer, wirken in vielen Fällen sogar *regressiv*, d.h., Wirtschaftssubjekte mit unterdurchschnittlichem Einkommen müssen einen höheren Anteil ihres Einkommens für diese Steuer aufbringen. Das liegt daran, dass Menschen mit geringem Einkommen einen größeren Anteil ihres Einkommens wieder konsumieren. Auf diesen Konsum werden jedoch Konsumsteuern erhoben, sodass eben auch die Konsumsteu-erausgaben relativ zum Einkommen höher sind als bei wohlhabenderen Menschen, die einen geringeren Anteil ihres Einkommens für Konsum ausgeben und deswegen relativ zu ihrem Einkommen auch geringere Konsumsteuerzahlungen leisten müssen. Um die regressive Wirkung von Konsumsteuern zu verringern, gibt es in fast allen Ländern reduzierte Steuer-sätze für eine ganze Reihe von Produkten des täglichen Bedarfs, insbesondere für Nah-rungsmittel.

Arten von Steuern

Es gibt verschiedene Unterscheidungen einzelner Steuerarten. Einer Einteilung zufolge werden Verkehrssteuern von Verbrauchs- und Besitzsteuern unterschieden: Demnach setzen *Verkehrssteuern* bei wirtschaftlichen Transaktionen an, die Steuer wird also beim Vollzug einer wirtschaftlichen Transaktion, etwa eines Kaufs, fällig. Beispiele sind die Umsatz- bzw. Mehrwertsteuer, die Grunderwerbsteuer oder die Versicherungsteuer. *Verbrauchsteuern* werden dagegen auf den Verbrauch von Gütern erhoben, z.B. die Mineralölsteuer oder die Tabaksteuer. *Besitzsteuern* knüpfen dagegen am Ertrag, am Besitz oder am Vermögen an und werden weiter unterteilt in Ertragsteuern, die auf einen Vermögenszuwachs erhoben werden (z.B. Einkommensteuer, Körperschaftsteuer, Gewerbesteuer), und die Substanzsteuern, die auf den Besitz von Vermögensgegenständen erhoben werden (z.B. Grundsteuer, Vermögensteuer).

Eine andere Unterscheidung differenziert zwischen direkten und indirekten Steuern. Bei *direkten Steuern* sind der Steuerschuldner, also die Person, die die Steuer formal zu zahlen hat, und der Steuerträger, also die Person, die wirtschaftlich belastet wird, identisch. Ein Beispiel ist die Einkommensteuer. Dagegen fallen bei *indirekten Steuern* Steuerschuldner und Steuerträger auseinander, d.h., der Steuerschuldner kann die Steuerbelastung auf andere Personen überwälzen. So hat formal der Verkäufer eines Gutes die Mehrwertsteuer abzuführen; gewöhnlich kann er jedoch den Preis des entsprechenden Gutes um den Betrag erhöhen, den er als Mehrwertsteuer abführen muss, sodass die wirtschaftliche Belastung durch die Steuer letztlich beim Käufer des Gutes liegt.

Wesentlich besser lässt sich Umverteilung dagegen durch die Einkommensteuer erreichen, die in praktisch allen Ländern *progressiv* ausgestaltet ist, d.h., der Durchschnittssteuersatz steigt mit steigendem Einkommen. Das bedeutet, dass die Steuerpflichtigen mit steigendem Einkommen nicht nur einen proportional zum Einkommen steigenden Betrag zahlen müssen, sondern dass der Anteil des Einkommens, den die Steuerpflichtigen abführen müssen, mit steigendem Einkommen zunimmt. Auf diese Weise zahlt der wohlhabendere Teil der Gesellschaft einen größeren Teil der Steuern, während wenigstens Teile der Staatsausgaben, insbesondere bestimmte Sozialleistungen, tendenziell den weniger wohlhabenden Teilen der Gesellschaft zugute kommen.

Besteuerungsprinzipien

Grundsätzlich werden zwei Besteuerungsprinzipien unterschieden (vgl. Blankert 2008: 165ff.). Nach dem Äquivalenzprinzip erfolgt die Besteuerung nach dem Nutzen, den der Steuerzahler durch die staatlichen Leistungen hat. Wer also einen besonders großen Nutzen aus der Staatstätigkeit hat, muss auch einen besonders großen Anteil der Steuerlast tragen. Alternativ kann das Leistungsfähigkeitsprinzip angewendet werden. Hier wird nach der wirtschaftlichen Leistungsfähigkeit des Steuerzahlers besteuert. Das impliziert, dass Steuerzahler mit hohem Einkommen auch einen größeren Beitrag zur Finanzierung des Staates leisten müssen als Steuerzahler mit geringem Einkommen. Eine progressive Besteuerung entspricht also dem Leistungsfähigkeitsprinzip.

Schließlich kann die Steuerpolitik auch noch der Stabilisierung der Wirtschaft im Sinne einer keynesianischen Glättung des Konjunkturzyklus dienen. So können die Steuersätze in der Rezession gesenkt werden, um den Bürgerinnen und Bürgern mehr Geld zur Verfügung zu stellen und auf diese Weise den Konsum anzuregen, während im Boom durch Steuererhöhungen gesamtwirtschaftliche Nachfrage abgeschöpft werden kann.

3.2.3   Die Entwicklung der Abgabenquote

Die Entwicklung der *Abgabenquote*, also der Summe aus Steuern und Sozialversicherungsbeiträgen als Anteil am BIP, ähnelt der Entwicklung der Staatsquote in den OECD-Staaten (vgl. Abbildung 3.1 und Tabelle 3.1). Im Durchschnitt der 18 Staaten, die seit den 1960er Jahren ununterbrochen demokratisch regiert sind, lag diese Quote 1965 – frühere Daten sind nicht erhältlich – bei 27,7 Prozent. Bis 2007 war sie bis auf 37,9 Prozent gestiegen. Bezieht man alle OECD-Mitglieder ein, ergibt sich ein fast identischer Trend, auch hier zeigt sich ein Anstieg der durchschnittlichen Abgabenquote um etwas über zehn Prozentpunkte. Mit dem Wachstum des Steuerstaates gingen zudem zunehmende Differenzen zwischen den Ländern einher, wie sich anhand der Standardabweichung ablesen lässt.

Betrachtet man diese Trends allerdings im Zeitverlauf etwas genauer, fällt auf, dass sich das Wachstum der Abgabenquote seit den 1990er Jahren zumindest deutlich verlangsamt hat, wenn es nicht gar zum Stillstand gekommen ist (vgl. Abb. 3.3) und auch die Standardabweichung deutet daraufhin, dass es, wenn auch noch in sehr begrenztem Umfang, auch auf dem Gebiet der Zwangsabgaben zu Konvergenz zwischen den OECD-Staaten kommt.

Diese Trends entsprechen recht genau denjenigen, die wir bei der Analyse der Staatsausgaben kennen gelernt hatten. Es ist auch einfach zu verstehen, warum sich diese Entwicklungen ähneln: Um den bemerkenswerten Anstieg der Staatsausgaben in der Nachkriegszeit finanzieren zu können, kam es in allen Staaten auch zu einer starken Ausweitung des fiskalischen Zugriffs, während die Stagnation bei den Staatsausgaben seit Mitte der 1990er Jahre mit nicht weiter steigenden Steuereinnahmen korrespondiert.

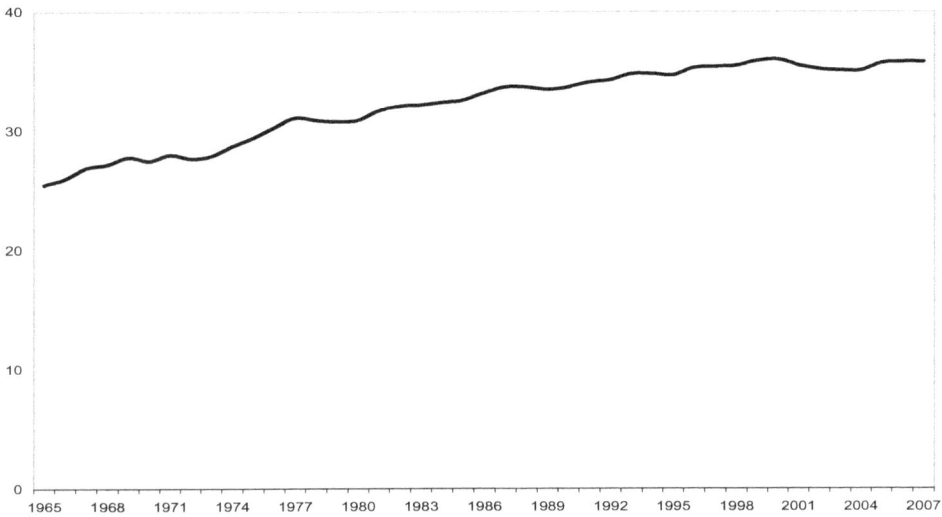

Abbildung 3.3: Entwicklung der durchschnittlichen Abgabenquote in der OECD, 1965-2007

Quelle: eigene Darstellung nach OECD 2009b.

Neben dem Trend eines zunächst starken, dann langsameren Wachstums der Steuereinnahmen im weiteren Sinne, von dem mehr oder weniger alle etablierten Demokratien betroffen sind, zeigen sich bei der Betrachtung des Niveaus der Abgabenquote im Jahr 2007 allerdings auch erhebliche Unterschiede zwischen den Staaten (vgl. Tabelle 3.2). Einerseits ergeben sich bei der Höhe der Abgaben, wie schon bei den Staatsausgaben, große Unterschiede. In einigen Ländern wie Dänemark und Schweden liegt die Abgabenquote bei rund 50 Prozent, während sie in anderen Staaten, wie Japan, Südkorea, der Slowakei, der Schweiz, der Türkei oder den USA, unter 30 Prozent und in Mexiko bei kaum mehr als 20 Prozent liegt. Andererseits zeigen sich aber auch erhebliche Unterschiede in der Art, wie die Staaten sich finanzieren: So lag 2007 der Anteil der Sozialversicherungsbeiträge am gesamten Steueraufkommen in der Tschechischen Republik bei 43,5 Prozent und auch in der Slowakei, Frankreich,

Tabelle 3.2: Steuern und Sozialabgaben in Prozent des BIP in 28 OECD-Staaten, 1965, 1995 und 2007

	1965	1995	2007	Veränderung 1965-2007	Veränderung 1995-2007
Australien	21,0	28,8	30,8	9,8	2,0
Belgien	31,1	43,6	43,9	12,8	0,3
Dänemark	30,0	48,8	48,7	18,7	-0,1
Deutschland	31,6	37,2	36,2	4,6	-1,0
Finnland	30,4	45,7	43,0	12,6	-2,7
Frankreich	34,1	42,9	43,5	9,4	0,6
Griechenland	17,8	28,9	32,0	14,2	3,1
Großbritannien	30,4	34,0	36,1	5,7	2,1
Irland	24,9	32,5	30,8	5,9	-1,7
Italien	25,5	40,1	43,5	18,0	3,4
Japan	18,2	26,8	28,3	10,1	1,5
Kanada	25,7	35,6	33,3	7,6	-2,3
Mexiko	..	15,2	18,0	..	2,8
Neuseeland	24,1	36,6	35,7	11,6	-0,9
Niederlande	32,8	41,5	37,5	4,7	-4,0
Norwegen	29,6	40,9	43,6	14,0	2,7
Österreich	33,9	41,4	42,3	8,4	0,9
Polen	..	36,2	34,9	..	-1,3
Portugal	15,9	32,1	36,4	20,5	4,3
Schweden	33,3	47,5	48,3	15,0	0,8
Schweiz	17,5	27,7	28,9	11,4	1,2
Slowakei	..	..	29,4	..	..
Spanien	14,7	32,1	37,2	22,5	5,1
Südkorea	..	18,6	26,5	..	7,9
Tschechien	..	37,5	37,4	..	-0,1
Türkei	10,6	16,8	23,7	13,1	6,9
Ungarn	..	41,3	39,5	..	-1,8
USA	24,7	27,9	28,3	3,6	0,4
OECD	25,5	34,7	35,8	11,6	1,1
OECD 18	27,7	37,8	37,9	10,1	0,1
Standardabweichung	7,05	8,90	7,47		

Quelle: OECD 2009b: 76-78.

Deutschland, Japan, Griechenland und den Niederlanden betrug er mehr als 35 Prozent. Dagegen stammten nur zwei Prozent der dänischen Abgaben aus Sozialversicherungsbeiträgen,
und auch in Kanada, Mexiko, Irland und Großbritannien lag der entsprechende Anteil unter
20 Prozent (alle Angaben nach OECD 2009b: 84). Umgekehrt verhält es sich bei den Steuern. Betrachtet man allein die *Steuerquote*, also den Anteil der Steuereinnahmen ohne Sozialversicherungsbeiträge am BIP, ist beispielsweise Deutschland fast ein Niedrigsteuerland. Die
deutsche Steuerquote lag 2007 mit 22,9 Prozent nicht nur deutlich unter dem OECD-
Durchschnitt von 26,7 Prozent, sondern sie konnte sogar mit den Steuerquoten der USA
(21,7 Prozent) oder der Schweiz (22,2 Prozent) mithalten.

Doch auch wenn man die Steuerstruktur betrachtet, also den Anteil, den verschiedene Steuerarten zum Gesamtaufkommen der Steuern in einem Land beitragen, fallen immer noch deutliche Unterschiede zwischen den Staaten auf, die sich sogar zu regelrechten Besteuerungsfa-
milien zusammenfassen lassen (vgl. Wagschal 2005: 105ff.). So greifen etwa die Staaten in
Nordamerika und den Antipoden, aber auch in Skandinavien erheblich stärker auf Einkom-
mensteuern zurück als etwa die kontinental- und südeuropäischen Staaten. Besitzsteuern
spielen dagegen vor allem in Kanada, den USA, Großbritannien und Südkorea eine wichtige
Rolle, während sie in den osteuropäischen Staaten sehr gering sind.

3.2.4 Determinanten der Unterschiede der Abgabenquoten im internationalen Vergleich

Fragt man nach den Bestimmungsfaktoren, die für die Unterschiede zwischen den OECD-
Ländern in Bezug auf die Höhe ihrer Steuerquote verantwortlich sind, kommt man zu Befunden, die denen zu den Determinanten der Abgabenquote in vielerlei Hinsicht ähneln, insbesondere hinsichtlich des Einflusses politischer Parteien, gegenmajoritärer Institutionen, aber
auch hinsichtlich wirtschaftlicher Offenheit (vgl. ausführlicher Wagschal 2005: 403ff.). Wiederum kann dieses Ergebnis nicht vollkommen überraschen, hängen Einnahmen und Ausgaben des Staates doch eng miteinander zusammen.

Eine erste wichtige Determinante der Höhe der Abgabenquote ist die institutionelle Struktur
eines Landes. Wo die Zahl der Vetospieler in Form zweiter Kammern, vetobewehrter Präsi-
denten, direkter Demokratie oder Koalitionsregierungen u.ä. hoch ist, ist die Abgabenquote
tendenziell niedriger. Das liegt daran, dass, wie wir gesehen haben, die Abgabenquote der
Tendenz nach während der gesamten Nachkriegszeit stieg. Soweit politische Maßnahmen
notwendig waren, um den Anstieg der Steuereinnahmen sicherzustellen, waren diese Maßnahmen dort schwerer durchzusetzen, wo die Zahl der Akteure groß war, die die entsprechenden Gesetze verhindern konnten. Insofern wird mit diesem Befund eine der zentralen
Regelmäßigkeiten der Politikforschung, dass nämlich mit zunehmender Zahl von Akteuren
der Politikwandel schwieriger wird, für den Fall der Abgabenquote bestätigt.

Auch die Parteieneffekte entsprechen den theoretischen Erwartungen. Wo linke Parteien in
der Nachkriegszeit in großem Umfang an der Regierung beteiligt waren, ist die Abgabenquote hoch, wo rechte Parteien die Regierungen in der Nachkriegszeit dominierten, ist der Zugriff des Staates geringer ausgeprägt. Das passt zu der Erwartung, dass sozialdemokratische
Regierungen versuchen, die Wirtschaft durch staatliche Eingriffe in den Markt zu steuern.
Das tun sie nicht nur, wie wir schon gesehen haben, indem sie die Ausgaben in die Höhe

treiben, sondern sie scheuen auch nicht davor zurück, zu diesem Zweck die Steuern zu erhöhen. Wir hatten weiter oben auch gesehen, dass das Steuersystem ein wichtiges Element einer redistributiven Politik ist, die wiederum vor allem von linken Parteien verfolgt wird, und auch diese Überlegung legt nahe, dass es linke Parteien sein sollten, die in größerem Umfang als bürgerliche Parteien Steuern erheben.

Schließlich zeigt sich noch, dass hoher Problemdruck, beispielsweise in Form einer hohen Seniorenquote und hoher Arbeitslosenquoten, die Abgabenquote erhöht. Die steigende Zahl von Rentnern und Arbeitslosen trägt zu einer höheren Nachfrage nach Sozialleistungen bei. Wenn diese Nachfrage dauerhaft besteht, sehen sich die Entscheidungsträger offensichtlich veranlasst, für entsprechende Einnahmen zu sorgen und die Steuern oder Abgaben zu erhöhen. In die gleiche Richtung weist auch der Befund, dass ein negativer Zusammenhang zwischen Wirtschaftswachstum und Abgabenquote besteht: Je höher also das Wirtschaftswachstum ist, desto geringer ist die Abgabenquote.

Ein interessanter Befund ergibt sich schließlich noch hinsichtlich der außenwirtschaftlichen Offenheit von Ländern. Hier zeigt sich, dass Weltmarktintegration mit einer höheren Abgabenquote einherzugehen scheint. Dies könnte ein Nebeneffekt der oben diskutierten Kompensationsthese sein, der zufolge Staaten, die sich außenwirtschaftlich öffnen wollen, ihren Bürgern durch höhere Staatsausgaben Schutz vor den Risiken der Globalisierung gewähren müssen. Die Befunde für die Abgabenquote deuten jedenfalls darauf hin, dass dieser Schutz vor außenwirtschaftlichen Risiken dann auch über eine höhere Abgabenquote finanziert wird. Dieser Befund ist vor allem deshalb bemerkenswert, weil er auf den ersten Blick der populären Vorstellung widerspricht, dass Globalisierung zu einem Druck zu Steuersenkungen führt. Allerdings lässt sich dieser Widerspruch dahingehend auflösen, dass zwar das Niveau der Abgabenquote in einem positiven Zusammenhang mit der wirtschaftlichen Offenheit steht, dass aber die Abgabenquote seit den 1960er Jahren in Ländern mit hoher Außenhandelsquote weniger stark gewachsen ist. Weil jedoch der Zusammenhang zwischen Globalisierung und Steuerpolitik in den vergangenen zehn Jahren ein besonders viel diskutiertes Thema war, wollen wir diesem Aspekt im Folgenden einen eigenen Abschnitt widmen.

3.2.5 Globalisierung und Steuerpolitik: Steuersenkungswettlauf oder viel Lärm um Nichts?

Seit der Steuerreform in den USA im Jahr 1986 wird in Politik und Wissenschaft viel über einen *Steuersenkungswettbewerb* diskutiert. Die zentrale Überlegung lautet dabei wie folgt: Da es zunehmend einfacher geworden ist, Kapital über Landesgrenzen hinweg zu transferieren, hängt die Entscheidung, wo das Kapital investiert wird, zwar nicht vollständig, aber doch zu einem nennenswerten Anteil von der Höhe der Steuern in den Ländern ab, in denen eine Investition in Frage kommt. Unter sonst gleichen Bedingungen wird ein Investor daher sein Geld in demjenigen Land anlegen, in dem die steuerliche Belastung seiner Investition am geringsten ist.

Warum sollten die Staaten aber in einen Steuersenkungswettbewerb eintreten (vgl. als einfaches Modell zum Folgenden Plümper/Schulze 1999)? Staaten sind aus verschiedenen Gründen daran interessiert, Kapital ins Land zu locken. Zufließendes Kapital verspricht nämlich tendenziell höheres Wirtschaftswachstum und zusätzliche Arbeitsplätze. Zusätzliches Kapital lässt sich nun aber gerade durch eine Senkung der für Investoren relevanten Steuern (vor allem der einschlägigen Steuersätze auf Unternehmensgewinne, Kapitalerträge etc.) ins Land locken.

Für die Staaten besteht dabei aber ein Problem: Wenn sie die relevanten Steuern senken und tatsächlich Kapital attrahieren können, werden die negativ von dieser Politik betroffenen Staaten, die also eine Abwanderung von Kapital hinnehmen müssen, reagieren, und ihre Steuern ebenfalls senken. Wenn nun aber alle Staaten die Steuern im selben Umfang senken, wird kein Staat zusätzliches Kapital attrahieren können, während alle Staaten geringere Steuereinnahmen hinnehmen müssen. In diesem Fall stellen sich alle Staaten durch eine Senkung der Steuern schlechter als vorher. Das legt die Frage nahe, warum die Staaten unter diesen Bedingungen nicht miteinander kooperieren und Absprachen zur Höhe der Steuersätze treffen.

Der einfache Grund besteht darin, dass nicht alle Staaten gleich sind und deshalb auch nicht alle durch die Senkung der Steuersätze zwangsläufig Steuereinnahmen verlieren. Die entscheidende Variable in diesem Zusammenhang ist die Größe eines Landes. Welchen Unterschied macht die Landesgröße? Um diese Frage zu beantworten, müssen wir überlegen, was passiert, wenn das Inland die Steuern, genauer die Steuersätze senkt. Unter sonst gleichen Bedingungen fallen auch die Steuereinnahmen. Aber die Bedingungen sind im internationalen Steuerwettbewerb eben nicht gleich. Vielmehr führt der niedrigere Steuersatz dazu, dass die steuerliche Bemessungsgrundlage wächst, weil ja aufgrund der Steuersatzsenkung ausländisches Kapital ins Land fließt, auf das nun der – gesenkte – Steuersatz angewendet wird, während es vorher gar nicht im Inland besteuert wurde.

Ob ein Land von der Senkung eines Steuersatzes profitiert, hängt also wesentlich davon ab, welcher Effekt größer ist, der einnahmensenkende Effekte der Senkung des Steuersatzes oder der einnahmenerhöhende Effekt der breiteren Bemessungsgrundlage. Und hier kommt die Ländergröße ins Spiel. Bei einem kleinen Land, das ja zunächst nur eine sehr kleine steuerliche Bemessungsgrundlage hat, sind die Verluste der Senkung des Steuersatzes (auf das wenige bereits im Land befindliche Kapital) gering im Vergleich mit dem Effekt des zuströmenden Kapitals, das – relativ zum geringen Ausgangswert – von erheblicher Bedeutung ist. Das heißt also: Kleine Länder können sich durch Steuersatzsenkungen einen Vorteil verschaffen, den große Länder nicht erreichen können. Große Länder können zwar versuchen, ihre Steuerbasis durch Satzsenkungen zu verteidigen, aber zu steigenden Steuereinnahmen kommen sie auf diese Weise nicht, weil bei großen Ländern mit großer Steuerbasis der Effekt der Satzsenkung immer größer ist als der Effekt der wachsenden Steuerbasis. Insofern hat das kleine Land also in keinem Fall einen Anreiz, bei einer internationalen Regulierung der Steuersätze zu kooperieren. Daher wird auch wenigstens in Teilen der Literatur erwartet, dass der Steuerwettbewerb erst endet, wenn die fraglichen Steuersätze bei Null angekommen sind. In der Literatur wird daher gelegentlich von einem „Race to the bottom" gesprochen.

Wie sieht es jedoch mit der Empirie aus? Können wir tatsächlich einen Steuersenkungswettbewerb zwischen den OECD-Staaten feststellen oder handelt es sich bei der Theorie vom „race to the bottom" um viel Lärm um nichts?

Die Antwort auf diese Frage hängt stark von dem Indikator ab, der verwendet wird. Blickt man auf die Abgaben- oder Steuerquoten der OECD-Staaten, die wir weiter oben schon betrachtet haben, wird man sich schwer tun, von einem Steuersenkungswettbewerb zu sprechen. Abbildung 3.3 und Tabelle 3.2 weiter oben zeigen zwar ein abnehmendes Wachstum der Abgabenquoten in den OECD-Ländern seit den 1990er Jahren, aber nennenswert zurückgegangen ist die Abgabenquote nur in den wenigsten Ländern. Interessanterweise nehmen aber nicht nur die Gesamtabgabenquoten nicht nennenswert ab, sondern auch die Einnahmen aus Steuern, die besonders stark vom Standortwettbewerb betroffen sein sollten, wie Steuern auf Unternehmensgewinne, blieben insgesamt nicht nur stabil, sondern sie nahmen sogar zu. Trugen nämlich die Einnahmen aus Steuern auf Unternehmensgewinne 1980 noch lediglich knapp acht Prozent zu den gesamten Steuereinnahmen der OECD-Staaten bei, lag der entsprechende Wert 2007 bei 10,7 Prozent (OECD 2009b: 83).

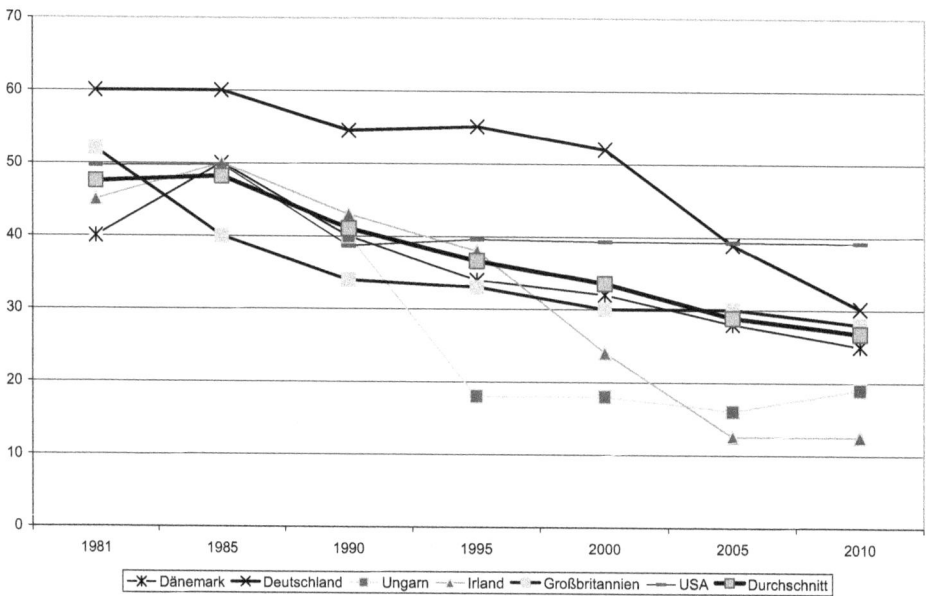

Abbildung 3.4: Entwicklung des Körperschaftsteuersatzes in der OECD seit 1981
Quelle: OECD Tax Database.

Ein anderes Bild ergibt sich, wenn wir die einschlägigen Steuersätze betrachten. Abbildung 3.4 stellt beispielsweise die Entwicklung des Körperschaftsteuersatzes seit 1981 in ausgewählten OECD-Ländern sowie im OECD-Durchschnitt dar. Was wir anhand dieser Abbildung feststellen können, ist eine kontinuierliche Senkung des durchschnittlichen Körperschaftsteuersatzes in der OECD seit Mitte der 1980er Jahre. Lag der entsprechende Satz 1985 noch bei 48,2 Prozent, war er bis 2010 auf 26,8 Prozent gesunken – fast eine Halbierung in 25 Jahren! Zudem hat sich kein einziges OECD-Land diesem Trend auf Dauer widersetzen können. Und es sind vor allem kleine Länder, wie Irland oder Ungarn, die ihren Körperschaftsteuersatz besonders stark gesenkt haben. In der Tat zeigen auch einfache quantitative Auswertungen, dass sich die Körperschaftsteuersätze wie von der Theorie erwartet nach der Ländergröße ausrichten, also kleine Länder hier besonders starke Senkungen durchsetzen (Ganghof 2005).

Auch der Spitzensatz der Einkommensteuer wird häufig als Indikator für globalisierungsbedingte Veränderungen in der Steuerpolitik herangezogen. Abbildung 3.5 macht deutlich, dass auch hier eine fast kontinuierliche Abwärtsbewegung zu konstatieren ist. Lag der durchschnittliche Spitzensteuersatz bei der Einkommensteuer in der OECD Anfang der 1980er Jahre noch bei wenig unter 60 Prozent, ist er inzwischen auf knapp 35 Prozent gesunken. Und wiederum ist in keinem OECD-Land der Einkommensteuerspitzensatz heute auch nur annähernd so hoch wie Anfang der 1980er Jahre bzw. im Falle der osteuropäischen Transformationsländer wie Anfang der 1990er Jahre. Allerdings zeigt die Graphik auch eine Reihe von Beispielen, in denen der Spitzensteuersatz wieder erhöht worden ist, besonders eindrucksvoll in den USA in der ersten Hälfte der 1990er Jahre. Ein anderer Indikator zeigt ebenfalls, dass der globalisierungsinduzierte Druck auf die Spitzensätze der Einkommensteuer keineswegs so stark ist wie bei den Körperschaftsteuersätzen. Die Spitzensätze der Einkommensteuer konvergieren nämlich nicht wie die Körperschaftsteuersätze in Abhängigkeit von der Ländergröße, sondern in Abhängigkeit von der Abgabenquote (Ganghof 2005) und damit einem immer noch stark innenpolitisch determinierten Faktor.

Wie lassen sich diese vermeintlich widersprüchlichen Ergebnisse erklären? Ein bedenkenswerter Ansatz weist darauf hin, dass die Steuereinnahmen ohne den Steuerwettbewerb vermutlich noch höher wären (Genschel 2000). So wirkt zwar der Steuerwettbewerb in Richtung einer Senkung der Steuersätze und auch der Steuerbelastung insgesamt, aber die gesellschaftliche Nachfrage nach ausgabenintensiven staatlichen Leistungen nimmt gleichzeitig ebenfalls zu, etwa im Zuge des demographischen Übergangs. Dies führt dazu, dass die Entscheidungsträger zwar einerseits auf den Standortwettbewerb mit niedrigeren Steuersätzen reagieren, weil der Höhe der Steuersätze in der Regel eine Signalwirkung für Investoren zugeschrieben wird. Andererseits müssen Regierungen aber auch Strategien entwickeln, wie sie ihre Einnahmen angesichts einer jedenfalls nicht zurückgehenden gesellschaftlichen Nachfrage verteidigen. Und in der Tat waren Regierungen bislang durchaus erfolgreich darin, solche Strategien zu entwerfen. Wie können solche Strategien, die Steuereinnahmen bei sinkenden Steuersätzen zu erhalten, aber konkret aussehen?

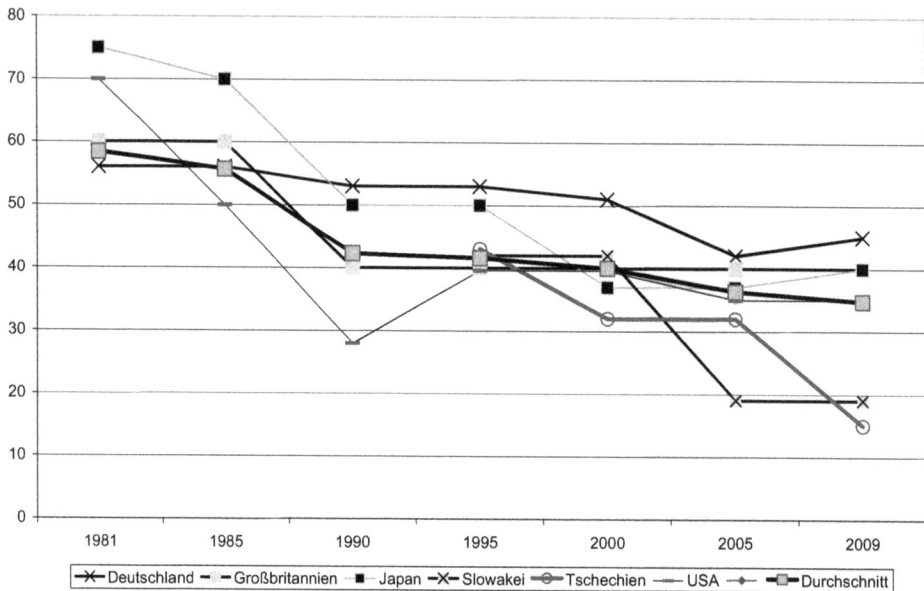

Abbildung 3.5: Entwicklung des Spitzensteuersatzes der Einkommensteuer in der OECD seit 1981
Quelle: OECD Tax Database.

Zunächst können Regierungen auf einen Selbstfinanzierungseffekt von Steuerreformen hoffen. Die Idee ist Folgende: Sinkende Grenzsteuersätze machen zusätzliches Einkommen attraktiver, weil ein größerer Teil des zusätzlich erarbeiteten Einkommens behalten werden kann. Also werden die Wirtschaftssubjekte auf Steuersenkungen mit zunehmender Aktivität reagieren. Durch die zunehmende wirtschaftliche Aktivität steigt das zu versteuernde Einkommen, also die steuerliche Bemessungsgrundlage. Obwohl nun ein niedrigerer Steuersatz angewendet wird, kann dieser auf eine breitere Basis angewendet werden, sodass die Einnahmeausfälle jedenfalls teilweise kompensiert werden. Auf diesen sogenannten Lafferkurven-Effekt sollten sich die Entscheidungsträger jedoch nicht ausschließlich verlassen. Denn während es gute Gründe gibt anzunehmen, dass es zu Selbstfinanzierungseffekten kommt, darf bezweifelt werden, dass diese Effekte ausreichen, um den Effekt der Senkung des Steuersatzes vollständig zu kompensieren.

Den politischen Entscheidungsträgern bieten sich allerdings noch weitere Ansatzpunkte (vgl. Ganghof 2000, Wagschal 2005: 157ff.). Eine besonders prominente Antwort auf die fiskalische Herausforderung des Steuerwettbewerbs besteht darin, die Satzsenkungen mit einer Verbreiterung der Bemessungsgrundlage, also etwa der Streichung steuerlicher Sonderregelungen, zu kombinieren. Faktisch bezahlen somit die Investoren die Steuersatzsenkung selbst, indem Steuervergünstigungen gestrichen werden. Aber auch diese Strategie hat Nachteile, weil nämlich im Zuge der Streichung von steuerlichen Sonderregelungen auch auf die Lenkungswirkungen, die ursprünglich mit den Sonderregelungen angestrebt wurde, verzichtet werden muss. Dennoch ist diese Vorgehensweise in fast allen Ländern gewählt worden, um die Einnahmeverluste aus den Senkungen der Steuersätze zu begrenzen.

Darüber hinaus kann man versuchen, die Senkung der Steuersätze auf mobile Steuerbasen zu begrenzen, d.h. auf solche Steuerbasen, die tatsächlich die Möglichkeit haben, sich der Besteuerung zu entziehen. Weniger mobile Steuerbasen können dann weiterhin hoch besteuert werden, sodass die Einnahmenverluste ebenfalls begrenzt werden. Ein besonders prominentes Beispiel einer solchen differenzierten Besteuerung, bei der es zu einer Privilegierung mobiler Steuerbasen kommt, ist die *duale Einkommensteuer*, die erstmals 1987 in Dänemark eingeführt wurde. Die Idee besteht darin, zwischen (mobilem) Kapital- und (immobilem) Arbeitseinkommen zu differenzieren. Auf diese Weise kann das Kapitaleinkommen mit sehr niedrigen Steuersätzen besteuert werden, ohne dass die Satzsenkung auch zu Einnahmeverlusten bei der Besteuerung von Arbeitseinkommen führt, das nämlich weiterhin progressiv und hoch besteuert werden kann. Allerdings hat auch die duale Einkommensteuer eine Reihe von Nachteilen, wobei der wichtigste wohl in der höchst unpopulären Ungleichbehandlung von Arbeits- und Kapitaleinkommen besteht.

Eine letzte Möglichkeit, die Staatseinnahmen trotz Senkung der Steuersätze bei der Körperschaft- und der Einkommensteuer zu verteidigen, besteht in einer Umschichtung der Steuerbelastung von Steuern, die mobile Steuerbasen belasten, auf Konsumsteuern und Sozialversicherungsbeiträge. Hier ist die Idee, dass sich die Wirtschaftssubjekte der Konsumbesteuerung und den Sozialversicherungsbeiträgen schwerer entziehen können. Allerdings hatten wir im Kapitel 2.2.6 gesehen, dass es gerade diese Steuern sind, die besonders negative Beschäftigungseffekte aufweisen, d.h., auch diese Strategie, mit dem Steuerwettbewerb umzugehen, ohne auf Einnahmen zu verzichten, weist nennenswerte Probleme auf.

3.2.6   Staatsverschuldung: Begriffe, Rechtfertigung, Probleme

Wenn zwischen den Staatsausgaben einerseits und den Staatseinnahmen aus Steuern, Sozialversicherungsbeiträgen und den anderen oben diskutierten Einnahmearten andererseits eine Lücke bleibt, der Staat also mehr ausgibt als er einnimmt, muss er Kredite aufnehmen. Es gibt verschiedene Rechtfertigungen für ein gewisses Maß an Staatsverschuldung. Aus keynesianischer Sicht soll der Staat, wie wir in Kapitel 1.5.2 gesehen haben, in Rezessionsphasen Kredite aufnehmen, um die gesamtwirtschaftliche Nachfrage anzukurbeln (deficit spending). In einer solchen Situation wäre dagegen eine Finanzierung der zusätzlichen Staatsausgaben durch Steuern sogar kontraproduktiv, weil durch höhere Steuern die private Nachfrage gedämpft und somit der gesamtwirtschaftliche Nachfrageeffekt der zusätzlichen Staatsausgaben reduziert würde. Allerdings sieht der Keynesianismus auch vor, die in der Rezession aufgelaufenen Schulden im nächsten Boom wieder abzubauen.

Staatsverschuldung: Zentrale Begriffe

Auch bei der Analyse der Staatsverschuldung sind verschiedene Begriffe zu unterscheiden. So muss differenziert werden zwischen dem *Schuldenstand*, also einer Bestandsgröße, die die Summe aller noch nicht zurückgezahlten Kredite eines Landes angibt, und der *Nettokreditaufnahme*, bei der es sich um eine Stromgröße handelt, die die in einem bestimmten Zeitraum neu aufgenommenen Kredite abzüglich getilgter Schulden erfasst. Diese Kredite müssen aufgenommen werden, weil ein *Haushaltsdefizit* existiert, also die sonstigen Einnahmen unter den Ausgaben des Staates (oder einer Gebietskörperschaft) liegen. Für den Ländervergleich werden diese Größen als Anteil am BIP angegeben.

Um beurteilen zu können, wie stark der finanzpolitische Handlungsspielraum eines Landes durch die Staatsverschuldung eingeschränkt ist, werden eine ganze Reihe von Indikatoren verwendet (vgl. Dietz 2008). So handelt es sich beispielsweise bei der *Kreditfinanzierungsquote* um den Anteil der Nettokreditaufnahme an den Staatsausgaben ohne Ausgaben für die Tilgung alter Kredite. Unter dem *Primärsaldo* versteht man dagegen die Differenz aus den Staatseinnahmen ohne Kredite und Privatisierungserlöse und den Staatsausgaben ohne die Ausgaben für den Schuldendienst. Die *Zins-Steuer-Quote* gibt den Anteil der Zinsausgaben an den Steuereinnahmen eines Staates an. Von diesem Indikator ist die *Zinslastquote* zu unterscheiden, die den Anteil der Staatsausgaben angibt, der für Zinszahlungen aufgewendet werden muss.

Doch auch außerhalb des keynesianischen Denkgebäudes können Staatsschulden gerechtfertigt werden, insbesondere wenn sie aufgenommen werden, um Investitionen zu finanzieren. Das Argument lautet dann nämlich, dass der Nutzen der Investition über einen längeren Zeitraum anfällt und entsprechend auch die Finanzierung dieser Investition über diesen längeren Zeitraum gestreckt werden sollte.

Neben der ökonomischen Logik gibt es aber auch eine politische Logik, die Entscheidungsträger dazu bringen kann, Schulden aufzunehmen. Da die Wähler staatliche Leistungen wie eine funktionierende Infrastruktur, gute Schulen und hohe Sozialstandards zwar schätzen, aber die Erhebung von Steuern und Beiträgen zur Finanzierung dieser Leistungen eher unpopulär ist, erscheint die Verschuldung als ein einfacher Ausweg, da sie kurzfristig niemandem Lasten auferlegt und die staatlichen Leistungen dennoch ausgebaut werden können.

Allerdings kann die Verschuldung durchaus negative Folgen zeitigen. In Kapitel 1.4.2 hatten wir bereits den sogenannten Crowding-out-Effekt kennen gelernt, also das Argument, dass durch die staatliche Kreditnachfrage die Zinsen steigen, was sich negativ auf die Investitionstätigkeit von Unternehmen auswirkt. Mittel- bis langfristig steigt außerdem mit zunehmender Verschuldung die Belastung des Staatshaushaltes mit Zinszahlungen. Bei dauerhaft hoher Verschuldung wachsen die Ausgaben für den Schuldendienst schließlich so weit, dass neue Schulden nur noch aufgenommen werden, um die alten abbezahlen zu können. In einer solchen Situation müssen die Staaten dann versuchen, die Schulden, die ursprünglich zur Vergrößerung des finanzpolitischen Spielraums aufgenommen wurden, wieder abzubauen, indem sie eben doch Steuern erhöhen und/oder Ausgaben kürzen, um wieder finanzpolitischen Handlungsspielraum zu gewinnen.

Die Krise des Euro im Jahr 2010 hat zudem deutlich gemacht, dass eine hohe Verschuldung sogar das Vertrauen in eine Währung untergraben kann. Wenn nämlich die Finanzmärkte glauben, dass ein Land seine Schulden nicht mehr zurückzahlen kann, werden sie diesem Land Kredite entweder nur noch zu sehr hohen Zinsen oder gar nicht mehr einräumen, sodass dem Land die Zahlungsunfähigkeit droht.

3.2.7 Die Entwicklung der Staatsverschuldung im internationalen Vergleich

Wenn wir einen Blick auf die Entwicklung der Schuldenquoten in den letzten 30 Jahren im internationalen Vergleich werfen, wie sie in Tabelle 3.3 und Abbildung 3.6 dargestellt ist, lassen sich gleich mehrere interessante Befunde festhalten.

Tabelle 3.3: Gesamtstaatlicher Schuldenstand in 28 OECD-Staaten

	1980	1995	2008	Veränderung 1980-1995	Veränderung 1995-2008
Australien	..	42,5	14,3	..	-28,2
Belgien	74,5	135,4	93,5	60,9	-41,9
Dänemark	43,7	79,3	39,8	35,6	-39,5
Deutschland	30,2	55,7	68,8	25,5	13,1
Finnland	13,6	65,2	40,7	51,6	-24,5
Frankreich	29,7	62,7	75,7	33,0	13,0
Griechenland	22,8	101,1	102,6	78,3	1,5
Großbritannien	48,7	51,6	56,8	2,9	5,2
Irland	69,0	81,9	48,5	12,9	-33,4
Italien	86,8	122,5	114,4	35,7	-8,1
Japan	47,1	86,2	172,1	39,1	85,9
Kanada	45,6	101,6	69,7	56	-31,9
Neuseeland	..	51,3	25,3	..	-26,0
Niederlande	58,9	89,6	65,8	30,7	-23,8
Norwegen	39,7	40,9	56,0	1,2	15,1
Österreich	35,8	69,5	66,2	33,7	-3,3
Polen	..	51,6	54,0	..	2,4
Portugal	..	68,8	75,2	..	6,4
Schweden	46,8	81,0	47,1	34,2	-33,9
Schweiz	..	47,7	44,0	..	-3,7
Slowakei	..	38,2	30,8	..	-7,4
Slowenien	..	..	29,8	..	-
Spanien	..	69,3	47,0	..	-22,3
Südkorea	16,1	5,2	26,8	-10,9	21,6
Tschechien	..	..	40,7	..	..
Ungarn	..	88,6	77,0	..	-11,6
USA	41,7	70,6	70,0	28,9	-0.6
OECD 17*	44,2	76,5	71,4		
OECD 25**		70,3	63,3		
OECD 27***			61,2		

*Quelle: OECD Factbook 2010, einzelne Daten ergänzt nach Armingeon et al. 2010. Anmerkungen: * Durchschnitt der 17 Länder, für die bereits 1980 Daten vorliegen, ** Durchschnitt der 25 Länder, für die bereits 1995 Daten vorliegen, *** Durchschnitt aller Länder, für die 2008 Daten vorliegen.*

Zunächst fällt auf, dass es keine über die Zeit einheitliche Entwicklung des Schuldenstandes im internationalen Vergleich gegeben hat. So erhöhte sich der durchschnittliche Schulden-stand der 17 OECD-Länder, für die seit 1980 Daten vorhanden sind, Anfang der 1980er Jahren in Folge einer Rezession von rund 45 auf über 60 Prozent. In der zweiten Hälfte der 1980er Jahre blieb die Verschuldung dieser Staaten konstant, um Anfang der 1990er Jahre in Folge einer weiteren Rezession neuerlich deutlich zu steigen – auf über 75 Prozent. Ab Ende der 1990er Jahre begannen die OECD-Staaten dann in nennenswertem Umfang, ihre Verschuldung abzubauen, sodass der Schuldenstand 2007 wieder auf gut 65 Prozent gesunken war. Die Finanzkrise von 2007/8 und die auf sie folgende Rezession trugen dann allerdings erneut zu einem starken Anstieg der Verschuldung bei – zwischen 2007 und 2008 stieg der Schuldenstand im Durchschnitt der 17 Länder um gut fünf Prozentpunkte, im Durchschnitt aller 27 Länder, für die die OECD Daten zur Verfügung stellt, waren es knapp vier Prozentpunkte

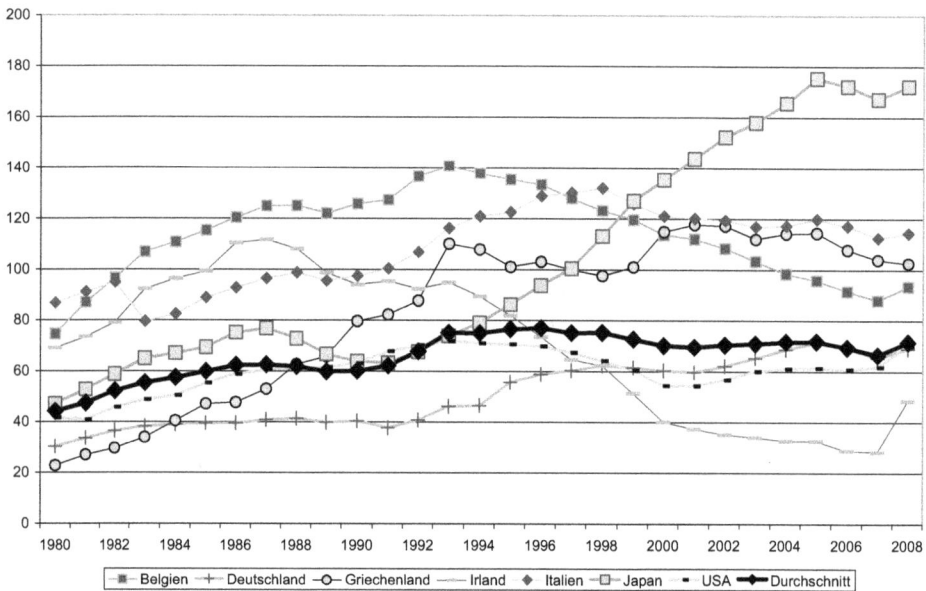

Abbildung 3.6: Entwicklung des gesamtstaatlichen Schuldenstandes in der OECD seit 1980

Quelle: OECD Factbook 2010, einzelne Daten ergänzt nach Armingeon et al. 2010. Anmerkung: Der Durchschnitt bezieht sich auf die 17 OECD-Staaten, für die seit 1980 Daten vorliegen (siehe Tabelle 3.3).

Neben der zeitlichen Entwicklung des Schuldenstandes, die wenigstens teilweise dem Konjunkturzyklus folgt, fällt auf, dass die Unterschiede zwischen den Ländern sehr ausgeprägt sind und dass sich in vielen Fällen gegenläufige Tendenzen erkennen lassen. So stieg in den 1980er und frühen 1990er Jahren die Staatsverschuldung in Belgien, Finnland und Griechenland besonders stark, während es Südkorea als einzigem Land in dieser Phase gelang, seine ohnehin niedrige Staatsverschuldung noch weiter zurückzuführen. Seit 1995 gelangen dagegen einigen Ländern, vor allem Belgien, Dänemark, Schweden und Irland geradezu spektakuläre Konsolidierungserfolge, während Deutschland, Frankreich und Norwegen, vor allem aber Südkorea und Japan eine massive Erhöhung ihrer Verschuldung hinnehmen mussten. Insbesondere der Fall Japans sticht heraus, kam es hier doch zwischen 1995 und 2008 fast zu einer Verdoppelung des Schuldenstandes auf einen Wert, der fast dem 1,75fachen des japanischen Bruttoinlandsproduktes entspricht. Lag der japanische Schuldenstand 1993 noch unter dem Durchschnitt unserer 17 OECD-Länder, übertraf er diesen 2008 um mehr als das Doppelte. Angesichts dieser unterschiedlichen Entwicklungen in den einzelnen Ländern kann es nicht überraschen, dass auch die Betrachtung der Standardabweichung nicht auf Konvergenz zwischen den Staaten über die Zeit hinweg deutet.

3.2.8   „Wer ist schuld an den Schulden?"[14] Determinanten der Staatsverschuldung im internationalen Vergleich

Wir haben festgestellt, dass die Staaten sehr unterschiedlich hohe Schuldenstände aufweisen und dass sich die Staatsverschuldung in den OECD-Staaten im Zeitverlauf sehr unterschiedlich entwickelt hat. Daher lohnt auch hier der Versuch, die politischen und ökonomischen Ursachen dieser Differenzen zu ergründen. Da es sich beim Haushaltsdefizit (und entsprechend seiner Aufsummierung über die Zeit, dem Schuldenstand) jedoch in gewisser Weise um eine Residualgröße handelt, nämlich um die Lücke zwischen Staatseinnahmen und Staatsausgaben, werden wir in einigen Bereichen überraschende Ergebnisse finden (vgl. ausführlicher zum Folgenden Wagschal 2003).[15]

Wenig überraschend ist zunächst, dass sich Problemdruckfaktoren in nennenswertem Umfang auf die Staatsverschuldung auswirken. So erhöhen Arbeitslosigkeit und ein hoher Bevölkerungsanteil von Senioren das Defizit, während das Wirtschaftswachstum einen schuldendämpfenden Effekt ausübt. Diese Effekte sind leicht zu verstehen, führen hohe Arbeitslosigkeit und eine hohe Seniorenquote doch zu steigenden Ausgaben, die häufig nicht vollständig durch höhere Steuer- und Beitragseinnahmen ausgeglichen werden. Umgekehrt steigen bei hohem Wirtschaftswachstum die Steuereinnahmen, während die Nachfrage nach staatlichen Transfers sinkt, sodass das Defizit zurückgeht.

Interessant – und auf den ersten Blick vielleicht überraschend – sind die Befunde zu den Parteiendifferenzen. Empirisch zeigt sich nämlich, dass es gerade bürgerliche, insbesondere christdemokratische Parteien sind, die hohe Defizite zu verantworten haben, während Sozialdemokraten zu einer geringeren Staatsverschuldung neigen. Wie ist dieser Befund zu erklären? Im Wesentlichen ist dieses Ergebnis eine Folge des oben angesprochenen Residualcharakters der Staatsverschuldung, es ist also das Ergebnis der Präferenzen der unterschiedlichen Parteien zu Staatsausgaben und Steuern. Wir hatten bereits gesehen, dass Sozialdemokraten zwar einerseits für höhere Staatsausgaben verantwortlich sind, andererseits aber auch höhere Steuereinnahmen zu verzeichnen haben. Das ist durchaus rational, weil sozialdemokratische Wähler, die häufig eher geringe Einkommen aufweisen, wegen der progressiven Ausgestaltung des Steuersystems auch durch hohe Steuern nur vergleichsweise wenig belastet werden, während sie der Tendenz nach von den Staatsausgaben überproportional profitieren. Das

---

[14] So der Titel eines Aufsatzes von Wagschal (2003).

[15] Es sei darauf hingewiesen, dass die hier vorgestellten empirischen Ergebnisse aus der vergleichenden Analyse von Haushaltsdefiziten stammen. Das hat vor allem methodische Gründe, weil sich für eine Analyse von Haushaltsdefiziten anders als für die Analyse des Schuldenstandes Panelanalysen sinnvoll anwenden lassen. Die Ergebnisse sind allerdings auf den Schuldenstand, der ja lediglich die Aufsummierung der Haushaltsdefizite darstellt, übertragbar.

bedeutet aber auch, dass sozialdemokratische Parteien keine besonders ausgeprägte Aversion gegen Steuern haben. Bei bürgerlichen Parteien ist das anders. Diese präferieren zwar auch ein möglichst geringes Haushaltsdefizit, wichtiger ist ihnen aber noch eine möglichst geringe Steuerbelastung. Da nun Staatsausgaben politisch nur schwer gekürzt werden können, übersteigen die Steuersenkungen bürgerlicher Parteien die Ausgabenkürzungen, die sie durchsetzen können, was zu einer Erhöhung der Staatsverschuldung führt. Interessanterweise verliert sich der hier beschriebene parteipolitische Effekt allerdings in den 1990er Jahren – womöglich eine Folge des Spardrucks durch den Maastrichter Vertrag, auf den wir in Kürze zu sprechen kommen.

Auch bei den institutionellen Faktoren gibt es einige Überraschungen. Wer nämlich davon ausgeht, dass viele Vetoakteure in einem politischen System zu einer Begrenzung der Staatsverschuldung beitragen, irrt. Das Gegenteil ist der Fall! Staaten mit vielen institutionellen Schranken gegen die Mehrheitsherrschaft wie Föderalismus, zweite Kammern, Präsidentialismus oder direkte Demokratie weisen im Durchschnitt nämlich höhere Schulden auf als Staaten, die mehrheitsdemokratisch organisiert sind. Wiederum ist dieser Befund eine Folge des Residualcharakters der Variable Staatsverschuldung. Wie wir gesehen hatten, verhindern institutionelle Schranken nämlich die Erhöhung der Steuerquote, sodass schlicht die Einnahmen fehlen, um die Staatsausgaben anderweitig zu finanzieren. Auch dieser Effekt hat allerdings in den 1990er Jahren an Bedeutung verloren.

Allerdings gibt es in vielen Staaten auch ganz konkrete Verfassungsnormen, die die Staatsverschuldung begrenzen sollen. Ein Beispiel ist die 2009 ins deutsche Grundgesetz aufgenommene sogenannte Schuldenbremse, der zufolge die Bundesländer ab 2020 ganz ohne neue Schulden auskommen sollen, während das Defizit des Bundes bereits ab 2016 nicht über 0,35 Prozent des Bruttoinlandsproduktes liegen darf (Art. 109 Abs. 3 sowie Art. 115 GG). Im internationalen Vergleich zeigt sich, dass solche Regelungen tatsächlich wirken, dass also die Verschuldung in Ländern mit strengen Verfassungsschranken wirklich niedriger ist als in Ländern, in denen es solche Regelungen nicht gibt. In ähnlicher Weise sind auch die Mitglieder der EU seit dem Maastrichter Vertrag gehalten, ihre Haushaltsdefizite unter drei Prozent des BIP und ihren Schuldenstand unter sechzig Prozent des BIP zu halten. Besonders relevant sind diese Kriterien für Länder, die sich der Europäischen Währungsunion anschließen wollen. Empirischen Studien zufolge haben auch diese sogenannten Maastricht-Kriterien in der Tat die Haushaltspolitik der Mitgliedstaaten beeinflusst (vgl. Freitag/Sciarini 2001, Wagschal 2003, Wehner 2010).

Ein breiter Strang der polit-ökonomischen Forschung zur Staatsverschuldung diskutiert noch eine dritte Gruppe von institutionellen Variablen neben den Vetoakteuren auf der Ebene des politischen Systems und den Verfassungsschranken gegen Staatsverschuldung (vgl. etwa van Hagen/Harden 1995; Seils 2005). Dabei wird der Haushaltsprozess genauer unter die Lupe genommen. Im Zentrum steht die Hypothese, dass die Minister mit ausgabenintensiven Ressorts (was häufig alle Minister mit Ausnahme des Finanzministers und ggf. des Ministerpräsidenten sind) sowie die Parlamentarier vor allem an der Durchsetzung ihrer jeweiligen Ausgabenwünsche interessiert sind, während sie zwar auch ein möglichst niedriges Defizit für wünschenswert halten, aber nicht bereit sind, die Erreichung dieses Ziels durch Einsparungen gerade in ihrem Ausgabengebiet zu unterstützen. Je größer demnach der Einfluss dieser Akteure ist, so die Hypothese, desto höher wird das Haushaltsdefizit sein. Umgekehrt gilt dieser Literatur zufolge, dass in Ländern, in denen z.B. der Finanzminister eine herausgehobene

Position gegenüber seinen Kabinettskollegen hat und in denen das Parlament nicht ohne Zustimmung des Finanzministers die Ausgaben erhöhen kann, die Defizite niedriger sein sollten. Empirische Studien finden in der Tat Hinweise darauf, dass diese Überlegungen zutreffen (vgl. z.B. Hallerberg 2004, Wehner 2010).

3.3   Beschäftigungspolitik

Unter Arbeitsmarkt- und Beschäftigungspolitik fasst man diejenigen wirtschaftspolitischen Instrumente zusammen, mit denen versucht wird, Einfluss auf Arbeitslosigkeit und Beschäftigung zu nehmen. Im Gegensatz zur Arbeitsmarktpolitik, deren Instrumente selektiv in das Geschehen am Arbeitsmarkt eingreifen, setzt die Beschäftigungspolitik auf der Makro-Ebene der gesamten Volkswirtschaft an. Sie versucht also mit Hilfe gesamtwirtschaftlicher Maßnahmen so in die Wirtschaft einzugreifen, dass zusätzliche Arbeitsnachfrage der Unternehmen und damit zusätzliche Beschäftigung entstehen. Unterscheiden kann man eine *keynesianische Beschäftigungspolitik*, also eine expansive Geld- und Fiskalpolitik, die zu einer Ausweitung der gesamtwirtschaftlichen Nachfrage und damit zu einer Erhöhung der Produktion und in Folge dessen auch der Beschäftigung führen soll, und eine *angebotsorientierte Beschäftigungspolitik*, die über eine Stärkung der Angebotsseite erreichen will, dass die Unternehmen mehr produzieren und somit auch mehr Arbeit nachfragen. In den nächsten Abschnitten werden wir uns zunächst die historische Entwicklung und den aktuellen Stand der Beschäftigungspolitik anschauen und uns danach der Frage widmen, welche Faktoren die Unterschiede in der Ausprägung dieses Politikfeldes zwischen verschiedenen Ländern erklären können. Zentral ist dabei vor allem die Frage, warum eine keynesianische Beschäftigungspolitik in bestimmten Ländern häufiger eingesetzt wurde bzw. wird als in anderen.

3.3.1   Der Aufstieg der (keynesianischen) Beschäftigungspolitik im 20. Jahrhundert

In der Zeit nach dem zweiten Weltkrieg basierte die Beschäftigungspolitik der meisten Industrieländer (vor allem die der USA und Großbritanniens) auf einer keynesianischen Konjunkturpolitik, d.h. in Rezessionsphasen sollte die gesamtwirtschaftliche Nachfrage durch eine Kombination aus expansiver Fiskal- und Geldpolitik gesteigert und damit auch die Arbeitsnachfrage der Unternehmen erhöht werden (vgl. Hall 1989). Eine solche Form von Beschäftigungspolitik war unter anderem deshalb so weit verbreitet, weil die Regierungen der meisten Industrieländer die Herstellung von Vollbeschäftigung als zentrale Aufgabe der Politik ansahen. Eine dauerhaft hohe Arbeitslosigkeit wurde als wahlpolitisch gefährlich und teilweise sogar als Bedrohung für die Demokratie eingeschätzt. Diese Faktoren begünstigten die Umsetzung einer konsequenten Vollbeschäftigungspolitik.

Als Höhepunkt und zugleich Abschluss der keynesianischen Beschäftigungspolitik kann man die wirtschaftspolitischen Reaktionen der westlichen Industrieländer auf die Ölkrisen der 1970er Jahre werten. Wie der Keynesianismus damals in der Wirtschaftspolitik konkret umgesetzt wurde, zeigt uns ein Blick auf die vier europäischen Länder, die Fritz Scharpf (1987) in seiner Studie zu den Reaktionen auf die Ölkrisen analysiert hat (vgl. dazu auch Kap. 2.2.6).

In der Bundesrepublik war die Durchführung einer keynesianischen Politik verbunden mit der erstmaligen Regierungsbeteiligung der SPD, zunächst in der Großen Koalition (1966-1969) und danach in der sozial-liberalen Koalition mit der FDP. Während der ersten Rezession der Nachkriegszeit 1966/67 entstand das sogenannte Stabilitätsgesetz, das Bund und Länder auf die Ziele einer antizyklischen Fiskalpolitik verpflichtete. Die Unabhängigkeit der Bundesbank wurde allerdings nicht angetastet, was, wie wir noch sehen werden, ein Hindernis für die Durchführung einer keynesianischen Beschäftigungspolitik darstellte. Auf die erste Ölkrise 1973 reagierte die sozial-liberale Bundesregierung mit einem deutlich expansiven Bundeshaushalt, um die befürchteten negativen Folgen für die Beschäftigung aufzufangen (vgl. im Folgenden Scharpf 1987: 164ff.). Als Höhepunkt der keynesianischen Politik in der Bundesrepublik kann das Jahr 1975 bezeichnet werden: Mit einer Neuverschuldung von knapp 54 Milliarden D-Mark setzte nicht nur die Fiskalpolitik eindeutig expansive Impulse – auch die Bundesbank, die bis dahin eine restriktive Geldpolitik verfolgt hatte, ging in Form von Zinssatzsenkungen zu einer leicht expansiven Geldpolitik über. Doch bereits 1976 hatte dann zunächst wieder das Ziel der Haushaltskonsolidierung Priorität. Auf dem Bonner Weltwirtschaftsgipfel 1978 fügte sich die Bundesregierung jedoch dem internationalen Druck, als „Konjunkturlokomotive" zu fungieren – die deutsche Wirtschaftspolitik sollte also wieder stärker expansiv ausgerichtet sein, um die Konjunktur in den anderen Industrieländer zu stützen. Auf dem Gipfel wurden deshalb zusätzliche nachfragesteigernde Maßnahmen in Höhe von einem Prozent des deutschen BIP vereinbart, die vor allem über die Ausweitung öffentlicher Investitionen sowie eine Erhöhung des Kindergeldes und der Grundfreibeträge der Einkommensteuer umgesetzt wurden. Spätestens ab dem Anfang der 1980er Jahre kehrte die Regierung, vor allem auf Druck der FDP, jedoch wieder zu einem Sparkurs zurück. Der Streit um die Ausrichtung der Finanzpolitik trug letztlich sogar entscheidend zum Ende der sozial-liberalen Koalition, und damit auch zum Ende der keynesianischen Beschäftigungspolitik in Deutschland bei.

Im Vergleich zur deutschen Politik war die Beschäftigungspolitik in Österreich in den 1970er Jahren stärker expansiv ausgerichtet, und zwar sowohl die Geld- als auch die Fiskalpolitik (vgl. im Folgenden Scharpf 1987: 81ff.). Dabei konzentrierte man sich in der Fiskalpolitik vor allem auf die Förderung von Investitionen, beispielsweise durch die deutliche Ausweitung steuerlicher Abschreibungsmöglichkeiten, aber auch durch direkte staatliche Investitionen in Form von Infrastrukturprogrammen. Insgesamt kann man feststellen, dass Österreich die Folgen der Ölkrisen der 1970er Jahre mit Hilfe einer konsequent keynesianischen Beschäftigungspolitik im internationalen Vergleich gut bewältigen konnte.

Dagegen gestaltete sich die Lage in Großbritannien erheblich schwieriger (vgl. im Folgenden Scharpf 1987: 97ff.). In der direkten Nachkriegszeit war Großbritannien zunächst einer der Vorreiter bei der Umsetzung einer keynesianischen Beschäftigungspolitik gewesen. Auch die Reaktion auf die erste Ölkrise 1973 war eine deutlich expansive Politik, in deren Folge die Arbeitslosigkeit tatsächlich sank. Weniger Erfolg hatte die Regierung allerdings bei der Bekämpfung der Inflation, die 1974 bei 16 Prozent und 1975 sogar bei 24 Prozent lag. 1976 kam es zudem zur Pfundkrise: Nachdem in der Öffentlichkeit darüber spekuliert wurde, dass die Regierung zur Stärkung der internationalen Wettbewerbsfähigkeit das Pfund abwerten wollte, zogen viele Investoren (darunter vor allem solche aus den OPEC-Ländern) ihr Kapital ab – der Kurs des Pfundes sank nun deutlich. Um die Bedeutung des Finanzplatzes Londons zu sichern, versuchte die Bank of England mit Hilfe diverser Devisenmarktinterventionen die Spekulationen und den Kursverfall einzudämmen, jedoch ohne Erfolg. Nachdem die Zentralbank aufgrund der Interventionen ihre Devisenreserven aufgebraucht hatte, musste die britische Regierung schließlich auf einen Sonderkredit des Internationalen Währungs- fonds zurückgreifen. Dieser Kredit war allerdings nur unter Auflagen zur Haushaltskonsoli- dierung erhältlich, weshalb eine keynesianisch orientierte Beschäftigungspolitik nicht mehr möglich war.

In Schweden wiederum war bis zur ersten Ölkrise 1973 eine restriktive Politik verfolgt wor- den, um die Inflation zu bekämpfen (vgl. im Folgenden Scharpf 1987: 127ff.). Nach Eintritt der Krise wurde diese Politik modifiziert: So senkte die Regierung beispielsweise die Mehr- wertsteuer, um die Konsumnachfrage der privaten Haushalte anzukurbeln. Nach den Wahlen 1976 kam in Schweden die erste bürgerliche Koalition seit 44 Jahren an die Regierung. Die Vollbeschäftigungspolitik der vorherigen sozialdemokratischen Regierung wurde allerdings trotzdem fortgesetzt. Die Regierung wertete beispielsweise die schwedische Krone ab, um die internationale Wettbewerbsfähigkeit und damit die Exportnachfrage zu stärken. Und auch die Fiskalpolitik war deutlich expansiv ausgerichtet, sodass das schwedische Haushaltsdefizit von 5 Prozent im Jahr 1977 bis 1982 auf immerhin 12 Prozent anstieg. Ein weiteres beschäf- tigungspolitisches Instrument war die direkte Subventionierung von Arbeitsplätzen. So wur- den beispielsweise in den schwedischen Werften Tanker produziert, die auf dem Weltmarkt nicht nachgefragt wurden, weshalb man sie nach der Produktion auf Staatskosten wieder zerstörte. Ein weiterer zentraler Faktor dafür, dass die Arbeitslosigkeit im Schweden der 1970er Jahre sehr niedrig blieb, war schließlich der massive Einsatz der aktiven Arbeits- marktpolitik.

Die beschäftigungspolitischen Reaktionen verschiedener europäischer Regierungen auf die Ölkrisen der 1970er Jahre zeigen also, dass in allen Ländern eine expansive Fiskalpolitik mit dem Ziel der Beschäftigungssicherung die zentrale Politikreaktion darstellte, die gelegentlich von ergänzenden Maßnahmen, von der aktiven Arbeitsmarktpolitik oder der Hortung von Arbeitskräften in staatlichen Unternehmen über die lohnpolitische Konzertierung bis zur Abwertung reichten. Gleichzeitig zeigten sich jedoch in den meisten Ländern auch bereits Probleme der keynesianischen Beschäftigungspolitik, die schließlich in den 1980er Jahren einen Paradigmenwechsel einläuteten.

3.3.2   Vom Keynesianismus zum Monetarismus: Paradigmenwechsel in der Beschäftigungspolitik

Seit Mitte der 1970er Jahre bis zum Ende der 1980er Jahre kam es in vielen entwickelten Demokratien zu einem Paradigmenwechsel vom Keynesianismus zum Monetarismus und der Angebotstheorie (Hall 1993). Im Zuge dieser wirtschaftspolitischen Neuorientierung wurden nicht nur die beschäftigungspolitischen Instrumente angepasst, sondern auch die grundlegen- den Ziele und Ideen hinter der Beschäftigungspolitik. Ausgehend von der amerikanischen Wirtschaftspolitik unter Reagan und der Thatcher-Regierung in Großbritannien setzte sich das monetaristische Paradigma auch in anderen Industrieländern durch. Doch was waren die Gründe für diesen Paradigmenwechsel?

Ein Auslöser war die Stagflation der 1970er Jahre in Folge der Ölkrisen, also die Kombinati- on aus Inflation und stagnierendem Wachstum sowie steigender Arbeitslosigkeit. Die keynesianische Theorie konnte das gemeinsame Auftreten dieser Probleme weder erklären noch konnte sie bei der Überwindung der Stagflation helfen. Der Wechsel des wirtschaftspolitischen Paradigmas führte dazu, dass – wie es der Monetarismus postuliert – nicht mehr allein die Arbeitslosigkeit, sondern auch die Inflation als zentrales Problem der Wirtschaftspolitik angesehen wurde.

Dafür gab es im Wesentlichen zwei Gründe. Auf der theoretischen Ebene argumentierte der Monetarismus, dass Vollbeschäftigung ohnehin nicht mit Hilfe makroökonomischer Politik hergestellt werden könne. Im Gegensatz zum Keynesianismus geht der Monetarismus nämlich von der Existenz einer natürlichen Arbeitslosenquote aus, die zumindest nicht durch eine makroökonomische Beschäftigungspolitik bekämpft werden kann. Diese natürliche Arbeitslosenquote besteht überwiegend aus struktureller Arbeitslosigkeit, und die entsprechenden Therapiemaßnahmen setzen anders als die keynesianische Beschäftigungspolitik kaum auf der gesamtwirtschaftlichen Ebene an (vgl. dazu Kapitel 1.5.4). Empfohlen wird dagegen eine angebotsorientierte Wirtschaftspolitik, darunter vor allem eine Liberalisierung des Arbeitsrechts sowie eine Steuer- und Sozialpolitik, die Arbeitslosen Anreize zur Aufnahme einer Beschäftigung gibt. Hinzu kam eine empirische Beobachtung: Wie wir in Kapitel 2.3 gesehen haben, waren nämlich die Inflationsraten der Industrieländer im Laufe der 1970er Jahre sehr stark angestiegen. Insofern schien hier tatsächlich erheblicher Handlungsbedarf zu bestehen, sodass die Aufmerksamkeit der Regierungen eben nicht mehr hauptsächlich auf die Herstellung von Vollbeschäftigung gerichtet war, sondern der Bekämpfung der Inflation größeres Gewicht beigemessen wurde.

Die Abkehr von der keynesianischen Vollbeschäftigungspolitik wurde außerdem begünstigt durch die Erfahrung vieler Regierungen, dass ein Anstieg der Arbeitslosigkeit wahlpolitisch nicht so gefährlich war wie in der direkten Nachkriegszeit befürchtet. Zudem zeigten die Erfahrungen der sozialistischen Regierung Mitterrand in Frankreich 1981/82 die Grenzen keynesianischer Beschäftigungspolitik in Zeiten offener Märkte auf (siehe Kasten) – mit deutlich abschreckender Wirkung.

Das sozialistische Experiment unter Mitterrand

1981 hatten die französischen Sozialisten sowohl die Präsidentschafts- als auch die Parlamentswahlen gewonnen und eine massive fiskalische Reflation (also eine Politik, die Arbeitslosigkeit und ein sinkendes Preisniveau bekämpfen will) zu initiieren versucht (vgl. dazu Hall 1986: 192ff., Merkel 1993: 317ff.). So wurden beispielsweise die Staatsausgaben um mehr als zwölf Prozent erhöht, nicht zuletzt, indem Sozialleistungen teilweise erheblich heraufgesetzt wurden. Zudem kam es in nennenswertem Umfang zu Verstaatlichungen, um anschließend über diese Staatsunternehmen die Investitionstätigkeit auszuweiten. Zur Finanzierung dieses Programms griff die Regierung auf eine Ausweitung der staatlichen Kreditaufnahme sowie auf höhere Steuern für Unternehmen und höhere Einkommen zurück. Diese vom Keynesianismus inspirierte Politik, die vor allem das Ziel verfolgt hatte, die Arbeitslosigkeit zu bekämpfen, musste allerdings ab 1982 wieder zurückgenommen werden. Die zusätzlich geschaffene französische Nachfrage floss nämlich zu erheblichen Teilen ins Ausland ab, wo eine genau entgegengesetzte Politik betrieben wurde. Entsprechend blieben die Multiplikatoreffekte geringer als erhofft. Gravierender war jedoch, dass es in Folge der expansiven Politik zu einer massiven Verschlechterung der französischen Handelsbilanz und in deren Folge zu starkem Abwertungsdruck auf den Franc kam. Da Frankreich zu jener Zeit bereits Mitglied im Europäischen Währungssystem (EWS) war, die Fortsetzung der sozialistischen Wirtschaftspolitik aber nur um den Preis des Verzichts auf die Mitgliedschaft im EWS zu haben war, nahm die Regierung Mitterrand 1982/83 einen Kurswechsel vor und verabschiedete sich von ihrer bisher verfolgten Politik. Das Scheitern des sozialistischen Experiments einer keynesianischen Beschäftigungspolitik in Frankreich wirkte aber auch außerhalb des Landes noch lange nach.

Spätestens als Anfang der 1990er Jahre die Arbeitslosenquoten vor allem in vielen europäischen Staaten wieder anstiegen (während die Inflationsraten deutlich niedriger waren), rückte das Thema Arbeitslosigkeit zunehmend ins Zentrum der politischen Agenda. Die Antwort vieler Regierungen war aber im Gegensatz zu den ersten Nachkriegsjahrzehnten nicht mehr eine keynesianische Beschäftigungspolitik, sondern eine angebotsorientierte: Über eine Stärkung der Angebotsbedingungen sollte es den Unternehmen ermöglicht werden, mehr zu produzieren, was sich dann auch positiv auf die Beschäftigung auswirken sollte. Entsprechend empfahl beispielsweise die OECD in ihrer „Jobs Study" von 1994 eine wachstumsfördernde und inflationsfreie Beschäftigungspolitik, die Förderung von technischem Fortschritt und unternehmerischer Initiative sowie die Intensivierung des Wettbewerbs auf den Produktmärkten. Ähnliche Vorschläge kamen auch von der Europäischen Union, die sich im Laufe der 1990er Jahre mit dem Thema Beschäftigungspolitik zu befassen begann und die seit dem Amsterdamer Vertrag von 1997 die beschäftigungspolitische Koordination zwischen den Mitgliedsländern vorantreibt (siehe Kasten).

Die Europäische Beschäftigungsstrategie

Im Vertrag von Amsterdam 1997 erklärten die Mitgliedsländer der Europäischen Union die Beschäftigungspolitik zu einer Angelegenheit von gemeinsamem Interesse und vereinbarten eine Koordinierung der nationalstaatlichen Politiken. Das Verfahren zu dieser Koordinierung wird auch als Europäische Beschäftigungsstrategie (EBS) bzw. als Lissabon-Prozess bezeichnet. Die EBS bedient sich dabei dem Steuerungsmechanismus der sogenannten Offenen Methode der Koordinierung (OMK). Dabei entscheidet der Rat auf Vorschlag der Europäischen Kommission regelmäßig über die beschäftigungspolitischen Leitlinien. In den Leitlinien werden eine Reihe von arbeitsmarkt-, wirtschafts-, sozial- und bildungspolitischen Zielen und Instrumenten formuliert. Sowohl die Ziele als auch der Instrumenteneinsatz werden teilweise sogar quantifiziert. Die beschäftigungspolitischen Leitlinien sollen dann von den Mitgliedstaaten im Rahmen ihrer nationalen Arbeitsmarkt- und Beschäftigungspolitik umgesetzt werden, wobei dem Rat und der Kommission regelmäßig über die Umsetzung berichtet werden muss. Ist die Entwicklung in einem Mitgliedsstaat unzureichend, kann der Rat über entsprechende individuelle Empfehlungen Druck zur Umsetzung der Leitlinien ausüben, was faktisch regelmäßig getan wird. Da die eigentliche Kompetenz in der Arbeitsmarkt- und Beschäftigungspolitik weiterhin in der Hand der einzelnen Mitgliedsstaaten liegt und es keine Sanktionsmöglichkeiten (wie beispielsweise bei der Einhaltung des Stabilitätspaktes für die Mitglieder der EWWU) gibt, wird die OMK auch als „weiches" Steuerungsinstrument bezeichnet.

Zudem gab es in einigen europäischen Staaten Versuche einer Koordinierung von Staat, Gewerkschaften und Arbeitgeberverbänden (vgl. etwa Hassel 2000, Jochem/Siegel 2003). Sowohl im Rahmen solcher tripartistischen Gremien als auch in Ländern, in denen die Beschäftigungspolitik ohne nennenswerte Beteiligung der Sozialpartner formuliert wurde, spielten dabei vor allem Reformen der sozialen Sicherungssysteme, die die Arbeitskosten senken sollten, der effizientere Einsatz der aktiven Arbeitsmarktpolitik (vgl. Kap. 3.4) und Arbeitsmarktreformen im Sinne einer Deregulierung des Arbeitsmarktes eine wichtige Rolle. Die zuletzt genannte Entwicklung lässt sich auch an Abbildung 3.7 ablesen. Dort ist die Entwicklung eines OECD-Indikators abgetragen, der das Niveau des Kündigungsschutzes, und damit eines besonders wichtigen Indikators der Arbeitsmarktregulierung, in verschiedenen Ländern misst. Und tatsächlich ist dieser Indikator im Durchschnitt von 22 OECD-Staaten seit Ende der 1980er bzw. Anfang der 1990er Jahre substanziell gesunken (wobei niedrigere Werte ein niedrigeres Niveau an Kündigungsschutz implizieren).

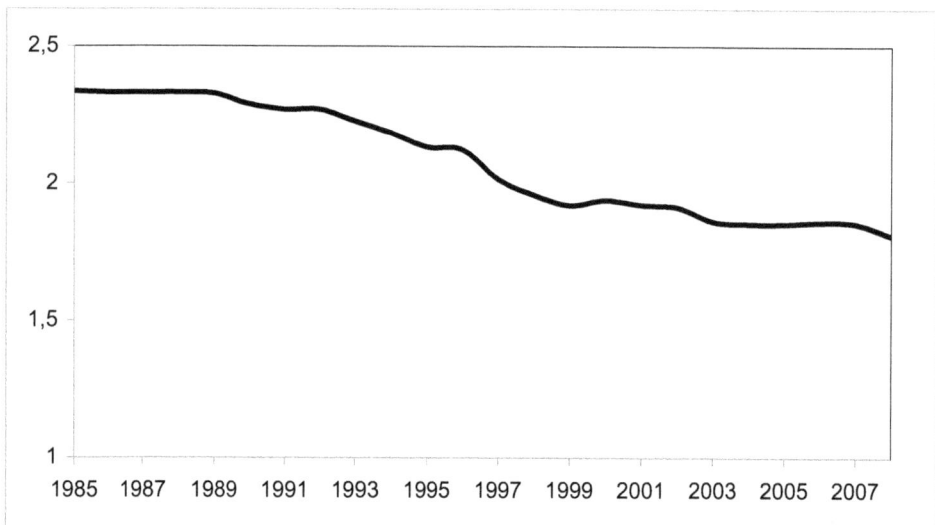

Abbildung 3.7: Entwicklung des Kündigungsschutzes in der OECD

Quelle: Employment Protection Strictness-Indikator der OECD, Gesamtindikator, Version 1 Anmerkungen: Der Index besteht aus dem Durchschnitt der Indikatoren für reguläre und befristete Arbeitsverträge. Angegeben ist der Durchschnitt von 22 OECD-Ländern.

Beschäftigungspolitisch motivierte fiskalische Impulse kamen dagegen lange Zeit lediglich noch in Einzelfällen zum Einsatz, wie etwa 1993 in Dänemark, als die neu ins Amt gekommene sozialdemokratisch geführte Regierung Nyrup Rasmussen der Wirtschaft einen fiskalischen „Kickstart" versetzte, um Wachstum und Beschäftigung wieder in Gang zu bekommen (Zohlnhöfer 2009: 259f.). In den letzten Jahren erlebte die keynesianische Beschäftigungspolitik allerdings eine kleine Renaissance: Als Reaktion auf die Wirtschafts- und Finanzkrise seit 2008 verabschiedeten praktisch alle OECD-Länder Konjunkturprogramme, wobei der Umfang dieser fiskalischen Impulse bei durchschnittlich circa 2,5 Prozent des BIP lag. Das umfangreichste Konjunkturpaket wurde in den USA aufgelegt, mit nachfragesteigernden Maßnahmen in einer Größenordnung von circa 5,5 Prozent des BIP (OECD 2009a: 105). Mit diesen verschiedenen Programmen verbunden waren die Förderung des privaten Konsums und der Einsatz öffentlicher Investitionen, um dadurch die negativen Folgen der Krise vor allem für die Beschäftigung in Grenzen zu halten. Ob diese Renaissance der keynesianischen Konjunkturpolitik von Dauer ist, ist zum gegenwärtigen Zeitpunkt allerdings höchst ungewiss.

3.3.3 Erklärungsansätze der Unterschiede in der Beschäftigungspolitik

Wir haben bereits gesehen, dass der Bedeutungsverlust der klassischen Vollbeschäftigungspolitik auch ideelle Gründe hatte, und zwar weil monetaristische Vorstellungen die praktische Wirtschaftspolitik seit den 1980er Jahren mehr beeinflussten als das frühere keynesianische Paradigma. Neben diesen ideellen Faktoren spielen aber auch andere Variablen eine Rolle bei der Frage, ob eine keynesianische Vollbeschäftigungspolitik in einem Land durchgeführt wurde oder nicht.

Ein wichtiger Faktor ist die parteipolitische Zusammensetzung der Regierung. Wir haben bereits in Kapitel 2.2.4 gesehen, dass die Parteiendifferenzhypothese davon ausgeht, dass Länder mit linken Regierungsparteien theoretisch eine niedrigere Arbeitslosigkeit aufweisen sollten als solche, die von konservativen Parteien regiert werden. Auch wenn sich diese Hypothese nicht systematisch bestätigt hat, könnten doch linke Parteien mit anderen Instrumenten als bürgerliche Parteien versuchen, die Arbeitslosigkeit zu bekämpfen. Konkret könnten also linke Parteien eher zum Einsatz einer keynesianischen Vollbeschäftigungspolitik neigen als rechte. Demzufolge könnten wir annehmen, dass Parteien auch einen Unterschied beim Einsatz beschäftigungspolitischer Instrumente machen. Eine Untersuchung von Boix (2000) widmet sich genau dieser Fragestellung. Der Fokus seiner Analyse liegt nämlich auf der Frage, ob sich beim Einsatz fiskal- und geldpolitischer Instrumente Parteieneffekte finden lassen. Operationalisiert werden die Fiskal- und die Geldpolitik anhand der Entwicklung der staatlichen Haushaltsdefizite bzw. jener der Höhe der Zinssätze. In seiner empirischen Analyse von 19 OECD-Ländern im Zeitraum von den 1960er Jahren bis Mitte der 1990er Jahre kommt Boix zu folgenden zentralen Ergebnissen: Für die 1970er Jahre lässt sich tatsächlich ein positiver Einfluss linker Regierungsparteien auf den Einsatz einer keynesianischen Beschäftigungspolitik finden, während umgekehrt konservative Regierungen eine restriktivere Finanz- und Geldpolitik verfolgten. Diese Parteieneffekte sind für die 1970er Jahre deutlich erkennbar, verschwinden allerdings in den 1980er Jahren. Boix zufolge ist der Grund dafür in externen Faktoren zu finden, und zwar vor allem in der gestiegenen Kapitalmobilität. Sie erhöht die Kosten einer keynesianischen Politik bzw. senkt deren Nutzen, weshalb auch linke Parteien diese Politikinstrumente seit den 1980er Jahren weniger stark nutzen. Zu ähnlichen Ergebnissen bezüglich des Parteieneffektes auf die Fiskalpolitik kommt auch Cusack (2001): Die simple Annahme, dass linke Parteien generell eine expansivere Fiskalpolitik betreiben und deshalb auch höhere Haushaltsdefizite verursachen, kann er in seiner Analyse von 14 OECD-Ländern zwar nicht bestätigen. In Zeiten hoher Arbeitslosigkeit allerdings greifen sozialdemokratische Regierungen häufiger auf eine keynesianisch inspirierte Fiskalpolitik zurück als rechte Parteien. Ähnlich wie Boix stellt aber auch Cusack fest, dass dieser Parteieneffekt in den 1980er und 1990er Jahren deutlich kleiner geworden ist.

Institutionen spielen ebenfalls eine wichtige Rolle, und zwar bei der Frage, ob eine keynesianische Vollbeschäftigungspolitik in einem Land überhaupt durchgeführt werden kann. Auf die Bedeutung solcher institutioneller Rahmenbedingungen für den Erfolg bzw. Misserfolg der Beschäftigungspolitik hat unter anderem Fritz Scharpf (1987) in seiner Studie zu den wirtschaftspolitischen Reaktionen westeuropäischer Länder auf die Ölpreisschocks der 1970er Jahre hingewiesen. Vor allem zwei institutionelle Faktoren sind demnach für die Anwendbarkeit der Beschäftigungspolitik zentral: Die Möglichkeit, eine expansive Geldpolitik zu betreiben, hängt davon ab, ob die Zentralbank in einem Land unabhängig ist oder nicht. Unabhängige Zentralbanken sind vor allem dann ein Hindernis, wenn sie gesetzlich auf das Ziel der Preisniveaustabilität verpflichtet sind.

Auch das Instrument der expansiven Fiskalpolitik kann nicht in jedem Land gleichermaßen eingesetzt werden. Wiederum kann man sich hier auf Scharpf (1987: 261-269) berufen, der nämlich zunächst argumentiert, dass Länder mit einer hohen Staatsquote (also einem hohen Anteil der Staatsausgaben am BIP) bei der Umsetzung einer expansiven Fiskalpolitik im Vorteil sind. Änderungen der Staatsausgaben sind nämlich generell schwierig, da hinter den einzelnen Posten im Staatshaushalt immer bestimmte Interessen und Politikpräferenzen stehen, die nicht nur konjunkturpolitisch motiviert sind. Länder mit einer relativ niedrigen Staatsquote müssen nun größere Änderungen vornehmen, um einen bestimmten Effekt auf die gesamtwirtschaftliche Nachfrage zu erreichen, als Länder mit einer hohen Staatsquote. Und je größer die aus konjunkturpolitischer Sicht notwendigen Veränderungen am Staatshaushalt sind, desto schwieriger dürfte sich ihre Durchsetzung gestalten. Für Länder mit einer hohen Staatsquote ist eine keynesianische Beschäftigungspolitik deshalb mit weniger Schwierigkeiten verbunden als für Länder mit einer kleinen Staatsquote. Der zentrale institutionelle Einflussfaktor auf die Fiskalpolitik ist allerdings der Föderalismus bzw. die Finanzverfassung einer Volkswirtschaft. Beschäftigungspolitik ist üblicherweise eine zentralstaatliche Aufgabe, sodass vor allem die zentralstaatliche Ebene ein Interesse an einer expansiven Fiskalpolitik hat, während Gliedstaaten und Kommunen normalerweise weniger Anreize haben, eine antizyklische Beschäftigungspolitik zu verfolgen. Ob eine Vollbeschäftigungspolitik durchführbar ist, hängt deshalb vom Grad der fiskalischen Zentralisierung ab: In Ländern, in denen die Finanzverfassung föderal oder dezentral organisiert ist, sind die Hindernisse für eine Vollbeschäftigungspolitik größer, weil der Zentralstaat, der Interesse an dieser Politik hat, nur einen geringen Teil der gesamten öffentlichen Ausgaben kontrolliert und seinen Anteil der Staatsausgaben deshalb besonders stark erhöhen muss, um einen nennenswerten Effekt auf die gesamtwirtschaftliche Nachfrage erzielen zu können. Dies ist aber besonders schwer durchzusetzen, wie wir eben festgestellt haben. Umgekehrt können Länder, in denen der Haushalt des Zentralstaats einen hohen Anteil am öffentlichen Gesamthaushalt hat, leichter eine solche Politik durchführen. Als Indikator für das Ausmaß der fiskalischen Zentralisierung nutzt Scharpf den Anteil der Ausgaben des Zentralstaates an den gesamten Staatsausgaben, denn nur dieser Anteil kann kurzfristig im Sinne einer Nachfragesteuerung variiert werden.

Für die Anwendbarkeit einer keynesianischen Vollbeschäftigungspolitik spielen neben diesen institutionellen Faktoren aber auch andere Einflussgrößen eine wichtige Rolle. Wie wir bereits gesehen haben, kann die Integration in den Weltmarkt dazu führen, dass die durch eine expansive Fiskalpolitik geschaffene Nachfrage ins Ausland abfließt. Je höher der Importanteil am BIP einer Volkswirtschaft ist, desto größer ist diese Gefahr. Da große Länder (wie z.B. die USA) in der Regel einen geringeren Importanteil haben als kleinere Volkswirtschaften, sind sie bei einer keynesianischen Vollbeschäftigungspolitik im Vorteil. Erschwerend für die Anwendbarkeit beschäftigungspolitischer Instrumente wirkt sich schließlich nicht nur die Unabhängigkeit nationaler Zentralbanken, sondern auch die Mitgliedschaft eines Landes in der Europäischen Wirtschafts- und Währungsunion aus: Die Mitgliedsländer haben ihre nationale geldpolitische Souveränität gänzlich an die übergeordnete Europäische Zentralbank übertragen, und die Vorgaben des Stabilitäts- und Wachstumspaktes behindern den Einsatz einer expansiven Fiskalpolitik.

3.4   Arbeitsmarktpolitik

Die Arbeitsmarktpolitik besteht aus zwei Teilen: Die passive Arbeitsmarktpolitik umfasst die Ausgestaltung der staatlichen Transferleistungen im Fall von Arbeitslosigkeit. Die aktive Arbeitsmarktpolitik wiederum beinhaltet alle Maßnahmen, die Angebot und Nachfrage auf dem Arbeitsmarkt selektiv beeinflussen. Die einzelnen Maßnahmen und Instrumente der aktiven Arbeitsmarktpolitik lassen sich noch weiter differenzieren. So unterscheidet die OECD sieben Instrumente der aktiven Arbeitsmarktpolitik:

- Öffentliche Arbeitsvermittlung und Verwaltung: In der Bundesrepublik gehören dazu beispielsweise die Stellenvermittlung und Informationsangebote der Arbeitsagenturen. Sie sollen vor allem die Informationsdefizite am Arbeitsmarkt mindern.
- Qualifizierungsmaßnahmen: (Weiter-) Bildungsmaßnahmen gehören zum Kernbereich der aktiven Arbeitsmarktpolitik. Sie sollen das vorhandene Arbeitsangebot qualitativ verbessern und auch, beispielsweise in Form von Umschulungsmaßnahmen, an die veränderten Erfordernisse des Arbeitsmarktes anpassen.
- „Job-Rotation": In manchen Ländern gibt es sogenannte „Job-Rotation"-Modelle zur Förderung der Weiterbildung in Unternehmen. Dabei werden Arbeitslose als Vertretung für Mitarbeiter eingestellt, die sich in Weiterbildungsmaßnahmen befinden.
- Beschäftigungsanreize: Darunter versteht man finanzielle Anreize für Arbeitgeber, die bereit sind, Angehörige der Problemgruppen des Arbeitsmarktes (beispielsweise Jugendliche ohne Schul- oder Berufsabschluss) einzustellen. Der Staat erstattet den jeweiligen Unternehmen einen Teil der Lohnkosten bzw. der fälligen Sozialversicherungsbeiträge.
- Rehabilitationsmaßnahmen: Maßnahmen der beruflichen Rehabilitation sollen die Erwerbsfähigkeit von kranken und behinderten Arbeitnehmern erhöhen.
- Direkte Schaffung zusätzlicher Beschäftigung: Auch direkte Arbeitsbeschaffungsmaßnahmen, also öffentlich geförderte Arbeitsplätze, gehören zum Instrumentarium der aktiven Arbeitsmarktpolitik.
- Förderung von Existenzgründungen: Mit Hilfe dieser Instrumente werden Personen gefördert, die sich aus der Arbeitslosigkeit heraus selbständig machen. Zu diesem Bereich gehörte in der Bundesrepublik beispielsweise die sogenannte „Ich-AG", die im Rahmen der Hartz-Reformen eingeführt wurde.

Im Gegensatz zur Beschäftigungspolitik setzt die (aktive) Arbeitsmarktpolitik also nicht auf der Makro-Ebene der gesamten Volkswirtschaft, sondern auf der Mikro-Ebene des einzelnen Arbeitslosen an. Sie will vor allem das vorhandene Arbeitsangebot verbessern und dafür sorgen, dass Angebot und Nachfrage auf dem Arbeitsmarkt besser zueinander finden. Beschäftigungsanreize und Arbeitsbeschaffungsmaßnahmen haben außerdem das Ziel, zusätzliche Arbeitsnachfrage zu schaffen – allerdings in deutlich geringerem Umfang als die gesamtwirtschaftlich orientierte Beschäftigungspolitik. Das Problem hoher Arbeitslosigkeit kann die Arbeitsmarktpolitik deshalb auch nicht alleine lösen, sondern allenfalls in Kombination mit der allgemeinen Wirtschafts- und Beschäftigungspolitik.

3.4.1   Historischer Überblick über die Entwicklung der Arbeitsmarktpolitik

Historisch haben sich die beiden Teilbereiche der Arbeitsmarktpolitik sehr unterschiedlich entwickelt, und auch ihre wichtigsten Ziele und Funktionen sind verschieden.

Das primäre Ziel der passiven Arbeitsmarktpolitik ist es, Einkommensverluste im Fall von Arbeitslosigkeit abzusichern, weshalb sie auch Teil der Sozialpolitik ist. In den meisten OECD-Ländern, und so auch in der Bundesrepublik, ist die passive Arbeitsmarktpolitik in Form einer gesetzlichen Arbeitslosenversicherung organisiert. Die Mitgliedschaft ist in der Regel für alle abhängig Beschäftigten verpflichtend. Diese Arbeitslosenversicherungen entstanden historisch in der ersten Hälfte des 20. Jahrhunderts (vgl. dazu Schmidt 2005). In den meisten Ländern wurden allerdings zunächst soziale Sicherungssysteme zur Absicherung von Krankheit, Arbeitsunfähigkeit und Alter eingeführt. Die Arbeitslosenversicherung kam dann in der Regel erst mit einer gewissen Zeitverzögerung. In Deutschland (als dem Vorreiter bei der Einführung der Sozialpolitik) entstand die Arbeitslosenversicherung beispielsweise erst 1927 zu Zeiten der Weimarer Republik, während die Kranken-, Unfall- und Rentenversicherung bereits in den 80er Jahren des 19. Jahrhunderts im Kaiserreich etabliert worden war. Pionierländer im Bereich der passiven Arbeitsmarktpolitik waren hingegen Frankreich mit der Einführung im Jahr 1905, Norwegen (1906), Dänemark (1907) und Großbritannien (1911).

Die Entstehung der passiven Arbeitsmarktpolitik war zwar überwiegend sozialpolitisch motiviert, die Lohnersatzleistungen im Fall von Arbeitslosigkeit haben aber auch ökonomische Funktionen: Zum einen tragen sie als automatische Stabilisatoren in Krisenzeiten dazu bei, die gesamtwirtschaftliche Nachfrage zu stabilisieren. Noch wichtiger ist allerdings, dass die Existenz von Lohnersatzleistungen dazu führt, dass Arbeitslose nicht die „erstbeste" Beschäftigung annehmen müssen, sondern eine gewisse Zeit nach einem passenden Arbeitsplatz suchen können. Dadurch wird der Suchprozess verbessert, d.h. die passive Arbeitsmarktpolitik ermöglicht eine höhere Passgenauigkeit des Ausgleichs von Angebot und Nachfrage auf dem Arbeitsmarkt. Umgekehrt kann eine großzügige Ausgestaltung aber auch dazu führen, dass Arbeitslose keinen Anreiz verspüren, überhaupt nach einer neuen Beschäftigung zu suchen. Eine solche Wirkung kann sowohl von der Höhe als auch von der Auszahlungsdauer der Lohnersatzleistungen ausgehen. Zusätzlich spielen Regelungen zur Zumutbarkeit eine Rolle. Wird eine zumutbare Beschäftigung abgelehnt, kommt es nämlich in der Regel zu einer Kürzung der Leistungen. Empirische Studien weisen vor allem für die Dauer der Auszahlung von Transferleistungen tatsächlich negative Beschäftigungseffekte nach (vgl. dazu Kap. 2.2.3).

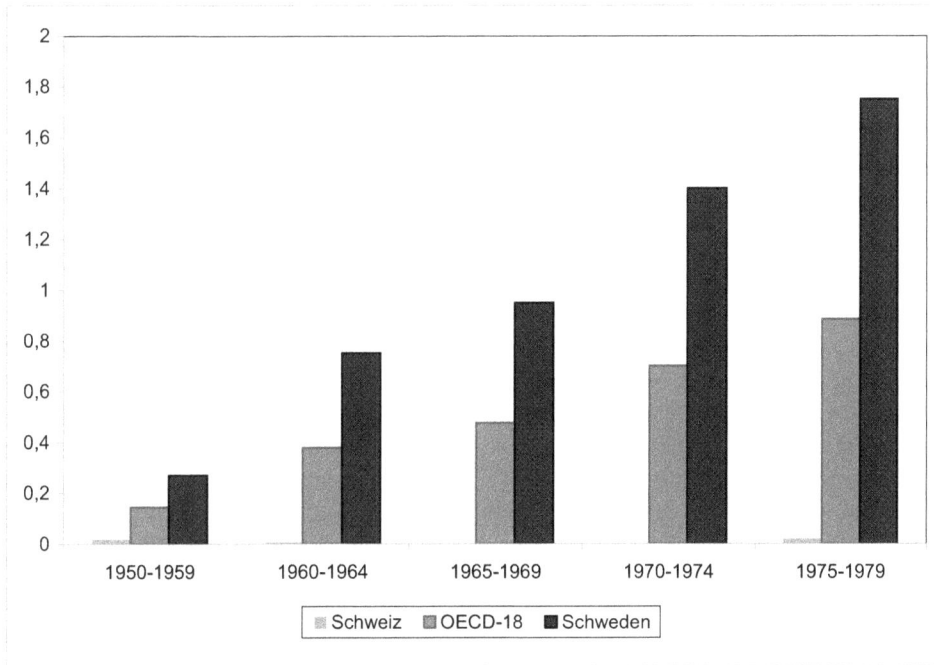

Abbildung 3.8: Entwicklung der Ausgaben für aktive Arbeitsmarktpolitik als Anteil am BIP, 1950-1980

Quelle: Eigene Darstellung nach Janoski 1996: 707. Angegeben sind jeweils die Fünf-Jahres-Durchschnitte für die Schweiz, Schweden sowie den Durchschnitt von 18 OECD-Ländern.

Im Vergleich zur passiven Arbeitsmarktpolitik wurde eine aktive Arbeitsmarktpolitik erst deutlich später etabliert, und zwar in der zweiten Hälfte des 20. Jahrhunderts. Vor dem zweiten Weltkrieg hatte es zwar auch schon vereinzelt Arbeitsbeschaffungsprogramme und Weiterbildungsmaßnahmen (beispielsweise im Rahmen des „New Deal" in den USA der 1930er und 1940er Jahre) gegeben, nicht aber ein eigenes Politikfeld der aktiven Arbeitsmarktpolitik. Eine stärker ausdifferenzierte aktive Arbeitsmarktpolitik wurde nach dem zweiten Weltkrieg zuerst in Schweden eingeführt. Entwickelt wurde diese Strategie von den beiden schwedischen Ökonomen Gösta Rehn und Rudolph Meidner. Ziel war es, mit Hilfe einer Kombination aus keynesianischer Beschäffungs- und aktiver Arbeitsmarktpolitik die Vollbeschäftigung dauerhaft abzusichern, eine Strategie, die auch als *Rehn-Meidner-Modell* bezeichnet wird (vgl. dazu Calmfors et al. 2002: 6f., Scharpf 1987: 123f.). International fand die aktive Arbeitsmarktpolitik ab den 1960er Jahren Verbreitung in nahezu allen OECD-Ländern, wobei die Ausgaben für aktive Maßnahmen als Anteil am BIP bis in die 1970er Jahre die Ein-Prozent-Marke nicht überschritten. Danach war – wenig überraschend – Schweden das Land, das die Marke als erstes übertraf (Janoski 1996: 707). In Abbildung 3.8 ist die Entwicklung dieser Ausgaben zwischen 1950 und 1980 dargestellt, und zwar für die

Schweiz als dasjenige Land mit den niedrigsten Ausgaben, für den Durchschnitt der 18 OECD-Länder, für die Daten vorliegen, und für Schweden als Vorreiter in diesem Politikfeld. Dabei können wir sehen, dass die Ausgaben für aktive Arbeitsmarktpolitik (gemessen als Anteil am BIP) seit den 1950er Jahren sowohl in Schweden als auch im Durchschnitt der OECD-Länder kontinuierlich gestiegen sind. Seit den späten 1980er Jahren erfuhr das Politikfeld dann in den meisten Industrieländern einen weiteren Bedeutungszuwachs – auch, weil die Anwendung keynesianischer Beschäftigungspolitik zunehmend schwerer wurde.

3.4.2   Paradigmenwechsel in der (aktiven) Arbeitsmarktpolitik

Ähnlich wie bei der Beschäftigungspolitik kann man auch bei der Arbeitsmarktpolitik einen Paradigmenwechsel ausmachen, bei dem nicht nur die Instrumente, sondern auch die Ziele einem Wandel unterlagen. Als neues Leitbild gilt nämlich seit Anfang der 1990er Jahre das einer aktivierenden Arbeitsmarktpolitik. Das neue Ziel dieser Politik (und im weiteren Sinn auch der Leitgedanke der allgemeinen Beschäftigungspolitik) ist nun nicht mehr nur die Bekämpfung der offenen Arbeitslosigkeit, sondern eine allgemeine Steigerung der Erwerbsbeteiligung – beabsichtigt wird also, dass so viele Menschen wie möglich in den Arbeitsmarkt integriert sind. Gemessen wird der Erfolg einer solchen Politik deshalb auch weniger am Rückgang der Arbeitslosenquote, sondern vor allem an der Entwicklung der Beschäftigungsquote. Eine zentrale Ursache für diesen Paradigmenwechsel kann übrigens in den Finanzierungsproblemen moderner Wohlfahrtsstaaten gesehen werden (vgl. dazu Kenworthy 2010): Die hohen Wachstumsraten der 1950er und 1960er Jahre hatten den Ausbau der sozialen Sicherungssysteme zunächst erleichtert. Langfristig entstanden dadurch allerdings hohe Kosten, beispielsweise durch großzügige Regelungen zur Frühverrentung. Zusätzlich ist die Arbeitslosigkeit in vielen Industrieländern seit den 1970er Jahren deutlich angestiegen, was ebenfalls steigende Ausgaben nach sich zog. Schließlich sorgen der medizinische Fortschritt und der demographische Wandel auch im Gesundheitswesen für einen Kostenanstieg. Eine Möglichkeit, diese Finanzierungsprobleme des Wohlfahrtsstaates zu lösen, wird in der Aktivierung der Bevölkerung gesehen. Ein höherer Beschäftigungsstand führt schließlich nicht nur zu niedrigeren Sozialausgaben, sondern auch zu höheren Steuereinnahmen.

Erkennen lässt sich der Wandel zu einer aktivierenden Arbeitsmarktpolitik auch daran, dass sich die Zielgruppe der arbeitsmarktpolitischen Maßnahmen erweitert hat: Ging es früher vor allem um die Kernklientel, also um Facharbeiter, die in der Regel nur kurzfristig von Arbeitslosigkeit betroffen waren, so stehen heute vor allem die Randgruppen des Arbeitsmarktes im Fokus, wie zum Beispiel Sozialhilfeempfänger oder nicht erwerbstätige Alleinerziehende. Der Kerngedanke der Aktivierung ist dabei folgender: Neben den sozialen Rechten der Arbeitslosen sollen auch ihre individuellen Pflichten betont werden. Von den Betroffenen wird also erwartet, dass sie aktiv an der Beendigung ihrer Beschäftigungslosigkeit mitwirken. Der Staat wiederum ist verpflichtet, die Bürger zu aktivieren, sie also mit den entsprechenden Fähigkeiten und Ressourcen auszustatten, die zur Arbeitsmarktintegration nötig sind. In der deutschen Arbeitsmarktpolitik wurde dieses Ziel auch unter dem Prinzip vom „Fördern und Fordern" bekannt.

Die konkreten Maßnahmen einer aktivierenden Arbeitsmarktpolitik erstrecken sich unter anderem darauf, mit Hilfe von (Weiter-) Bildungsmaßnahmen das Humankapital und die berufliche Mobilität der Arbeitnehmer zu steigern (vgl. zum Folgenden auch Kenworthy

2010). Ein weiterer Kernbereich sind Reformen der passiven Arbeitsmarktpolitik, die zunehmend nicht mehr nur als Instrument der Sozialpolitik eingesetzt wird, sondern auch zur gezielten Beeinflussung von Arbeitslosigkeit und Beschäftigung. Das zentrale Ziel ist es dabei, die Systeme der Lohnersatzleistungen so auszugestalten, dass der Bezug von Transferleistungen an bestimmte Bedingungen geknüpft ist. Über solche Sanktionen und Anreize sollen die Arbeitslosen aktiviert werden. Und tatsächlich ist in den letzten Jahren in vielen OECD-Ländern eine Tendenz festzustellen, den Bezug von Lohnersatzleistungen stärker davon abhängig zu machen, ob die Betroffenen bestimmte Pflichten erfüllen, beispielsweise die Teilnahme an Maßnahmen der aktiven Arbeitsmarktpolitik (vgl. hierzu auch OECD 2006: 58).

Innerhalb dieses Trends zu einer aktivierenden Arbeitsmarktpolitik gibt es in den einzelnen Ländern unterschiedliche Strategien. Aus Dänemark stammt beispielsweise ein Ansatz, der als *Flexicurity* bezeichnet wird und häufig als Vorbild für andere Länder angeführt wird. Diese Strategie besteht aus einer Kombination von Arbeitsmarktflexibilität und sozialer Sicherheit für die Arbeitnehmer. Zentrale Elemente sind dabei ein lockerer Kündigungsschutz, der intensive Einsatz der aktiven Arbeitsmarktpolitik und eine kurz- und mittelfristig vergleichsweise großzügig ausgestaltete passive Arbeitsmarktpolitik.

Zu den Förderern der aktivierenden Arbeitsmarktpolitik zählen unter anderem die OECD und die Europäische Union im Rahmen ihrer Beschäftigungsstrategie. Die einflussreiche „Jobs-Study" der OECD (1994) beispielsweise propagierte genau die eben beschriebenen Kernelemente einer aktivierenden Arbeitsmarktpolitik: Der stärkere Einsatz aktiver Maßnahmen, die Betonung von Bildung und Weiterbildung und die Reform der Systeme der Lohnersatzleistungen. Aus politikwissenschaftlicher Sicht ist allerdings festzustellen, dass vor allem die zuletzt genannte Empfehlung nicht leicht durchsetzbar ist, da es bei einer Kürzung von Lohnersatzleistungen oder strengeren Zumutbarkeitsregeln immer klare Verlierer gibt, während dies beim intensiveren Einsatz der aktiven Arbeitsmarktpolitik weniger der Fall ist.

3.4.3 Erklärungsansätze der Unterschiede in der aktiven Arbeitsmarktpolitik

Auch wenn der Trend zu einer aktivierenden Arbeitsmarktpolitik und der Bedeutungszuwachs des Politikfeldes die meisten OECD-Länder erfasst haben, gibt es immer noch erkennbare Unterschiede beim Einsatz der aktiven Arbeitsmarktpolitik, wie Tabelle 3.4 zeigt.

Vor allem Länder, die man nach Esping-Andersen (1990) zu den liberalen Wohlfahrtsstaatsregimen zählen kann (wie die USA oder Großbritannien) geben relativ wenig für aktive Arbeitsmarktpolitik aus. Konservative Wohlfahrtsstaaten, zum Beispiel Belgien oder die Bundesrepublik, erreichen meist ein mittleres Ausgabenniveau, während die sozialdemokratischen Wohlfahrtsstaaten Dänemark und Schweden zu den Spitzenreitern zählen.

Tabelle 3.4: Ausgaben für aktive Arbeitsmarktpolitik als Anteil am BIP in 30 OECD-Ländern

	1985	1990	2000	2005	Differenz 1990-2005*
Australien	0,36	0,22	0,37	0,38	+0,16
Belgien	1,17	1,09	1,08	1,08	-0,01
Dänemark	..	0,75	2,02	1,75	+1,0
Deutschland	0,51	0,88	1,19	0,97	+0,09
Finnland	0,73	0,84	0,89	0,89	+0,05
Frankreich	0,6	0,72	1,19	0,9	+0,18
Griechenland	0,15	0,19	0,24	0,07	-0,12
Großbritannien	0,7	0,56	0,34	0,53	-0,03
Irland	1,06	1,06	0,95	0,63	-0,43
Italien	..	0,23	0,56	0,56	+0,33
Japan	..	0,33	0,28	0,25	-0,08
Kanada	0,61	0,49	0,38	0,3	-0,19
Neuseeland	0,89	0,89	0,49	0,4	-0,49
Niederlande	1,31	1,27	1,51	1,33	+0,06
Norwegen	0,59	0,89	0,61	0,74	-0,15
Österreich	0,28	0,32	0,52	0,62	+0,3
Polen	..	0,12	0,25	0,43	+0,05
Portugal	..	0,48	0,61	0,69	+0,21
Schweden	2,07	1,64	1,76	1,29	-0,35
Schweiz	0,19	0,21	0,55	0,75	+0,54
Slowakei	..	..	0,31	0,34	-0,41
Spanien	0,33	0,78	0,67	0,78	0
Südkorea	..	0,03	0,4	0,13	+0,1
Tschechien	..	..	0,2	0,25	+0,12
Ungarn	..	..	0,38	0,3	-0,11
USA	0,28	0,22	0,16	0,12	-0,1
Durchschnitt	0,7	0,62	0,69	0,63	+0,03
Standardabweichung	0,49	0,42	0,5	0,41	

*Quelle: OECD Social Expenditure Database. Anmerkung: * Für Polen, die Slovakei, Tschechien und Ungarn ist die Differenz zwischen 1995 und 2005 angegeben.*

Gleichzeitig können wir sehen, dass die Ausgaben zwischen 1990 und 2005 in vielen OECD-Ländern gestiegen sind (wenngleich einige Länder auch niedrigere Ausgaben zu verzeichnen hatten), was den Bedeutungszuwachs der aktiven Arbeitsmarktpolitik illustriert. In den folgenden Abschnitten werden wir nun einige zentrale Erklärungsansätze betrachten, die sich mit der Frage beschäftigen, wie sich die Unterschiede zwischen den einzelnen OECD-Ländern beim Einsatz der aktiven Arbeitsmarktpolitik erklären lassen.

Nach der Parteiendifferenzhypothese könnte man zunächst argumentieren, dass linke Parteien einen Schwerpunkt auf die Bekämpfung von Arbeitslosigkeit legen, weil ihre Wählerschaft von diesem Problem am stärksten betroffen ist. Daher sollte die Regierungsbeteiligung linker Parteien zu höheren Ausgaben für aktive Arbeitsmarktpolitik führen – schließlich kann der Einsatz dieses wirtschaftspolitischen Instruments einen Beitrag zur Bekämpfung der Arbeitslosigkeit leisten. Auch im Hinblick auf den arbeitsmarktpolitischen Paradigmenwechsel im letzten Jahrzehnt lässt sich beobachten, dass die aktivierende Arbeitsmarktpolitik ein wichtiges Element der Strategie sozialdemokratischer Parteien war (vgl. Merkel et al. 2006). In einigen empirischen Studien wurde auch tatsächlich ein positiver Effekt linker Parteien auf die Ausgaben für aktive Arbeitsmarktpolitik nachgewiesen (vgl. für die 1960er bis 1980er Jahre Janoski 1996, für den Zeitraum von 1980 bis 1998 Martin/Swank 2004).

Andererseits kann aber argumentiert werden, dass das Konzept einer aktiven, und vor allem das einer aktivierenden Arbeitsmarktpolitik, inzwischen auch von liberalen und konservativen Parteien akzeptiert wird. Zumindest einige Instrumente werden schließlich auch im Rahmen der angebotsorientierten Wirtschaftspolitik empfohlen. Armingeon (2007: 906) bezeichnet die aktive Arbeitsmarktpolitik deshalb inzwischen als eine „one size fits all policy". Trifft diese Beobachtung zu, sollten für den Einsatz der aktiven Arbeitsmarktpolitik keine Parteieneffekte mehr zu finden sein.

Rueda (2006) kommt zur gleichen Schlussfolgerung, entwickelt diese Hypothese allerdings theoretisch aufwendiger. Gemäß der klassischen Parteiendifferenzhypothese wird, wie wir bereits gesehen haben, davon ausgegangen, dass linke Regierungsparteien die Interessen der Arbeiter vertreten, während sich rechte Parteien für die oberen Einkommensschichten einsetzen. Rueda zufolge muss daraus allerdings nicht zwangsläufig folgen, dass linke Parteien mehr aktive Arbeitsmarktpolitik betreiben als rechte. Er geht nämlich davon aus, dass die Arbeitnehmer keine einheitliche Gruppe sind, sondern geteilt in Insider, d.h. Beschäftigte mit sicheren Arbeitsplätzen, und Outsider, also Arbeitslose und Personen in prekären Beschäftigungsverhältnissen. Diese beiden Gruppen haben nun unterschiedliche Interessen bezüglich der aktiven Arbeitsmarktpolitik: Die Insider fühlen sich persönlich kaum von Arbeitslosigkeit bedroht, weshalb sie auch nicht davon ausgehen, von arbeitsmarktpolitischen Maßnahmen zu profitieren. Wenn außerdem mit Hilfe der Arbeitsmarktpolitik mehr Outsider in den Arbeitsmarkt integriert werden, steigt die Wahrscheinlichkeit einer Konkurrenz zwischen In- und Outsidern um Löhne und Arbeitsplätze. Die Insider lehnen deshalb (im Gegensatz zu den Outsidern) einen Ausbau der aktiven Arbeitsmarktpolitik ab. Da die Insider – vor allem aus historischen Gründen – die Kernklientel linker Parteien sind, werden diese vor allem die Präferenzen der Insider berücksichtigen und somit keine besonderen Anstrengungen im Bereich der aktiven Arbeitsmarktpolitik unternehmen. Das gleiche gilt für rechte Parteien: Deren Kernklientel lehnt die aktive Arbeitsmarktpolitik aufgrund der damit verbundenen höheren Steuern bzw. Sozialversicherungsbeiträge ebenfalls ab. Folglich gibt es also keine Parteieneffekte beim Einsatz der aktiven Arbeitsmarktpolitik. Unter bestimmten Umständen kann es jedoch dazu kommen, dass sich die Präferenzen der In- und Outsider annähern, beispielsweise aufgrund eines Abbaus des Kündigungsschutzes in einem Land. In diesem Fall sollten linke Regierungsparteien mehr in die aktive Arbeitsmarktpolitik investieren als konservative.

In einer gepoolten Zeitreihenanalyse für 16 OECD-Länder im Zeitraum von 1980 bis 1995 findet Rueda tatsächlich keinen Zusammenhang zwischen der Regierungsbeteiligung linker Parteien und den Ausgaben für aktive Arbeitsmarktpolitik, ein Ergebnis, das Klaus Armingeon (2007) in einer anderen Studie bestätigt. Außerdem besteht Ruedas Untersuchungen zufolge ein negativer Zusammenhang zum Niveau des Kündigungsschutzes: Je niedriger der Kündigungsschutz, desto höher sind die Ausgaben für aktive Arbeitsmarktpolitik (da die Insider dann ebenfalls eine Präferenz für den Einsatz solcher Maßnahmen haben). Ein Interaktionsterm zwischen der Regierungsbeteiligung linker Parteien und dem Anstieg der Arbeitslosigkeit korreliert zudem positiv mit den Ausgaben für aktive Arbeitsmarktpolitik. Auch in diesem Fall kann das Ergebnis interpretiert werden als die Auswirkung einer Annäherung der Interessen von In- und Outsidern.

Zu den Parteieneffekten können wir also zusammenfassend feststellen, dass sich vor allem die Ergebnisse von Studien, die die Ausgaben für aktive Arbeitsmarktpolitik seit den 1980er Jahren untersuchen, teilweise widersprechen. Martin und Swank (2004) finden für den Zeitraum von 1980 bis 1998 einen positiven, wenn auch nicht allzu großen Einfluss linker Regierungsparteien. Die Ergebnisse von Rueda (2006) hingegen sprechen dafür, dass dieser Effekt nur unter bestimmten Bedingungen zu beobachten ist. Ein abschließendes Urteil lässt sich vor dem Hintergrund dieses Forschungsstandes demnach noch nicht fällen. Insgesamt scheint es aber eine Tendenz zu geben, dass linke Parteien zumindest unter bestimmten Bedingungen stärker als rechte Parteien auf das Instrument der aktiven Arbeitsmarktpolitik zurückgreifen, um ihre Wählerschaft vor Arbeitslosigkeit zu schützen.

Nach der Analyse von Martin und Swank (2004) spielt auch die Art und Weise, wie die Arbeitgeber in einem Land organisiert sind, eine Rolle bei der Erklärung der unterschiedlichen Arbeitsmarktpolitiken innerhalb der OECD. Ausgangspunkt der Argumentation ist die Beobachtung, dass die Unternehmen und ihre Verbände in der Literatur meist als Hindernis für die wohlfahrtsstaatliche Entwicklung angesehen werden oder der Einfluss dieser Faktoren gar nicht untersucht wird. Martin und Swank hingegen nehmen an, dass die Organisationsform der Unternehmen bzw. der Arbeitgeber mit darüber entscheidet, ob es zu höheren Ausgaben im Bereich der Sozialpolitik im Allgemeinen bzw. der aktiven Arbeitsmarktpolitik im Besonderen kommt. Die Autoren gehen nämlich davon aus, dass die einzelnen Unternehmen tatsächlich gegen zusätzliche Ausgaben in der Arbeitsmarktpolitik sind, da sie die Kosten in Form höherer Steuern oder Sozialversicherungsbeiträge nicht tragen wollen. Wenn die Arbeitgeber in einem Land aber verbandlich gut organisiert sind, ist es möglich, dass sie ihre Präferenzen stärker an gesamtgesellschaftlichen Überlegungen ausrichten und deshalb Ausgaben für aktive Arbeitsmarktpolitik unterstützen. So seien Unternehmen beispielsweise in korporatistischen Arrangements durch den regelmäßigen Kontakt mit Vertretern der Gewerkschaften und des Staates häufiger Argumenten ausgesetzt, die den Nutzen der aktiven Arbeitsmarktpolitik (für die Produktivität oder die Stabilität am Arbeitsmarkt) betonen, was mittelfristig zu einer Präferenzänderung führen könne.

In ihren empirischen Analysen untersuchen Martin und Swank die Ausgaben für aktive Arbeitsmarktpolitik für 18 OECD-Länder im Zeitraum von 1980 bis 1998. Dabei finden sie, dass in der Tat drei der vier Indikatoren der Organisationsform der Arbeitgeber positiv mit der abhängigen Variable korreliert sind. Eine korporatistische Einbindung der Unternehmen führt demzufolge also tatsächlich zu einem stärkeren Einsatz der aktiven Arbeitsmarktpolitik.

Auch Institutionen, insbesondere die Finanzierungsweise der Arbeitsmarktpolitik, können eine Rolle bei der Erklärung der unterschiedlichen Höhe der Ausgaben für aktive Arbeitsmarktpolitik spielen. So haben Schmid et al. (1992) argumentiert, dass Länder, in denen sowohl die aktive als auch die passive Arbeitsmarktpolitik gemeinsam aus den Mitteln der Sozialversicherung finanziert werden, wie es etwa in Deutschland der Fall ist, geringere Ausgaben für aktive Arbeitsmarktpolitik aufweisen. Dieses Arrangement kann nämlich eine Art Finanzierungskonkurrenz zwischen aktiven und passiven Maßnahmen nach sich ziehen. In solchen Systemen sinken demnach in Perioden mit hoher Arbeitslosigkeit einerseits die Einnahmen der Arbeitslosenversicherung (da die Zahl der Beschäftigten abnimmt), während gleichzeitig die Ausgaben für Lohnersatzleistungen steigen. Da die passiven Maßnahmen vorrangig bedient werden müssen, liegt es nahe, die Ausgaben für aktive Arbeitsmarktpolitik zu kürzen. Dadurch ergibt sich mithin ein prozyklisches Muster des Einsatzes aktiver Arbeitsmarktpolitik in Ländern, in denen diese Maßnahmen aus Mitteln der Sozialversicherung finanziert werden, es kommt also in der Regel gerade dann zu Einsparungen im Bereich der aktiven Maßnahmen, wenn ihr Einsatz ökonomisch besonders wichtig wäre. Länder wie Schweden dagegen, in denen die aktive Arbeitsmarktpolitik über allgemeine Steuern finanziert wird, haben Schmid et al. (1992) zufolge auch höhere Ausgaben in diesem Politikfeld. Dort sorgt nämlich die institutionelle Trennung zwischen der Arbeitslosenversicherung und der aktiven Arbeitsmarktpolitik dafür, dass die Konkurrenz zwischen den Teilbereichen geringer ist.

Schließlich können auch internationale Faktoren einen Beitrag zur Erklärung der Unterschiede beim Einsatz der Arbeitsmarktpolitik leisten. Ein möglicher Einflussfaktor ist dabei die Globalisierung. Auf der theoretischen Ebene lassen sich zum Einfluss der Globalisierung auf die Sozialpolitik zwei Diskussionsstränge finden, die sich auch auf die (aktive) Arbeitsmarktpolitik übertragen lassen. Dabei geht die Kompensationsthese davon aus, dass eine stärkere Integration in den Weltmarkt dazu führen sollte, dass in diesen Ländern mehr für Sozialpolitik ausgegeben wird. Eine stärkere Außenhandelsverflechtung führt zwar in den einzelnen Nationalstaaten auf gesamtwirtschaftlicher Ebene zu Wohlfahrtsgewinnen, vereinzelt erzeugt sie jedoch auch Verlierer. Damit die Bevölkerung den Prozess der wirtschaftlichen Öffnung akzeptiert, müssen diese Verlierer kompensiert werden, was wiederum zu höheren Ausgaben für die Sozialpolitik führt. Dieses Argument trägt besonders gut in Bezug auf die aktive Arbeitsmarktpolitik (vgl. etwa Burgoon 2001), denn der Druck des Standortwettbewerbs macht in den entwickelten Staaten gerade Investitionen in Humankapital, also in Aus- und Weiterbildung, wichtig. Mögliche Globalisierungsverlierer, die einen neuen Arbeitsplatz suchen, sollten durch eine bessere Ausbildung bessere Chancen haben, einen neuen Arbeitsplatz zu finden, sodass steigende Ausgaben für aktive Arbeitsmarktpolitik, insbesondere für Aus- und Weiterbildung, eine rationale Reaktion auf den wachsenden Standortwettbewerb sein könnte. Folgt man dieser Argumentation, sollten Länder mit zunehmender Integration in den Weltmarkt mehr für aktive Arbeitsmarktpolitik ausgeben.

Eine gegenteilige Argumentation zum Einfluss der Globalisierung liefert die Effizienzthese: Sie geht davon aus, dass sich offene Volkswirtschaften eine generöse Sozialpolitik, und darunter auch eine großzügige Arbeitsmarktpolitik, nicht mehr leisten können. Die sozialpolitischen Maßnahmen müssen schließlich über Steuern und Sozialversicherungsbeiträge finanziert werden, was im internationalen Standortwettbewerb zu großen Nachteilen führt. Da auch der Einsatz der aktiven Arbeitsmarktpolitik zunächst Kosten mit sich bringt, sollten dieser Auffassung zufolge also offene Volkswirtschaften geringere Ausgaben in diesem Politikfeld haben. Eine Analyse von Armingeon (2007) ergibt nun tatsächlich einen negativen Zusammenhang zwischen der Integration in den Weltmarkt (gemessen über den Anteil der Im- und Exporte am BIP) und den Ausgaben für aktive Arbeitsmarktpolitik, was die Effizienzhypothese bestätigen würde.

Neben dem Einfluss der Globalisierung gibt es noch weitere externe Einflussfaktoren auf die aktive Arbeitsmarktpolitik. Armingeon (2007) hat in einer quantitativen Analyse die Einflüsse internationaler Organisationen auf die aktive Arbeitsmarktpolitik von 22 OECD-Ländern für den Zeitraum von 1985 bis 2002 untersucht. Auf Seiten der unabhängigen Variablen testet er unter anderem den Einfluss der OECD Jobs Study und der Europäischen Beschäftigungsstrategie. Beide haben, wie wir bereits gesehen haben, seit den 1990er Jahren in ihren Analysen und Empfehlungen die Bedeutung der aktiven Arbeitsmarktpolitik betont. Die nationalen Regierungen könnten nun aufgrund dieser Empfehlungen im Rahmen eines Lernprozesses dazu übergegangen sein, mehr in die aktive Arbeitsmarktpolitik zu investieren. Im Unterschied zur OECD ist die EU im Rahmen ihrer Beschäftigungsstrategie allerdings nicht auf die Publikation von Analysen beschränkt, sondern kann immerhin auf den weichen Steuerungsmechanismus der Offenen Methode der Koordinierung zurückgreifen (siehe Kasten in Kap. 3.3.2). Außerdem beruhen die Empfehlungen der EU auf Verhandlungen und Kompromissen zwischen den nationalen Regierungen, weshalb Armingeon annimmt, dass der Einfluss der EU größer ist als der der OECD.

Seine empirische Analyse ergibt tatsächlich einen signifikant positiven Einfluss der EU-Mitgliedschaft auf den Anteil der Ausgaben für aktive Arbeitsmarktpolitik an den Gesamtausgaben, allerdings gilt dies nur für die etablierten EU-Länder. Damit bestätigt Armingeon mit seiner quantitativen Untersuchung die Befunde einiger qualitativer Analysen, die zumindest einen selektiven Einfluss der Europäischen Beschäftigungsstrategie auf die nationalstaatlichen Arbeitsmarktpolitiken konstatiert haben (vgl. Mailand 2008, Zohlnhöfer/Ostheim 2007). Einen statistisch signifikanten Einfluss der OECD findet Armingeon dagegen nicht.

3.5   Staatliche Intervention in die Wirtschaft

Der letzte Bereich der Wirtschaftspolitik, den wir näher betrachten werden, ist der der staatlichen Intervention in die Wirtschaft. Dabei wird zunächst der Aufstieg des Interventionsstaates in der Nachkriegszeit dargestellt. Auch in diesem Bereich können wir allerdings einen Wandel feststellen, weshalb wir im Anschluss mögliche Erklärungen für diesen Politikwechsel diskutieren.

3.5.1   Der Interventionsstaat der Nachkriegszeit

Die ersten Jahrzehnte der Nachkriegszeit können zweifellos als Periode des Aufstiegs des Interventionsstaates in den entwickelten Industriestaaten bezeichnet werden. Staatliche Eingriffe in die Wirtschaft bildeten ein typisches Kennzeichen der Wirtschaftspolitik nahezu aller modernen Demokratien. Mit der zunehmenden Dominanz des Keynesianismus (vgl. Kap. 1.5.2) als wirtschaftswissenschaftliches Erklärungsparadigma entstand ein weitreichender Konsens, dass wirtschaftspolitische Interventionen des Staates ein geeignetes Instrument seien, um innerhalb kapitalistisch verfasster Volkswirtschaften wirtschaftliche Stabilität, Wachstum und Vollbeschäftigung zu erzielen. Dies schlug sich, wie wir bereits in Kapitel 3.1 gesehen haben, in der Finanzpolitik in einer immensen Steigerung der Staatsausgaben, und nicht zuletzt der Ausgaben für soziale Sicherung, nieder, weil man sich von der staatlichen Finanz- und Sozialpolitik die Glättung des Konjunkturverlaufs und die Bewältigung der für dezentral koordinierte Marktwirtschaften typischen Probleme des Marktversagens versprach. Als Folge davon erlebten die Jahre etwa zwischen 1960 und 1980 eine in diesem Umfang vorher unbekannte aktivistische Ausgabenpolitik der öffentlichen Hand, die von zunehmendem Interventionismus der Regierungen in wirtschaftliche Belange begleitet wurde. In vielen Ländern wurden Fluggesellschaften und Eisenbahnen verstaatlicht und auch die Versorgung mit Post- und Telekommunikationsdienstleistungen, Elektrizität, Gas und Wasser sowie umfassende Bereiche lokaler Dienstleistungen wie beispielsweise die Abfallentsorgung wurde staatlichen Unternehmen übertragen. Auf diese Weise wurden auch soziale Aufgaben im weiteren Sinn erfüllt, indem gleichwertige Dienstleistungen und eine flächendeckende Versorgung bereitgestellt wurden, die überdies nicht selten durch sozial abgestufte Benutzergebühren in Sektoren wie Energie und öffentliche Verkehrsmittel flankiert wurden. In manchen Ländern erstreckte sich die Verstaatlichung außerdem auf weite Teile der Schwerindustrie (Stahlindustrie, Schiffs- und Bergbau) und sogar auf Banken. Dabei wurden in vielen Fällen öffentliche Unternehmen für politische Zwecke instrumentalisiert, sei es als Beschäftigungspuffer, als sozialpolitische Versuchslaboratorien oder als Instrumente zur Förderung der regionalen wirtschaftlichen Entwicklung.

Allerdings führte die staatliche Intervention in unternehmerische Entscheidungen häufig zu Effizienzverlusten, welche wiederum die Nachfrage nach öffentlichen Subventionen schürten, um die angefallenen Verluste auszugleichen. Hinzu kam, dass der optimistische Glaube an die Wohlfahrtseffekte des „big government" in den 1970er und den frühen 1980er Jahren durch die nachlassende wirtschaftliche Performanz in Folge der Ölkrisen und das Unvermögen vieler Regierungen, die damit einhergehende Stagflation in den Griff zu bekommen, grundlegend erschüttert wurde. Diese Entwicklungen nährten die Zweifel an der Zweckmäßigkeit direkter staatlicher Interventionen in die Wirtschaft und führten schließlich zu einer schrittweisen Neuorientierung der Wirtschaftspolitik in vielen OECD-Ländern. In den frühen 1980er Jahren wurde der Staat also zunehmend als Problemerzeuger und nicht länger als Instrument zur Überwindung ökonomischer Ungleichgewichte angesehen. Die aufkommenden Ideen der Angebotstheoretiker (vgl. Kap. 1.5.4), die zunächst vorwiegend in den angelsächsischen Ländern Zuspruch fanden, verbreiteten sich allmählich über den gesamten Globus. Ein „Rückzug des Staates auf den Kern seiner Aufgaben" – so eine Formulierung aus einer Regierungserklärung Helmut Kohls aus dem Jahr 1983 – wurde mehr und mehr als bedeutender komparativer Vorteil im internationalen Wettbewerb und gleichzeitig als wichtige Voraussetzung für die Freisetzung zunehmender Marktdynamik betrachtet. Entsprechend kamen Politiken, die stark interventionistisch geprägt waren, wie etwa die Subventionierung von oder der staatliche Besitz an Unternehmen, aber auch die Regulierung vieler Wirtschaftssektoren, unter starken Druck und diese Politiken unterlagen in den meisten Ländern bedeutendem Wandel. Wir wollen diesen Wandel der wirtschaftspolitischen Intervention in drei Feldern nachzeichnen und zu erklären versuchen, nämlich im Bereich der Subventionen, im Bereich des staatlichen Unternehmensbesitzes und im Bereich der Produktmarktregulierung.

3.5.2 Der Wandel wirtschaftspolitischer Intervention in den entwickelten Staaten: ein Überblick

Im Folgenden wollen wir knapp einen Überblick über die Entwicklung einiger Indikatoren geben, die den Wandel wirtschaftspolitischer Intervention in den westlichen Demokratien verdeutlichen. Dabei wird sich zeigen, dass es sich hier um einen generellen Trend handelt, der praktisch alle entwickelten Staaten umfasst und verschiedene Politikbereiche in ähnlicher Weise betrifft (für einen deskriptiven Überblick, der weitere Indikatoren einbezieht, vgl. auch Höpner et al. 2009).

Ein besonders gutes empirisches Bild lässt sich bei der Betrachtung von Subventionsquoten gewinnen, verstanden im Sinne der OECD als Summe der direkten Zahlungen von Gebiets-körperschaften an Unternehmen in Relation zum Bruttoinlandsprodukt. Diese Daten liegen für viele Länder bereits seit den 1960er Jahren vor. Abbildung 3.9 bildet entsprechend die Mittelwerte sowie die Standardabweichungen der Subventionsquoten im OECD-Vergleich seit 1960 ab. Bei der Betrachtung der Mittelwerte wird das vorgestellte Muster eines Ausbaus des Interventionsstaates bis 1980 und seines anschließenden Rückbaus sehr deutlich: Gaben die OECD-Staaten, für die Daten vorliegen, 1960 im Durchschnitt lediglich rund 1,3 Prozent ihres Bruttoinlandsproduktes für Subventionen aus, waren es 1980 fast 2,4 Prozent. Seither haben sich die Subventionsquoten dann wieder fast halbiert und sind auf das Niveau der 1960er Jahre zurückgekehrt. Diesem Trend zu abnehmenden Subventionsquoten haben sich mit Ausnahme Dänemarks und der Schweiz sämtliche Länder angeschlossen. Gleichzeitig nahmen, wie die Betrachtung der Standardabweichung zeigt, die Unterschiede zwischen den Staaten in der Ausbauphase zu, während wir nach 1980 eine deutliche Konvergenz feststellen können.

Auch beim staatlichen Besitz an Unternehmen lässt sich eine solche Tendenz feststellen, wenngleich sie aufgrund des Fehlens geeigneter Daten für längere Zeiträume deutlich schlechter nachzuweisen ist. Betrachtet man allerdings allein die in Abbildung 3.10 darge-stellte Entwicklung der Privatisierungserlöse in den 1990er Jahren, wird deutlich, dass es sich hier um einen bedeutenden Trend handelt, der fast alle Länder erfasst hat. So wurden in diesem Zeitraum in über hundert Ländern ungefähr eine Billion US-Dollar an Privatisie-rungserlösen erzielt, von denen etwa 70 Prozent auf die 30 OECD-Länder entfielen. Über 60 Prozent der Privatisierungserlöse der OECD-Länder wiederum wurden in den seinerzeit 15 Mitgliedstaaten der Europäischen Union realisiert. Interessanterweise beteiligten sich die EU- und OECD-Mitgliedstaaten ausnahmslos am Verkauf staatlicher Unternehmen (Zohlnhöfer/Obinger 2005: 604).

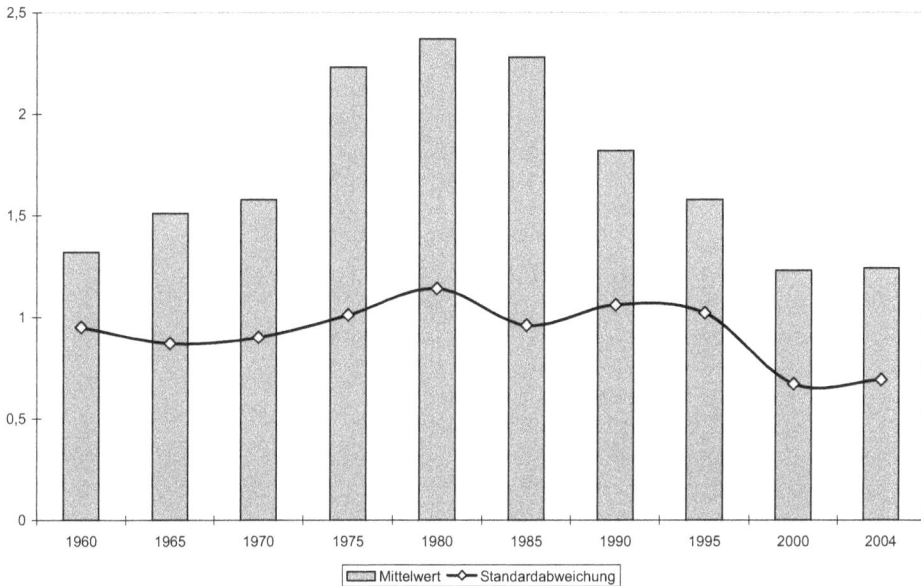

Abbildung 3.9: Subventionsquoten der OECD-Staaten seit 1960

Quelle: eigene Darstellung nach OECD 2005. Anmerkung: Betrachtet werden 20 OECD-Länder außer für 1960 (14), 1965 (18) und 1970 (19).

Unterschiedliche Formen der Privatisierung

In der Literatur wird grundsätzlich zwischen drei Privatisierungsformen unterschieden: Bei der formellen Privatisierung geht es um eine Veränderung der Rechtsform eines Unternehmens, ohne dass Anteile verkauft werden; Ziel ist es in der Regel, das Unternehmen von bestimmten haushalts- oder verwaltungsrechtlichen Bindungen, die durch den Status als Staatsunternehmen entstehen, zu befreien. Bei einer materiellen Privatisierung dagegen werden öffentliche Unternehmen ganz oder teilweise verkauft. Unter funktionaler Privatisierung versteht man schließlich die Finanzierung oder Ausführung öffentlicher Aufgaben durch Private („contracting out"). So kann der Staat beispielsweise darauf verzichten, die Reinigung der Gebäude, in denen Behörden, Schulen o.ä. untergebracht sind, selbst zu übernehmen und sie an Private abgeben. Hier besteht seitens des Staates die (sich nicht immer erfüllende) Erwartung, dass die fragliche Aufgabe durch gewinnorientierte private Unternehmen effizienter erledigt werden kann als durch staatliche Stellen, sodass eine Kostensenkung für den Staat erreicht werden kann.

Weite Teile der politikwissenschaftlichen Privatisierungsliteratur konzentrieren sich auf materielle Privatisierungen. Dabei stellen die Privatisierungserlöse in Relation zur Wirtschaftskraft eines Landes den geläufigsten und am besten vergleichbaren Indikator dar, um den Gesamtumfang der nationalen Privatisierungsanstrengungen international vergleichend zu untersuchen – obwohl im Sonderfall der Privatisierungen der Volkseigenen Betriebe der untergegangenen DDR durch die Treuhandanstalt Anfang der 1990er Jahre in erheblichem Umfang Unternehmen in den Privatsektor überführt wurden, ohne hohe Erlöse zu generieren.

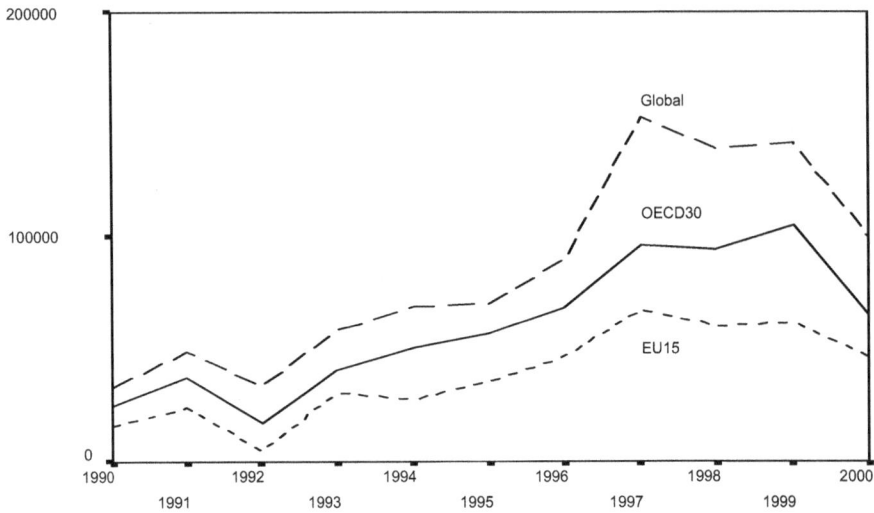

Abbildung 3.10: Privatisierungserlöse 1990-2000 in Mio. US-Dollar
Quelle: OECD Financial Market Trends, No. 79 June 2001.

Dieser Trend führte zu einem spürbaren Bedeutungsverlust staatlicher Unternehmen. Die Europäische Vereinigung der staatlichen Unternehmen CEEP (2000) hat für die jeweiligen EU-Mitglieder einen Index zur Verfügung gestellt, der den Durchschnitt des Anteils der Arbeitnehmer, der Brutto-Wertschöpfung und der Brutto-Bildung von Festkapital der Unternehmen mit öffentlicher Mehrheitsbeteiligung in der nichtlandwirtschaftlichen marktbestimmten Wirtschaft angibt und der somit als ein gutes Abbild der Bedeutung staatlicher Unternehmen in den jeweiligen Staaten betrachtet werden kann. Die Daten in Tabelle 3.5 zeigen für die 1990er Jahre – Daten für spätere Jahre sind nicht erhältlich – einen nennenswerten Rückgang des durchschnittlichen Index für die EU-12 um ein Drittel, bei gleichzeitiger Abnahme der Standardabweichung und der Spannweite zwischen dem Land mit dem größten und dem kleinsten öffentlichen Sektor. Daher ist neuerlich von einer Konvergenzentwicklung auszugehen.

Tabelle 3.5: Die Entwicklung des öffentlichen Sektors in der EU-12

	1991	1995	1998
Durchschnitt	12,55	10,35	8,38
Standardabweichung	5,55	3,81	3,56
Spannweite	16,3	12,7	11,9

Quelle: CEEP 2000.

Doch nicht nur die staatliche Intervention über die Instrumente der Subventionierung von oder des staatlichen Besitzes an Unternehmen ist auf dem Rückzug, Gleiches gilt auch für die Regulierung von Märkten. Die OECD hat einen Indikator entwickelt, der die Restriktivität der Regulierung von Produktmärkten auf einer Skala von 0 (stark liberalisiert) bis 6 (stark reguliert) erfassen soll. Entsprechende Daten liegen für 28 OECD-Länder für die Jahre 1998, 2003 und 2008 vor, für Luxemburg und die Slowakei lediglich für 2003 und 2008. Tabelle 3.6 zeigt das bereits von den Subventionsausgaben und dem staatlichen Besitz an Unternehmen bekannte Bild eines deutlichen Rückgangs des staatlichen Eingriffs in die Produktmärkte: Im Durchschnitt der OECD-Länder ist das Regulierungsniveau erheblich gesunken. Interessanterweise zeigt sich zudem ebenso wie bei den beiden anderen Indikatoren auch im Fall der Produktmarktregulierung, dass es sich hier um einen Trend handelt, von dem praktisch alle Länder betroffen sind (siehe Abb. 3.11). Zwischen 1998 und 2008 sind die Produktmärkte in allen 28 Ländern, für die Daten vorliegen, liberalisiert worden, hinzu kommt die Slowakei, in der das Regulierungsniveau zwischen 2003 und 2008 fiel. Lediglich in Luxemburg lag das Regulierungsniveau 2008 leicht über dem Niveau der frühesten Messung 2003.

Ebenfalls in Übereinstimmung mit den Befunden zu Subventionen und Privatisierung können wir zudem auch für die Regulierung Hinweise auf Konvergenz finden, wie sich in Tabelle 3.6 an der sinkenden Standardabweichung und der schrumpfenden Spannweite erkennen lässt.

Tabelle 3.6: Die Entwicklung der Produktmarktregulierung in den OECD-Staaten, 1998-2008

	1998	2003	2008
Durchschnitt	2,16	1,62	1,36
Standardabweichung	0,66	0,48	0,41
Spannweite	2,90	2,13	1,51

Quelle: eigene Berechnung auf der Basis der OECD Indicators of Product Market Regulation, http://www.oecd.org/eco/prnr.

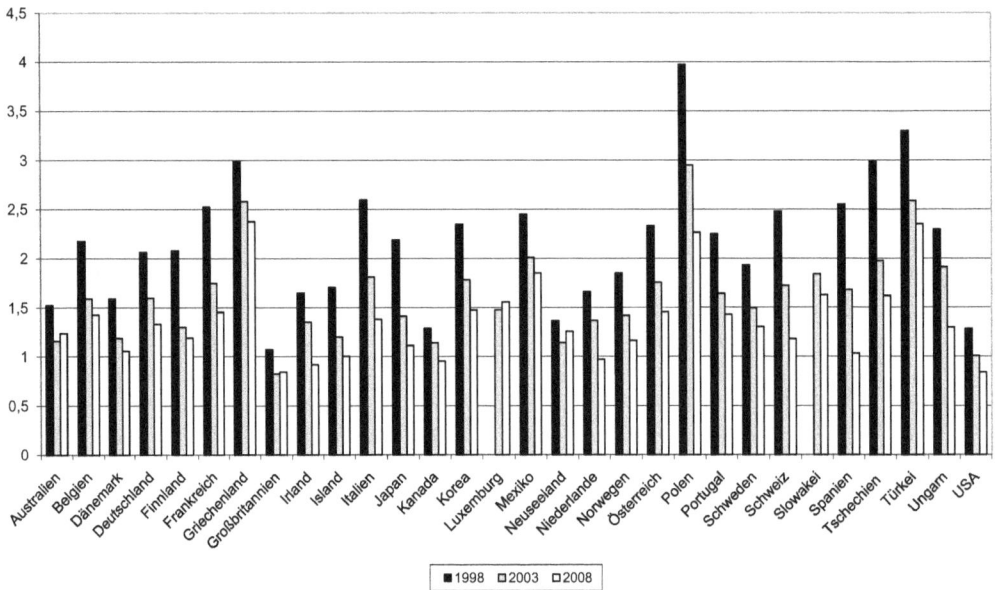

Abbildung 3.11: Die Entwicklung der Produktmarktregulierung in den OECD-Staaten, 1998, 2003, 2008

Quelle: eigene Darstellung auf der Basis der OECD Indicators of Product Market Regulation, http://www.oecd.org/eco/prnr.

Insgesamt zeigt sich somit für die vergangenen zwei bis drei Dekaden ein vergleichsweise konsistentes Bild: Die Reichweite der wirtschaftspolitischen Intervention ist in praktisch allen entwickelten Demokratien erheblich zurückgegangen. Im Verlauf dieses Prozesses sind sich die OECD-Länder zudem immer ähnlicher geworden.

Allerdings weist die Reaktion vieler westlicher Demokratien auf die Finanzkrise des Jahres 2008 darauf hin, dass dieser Prozess grundsätzlich auch umkehrbar sein könnte. Jedenfalls wurden im Verlauf dieser Krise entgegen dem Trend zur Privatisierung in vielen Ländern Banken verstaatlicht, um einen Zusammenbruch des Finanzsystems zu verhindern. In der Bundesrepublik Deutschland betraf dies vor allem die Commerzbank und die Hypo Real Estate (vgl. Herweg/Zohlnhöfer 2010). Ob es sich bei diesen Fällen um Ausnahmen handelte, die der Extremsituation der Finanzkrise geschuldet waren, oder ob hierin der Beginn einer Gegenentwicklung zu erkennen ist, lässt sich derzeit noch nicht mit Sicherheit abschätzen. Allerdings haben fast alle Regierungen, die sich zu Verstaatlichungen von Banken genötigt sahen, versichert, die betroffenen Finanzinstitute zu einem späteren Zeitpunkt wieder privatisieren zu wollen. Das würde dafür sprechen, dass der Trend zum Rückzug des Interventionsstaates auch weiterhin anhalten könnte.

3.5.3   Was erklärt den Rückbau des Interventionsstaates?

Nachdem wir gezeigt haben, dass es sich beim Rückbau des Interventionsstaates um ein fast alle westlichen Demokratien betreffendes Phänomen handelt, das sich in verschiedenen Politikfeldern nachweisen lässt, wollen wir uns in einem weiteren Schritt kurz der Frage zuwenden, welche Faktoren für diese Entwicklung verantwortlich sind. Da es sich bei den Bereichen Subventionen, Privatisierung sowie Produktmarktregulierung um ganz unterschiedliche Politikfelder handelt, kann es nicht überraschen, dass die Befunde nicht hinsichtlich jeder unabhängigen Variable übereinstimmen. Eher verblüffend ist vielmehr, dass sich die Befunde dennoch in einer Reihe von Faktoren stark ähneln (die folgenden Ausführungen basieren auf Boix 1997, Obinger/Zohlnhöfer 2007, Siegel 2007, Zohlnhöfer et al. 2008).

So zeigt sich insgesamt, dass die genannten Liberalisierungspolitiken nicht allein, in den meisten Fällen sogar nicht einmal in erster Linie Reaktionen auf sozio-ökonomischen Problemdruck sind. Zwar könnte man annehmen, dass Regierungen angesichts einer unbefriedigenden Wachstumsperformanz und hoher Arbeitslosigkeit sowie hoher Haushaltsdefizite den Ratschlägen der seit den 1980er Jahren zunehmend dominierenden angebotsorientierten Ökonomen gefolgt sind und eine Politik der Privatisierung und Liberalisierung begannen. Doch liefern die einschlägigen Studien nur in begrenztem Umfang Hinweise auf eine solche Entwicklung. Zwar waren offensichtlich vor allem die materiellen Privatisierungen der 1990er Jahre durchaus getrieben von den vergleichsweise hohen Defiziten der OECD-Staaten und der durch die Maastrichter Defizitkriterien bedingten Notwendigkeit, diese zu senken, und auch die Kürzungen der Subventionen waren in den 1980er Jahren zu einem nennenswerten Anteil Reaktionen auf die explodierenden Zinszahlungen vieler Staaten in Folge der Hochzinspolitik der amerikanischen Zentralbank.

Aber politische Erklärungsfaktoren spielten wenigstens in der Initiierungsphase dieser Politiken eine wesentlich wichtigere Rolle. Das gilt insbesondere für die parteipolitische Zusammensetzung der Regierung. Die Parteiendifferenzhypothese würde ja argumentieren, dass rechte Parteien eine marktliberalere Politik betreiben sollten als linke Parteien, die traditionell stärker darauf bedacht sind, eine starke Stellung des Staates gegenüber der Wirtschaft aufzubauen bzw. zu verteidigen, um auf diese Weise Arbeitnehmer und sozial Schwache vor den Risiken des Marktes und des Wettbewerbs wenigstens teilweise zu schützen. Also sollten wir erwarten, dass es rechte Parteien gewesen sind, die die Subventionen abgebaut, staatliche Unternehmen verkauft und Produktmärkte dereguliert haben. Und in der Tat findet diese Hypothese in Untersuchungen für die 1980er Jahre viel Bestätigung, es waren also allen einschlägigen Studien zufolge in der Tat rechte oder jedenfalls bürgerliche Parteien, die den Startschuss für den Rückbau des Interventionsstaates gegeben haben.

Untersucht man allerdings die 1990er Jahre, wird dieses Muster viel schwächer, ja es verschwindet sogar oder dreht sich gelegentlich um. In den 1990er Jahren gibt es also keinen systematischen Unterschied mehr zwischen rechten und linken Parteien, wenn es um den Einsatz interventionistischer Politikinstrumente geht. Vielmehr ist dieser Zeitraum vor allem von Aufholeffekten geprägt, also von einem besonders starken Abbau wirtschaftspolitischer Interventionen in Staaten, die erst spät mit dem Rückzug aus diesen Politiken begonnen haben. Hier findet sich also die bereits mehrfach angesprochene Konvergenzentwicklung ein weiteres Mal bestätigt.

Wie kam es aber zu einer solchen Entwicklung? Was führte zum Verschwinden von Parteiendifferenzen bei der Frage der wirtschaftspolitischen Intervention, wie kann die Entwicklung zur Konvergenz erklärt werden? Theoretisch gibt es zwei Faktoren, die die genannte konvergente Entwicklung erklären können: Einerseits könnten Entwicklungen auf der internationalen Ebene für den Abschied vom Interventionsstaat verantwortlich gemacht werden, also vor allem Globalisierung und Europäisierung. So könnten Liberalisierungen und Privatisierungen als Antworten auf den globalen Standortwettbewerb verstanden werden, weil sie die Produktivität der Unternehmen erhöhen und diese so konkurrenzfähiger werden. Andererseits könnten politisches Lernen und Diffusionsprozesse eine Rolle gespielt haben: So könnten politische Entscheidungsträger zu der Überzeugung gelangt sein, dass diskretionäre Interventionen in die Märkte selten dauerhaft von Erfolg gekrönt sind, dafür aber eine Reihe unerwünschter und nicht antizipierter Nebenwirkungen mit sich bringen. Diese Erkenntnis könnte den politischen Akteuren nicht zuletzt von Internationalen Organisationen wie der EU oder der OECD nahegebracht worden sein, die in der Tat häufig eine eher liberalisierungsfreundliche Position eingenommen haben.

Obwohl die Literatur noch nicht mit endgültigen Ergebnissen aufwarten kann, spricht einiges für die zweite Interpretation. Zum einen sind in der einschlägigen Literatur nämlich verschiedene Globalisierungs- und Europäisierungsindizes getestet worden, die jedoch in aller Regel nichts zur Erklärung des Rückbaus des Interventionsstaates beitragen konnten. Zum anderen zeigen einige einschlägige Studien, dass es wenigstens bei Teilbereichen der Liberalisierungspolitik in der Tat zu Diffusionsprozessen gekommen ist (vgl. Simmons/Elkins 2004; Henisz et al. 2005).

3.6   Die Determinanten der Unterschiede beim Einsatz wirtschaftspolitischer Instrumente: eine Zusammenfassung

Im vorliegenden Kapitel haben wir uns mit dem Einsatz wirtschaftspolitischer Instrumente am Beispiel der Staatsausgaben und -einnahmen, der Arbeitsmarkt- und Beschäftigungspolitik sowie der staatlichen Eingriffe in die Ökonomie befasst. In praktisch allen Bereichen konnten wir dabei nennenswerte Unterschiede zwischen den Ländern beim Einsatz dieser wirtschaftspolitischen Instrumente feststellen, wie ein Blick auf die Staats-, Steuer- und Sozialleistungsquoten, den staatlichen Besitz an Unternehmen, die Subventionsausgaben oder die Produktmarktregulierung zeigt.

Daneben finden wir interessante Entwicklungen über die Zeit: In vielen Fällen ist in den ersten vier Nachkriegsdekaden ein Trend des zunehmenden Einflusses des Staates auf die unterschiedlichsten Bereiche der Wirtschaft zu beobachten. Überall wuchsen die Staats- und vor allem die Sozialausgaben, aber auch die Ausgaben für Subventionen, überall stiegen die Steuern und in praktisch allen Länder bemühte sich der Staat, durch eine keynesianische Beschäftigungspolitik die Arbeitslosigkeit gering zu halten. Obwohl sich kein Land diesem Trend gänzlich entziehen konnte, war er von Land zu Land sehr unterschiedlich stark ausgeprägt, sodass die Unterschiede zwischen den Ländern bis in die 1980er Jahre immer größer wurden.

Im Laufe der 1980er und 1990er Jahre kam es dann jedoch zu einem Bruch dieses Trends: Die Staatsausgaben begannen ebenso wie die Steuereinnahmen zu stagnieren, wichtige Steu-

ersätze fingen an zu sinken, viele Ländern machten sich daran, die Staatsverschuldung zurückzuführen, statt keynesianischer Beschäftigungspolitik wurde eine aktivierende Arbeitsmarktpolitik initiiert und der Staat zog sich immer stärker aus der Subventionierung, der
Regulierung von Produktmärkten und dem staatlichen Besitz an Unternehmen zurück. Mit
Ausnahme der Staatsverschuldung scheint auch der Rückgang des wirtschaftspolitischen
Interventionsniveaus ein genereller Trend gewesen zu sein, dem sich kaum ein Land ver-
schließen konnte. Entsprechend finden wir seit den 1990er Jahren daher in den meisten hier
untersuchten Bereichen eine Tendenz zu Konvergenz.

Wenn wir versuchen, die Unterschiede, die in der Phase des wachsenden wirtschaftspolitischen Interventionsstaates aufgetreten sind bzw. sich vertieft haben, zu erklären, finden wir
im Wesentlichen drei Variablengruppen. Erstens spielt Problemdruck oft eine wichtige Rolle.
Hohe Arbeitslosigkeit, hohe Seniorenquoten und niedriges Wirtschaftswachstum haben insbesondere den Steuer- und Ausgabenstaat angetrieben.

Für unseren Zusammenhang interessanter ist allerdings der Einfluss politischer Variablen.
Hier fanden wir bis in die 1990er Jahre hinein fast durchgehend Effekte der parteipolitischen
Zusammensetzung der Regierung. Linke Regierungen zeichneten verantwortlich für über-
durchschnittliche Ausgaben, sowohl im Sozial- und Bildungsbereich als auch für aktive Arbeitsmarktpolitik und Subventionen, sodass auch die gesamten Staatsausgaben positiv mit
einer sozialdemokratischen Regierungsbeteiligung zusammenhingen. Zur Absicherung des
Vollbeschäftigungsziels griffen sie außerdem eher auf die Instrumente einer keynesianischen
Beschäftigungspolitik zurück. Auch die Steuerquote war unter linken Regierungen über-
durchschnittlich hoch, zudem waren sie deutlich weniger bereit, sich von staatlichen Unternehmen zu trennen. Schließlich wurde festgestellt, dass die Staatsverschuldung unter Sozialdemokraten signifikant niedriger ausfiel als unter bürgerlichen, insbesondere christdemokra-
tisch geführten Regierungen.

Allerdings konnten wir ebenfalls feststellen, dass die Bedeutung von Parteien fast durchgehend abnahm. Sowohl bei den Staatsausgaben insgesamt als auch bei den Sozial- und den
Bildungsausgaben, sowohl bei den Subventionen als auch bei Privatisierungen und der Regulierung von Produktmärkten, aber auch bei der Staatsverschuldung und der Steuerpolitik –
überall nahmen die Parteiendifferenzen in den 1990er Jahren ab, wenn sie nicht schon ganz
verschwunden sind.

Eine bedeutende Rolle spielten als drittes Faktorenbündel politische Institutionen. In fast
allen Politikfeldern ließen sich Status-quo-Effekte politischer Institutionen in dem Sinne
nachweisen, dass in Ländern mit einer hohen Zahl von Vetoakteuren geringere Veränderungen durchgesetzt werden konnten als in Westminster-Demokratien. Da für den größten Teil
des hier untersuchten Zeitraums die zentrale Entwicklungsrichtung der Politiken in Richtung
zunehmender Expansion ging, bedeutete eine Vielzahl von institutionellen Gegengewichten
unterdurchschnittliche Zunahmen der Staatsausgaben, niedrigere Steuerquoten, allerdings
auch eine höhere Verschuldung. Soweit die politisch gewünschte Entwicklungsrichtung allerdings geändert wird, treten die gleichen Effekte mit umgekehrtem Vorzeichen auf. So
konnten Obinger und Zohlnhöfer (2007) zeigen, dass in der Phase des Abbaus der Subventionszahlungen Länder mit vielen Vetoakteuren nicht länger niedrigere, sondern vielmehr
höhere Subventionszahlungen aufwiesen, weil es in diesen Ländern nun eben auch schwieriger war, die Kürzungen gegen die Vielzahl der Vetoinstanzen durchzusetzen.

Von größtem Interesse ist aber natürlich auch die Antwort auf die Frage, warum sich der Einsatz der wirtschaftspolitischen Instrumente in den vergangenen 20 Jahren so deutlich verändert hat und warum sich gleichzeitig die Politikmuster, insbesondere hinsichtlich der parteipolitischen Zusammensetzung der Regierung, so bemerkenswert gewandelt haben. Hier kann die Forschung zwar bereits einige Erklärungsansätze anbieten, aber wir sind noch weit davon entfernt, in dieser Hinsicht Klarheit zu besitzen.

Ein erster Erklärungsfaktor ist zweifellos die Europäische Integration in Form des Binnenmarktprogramms oder der Maastrichter Konvergenzkriterien. In einer Reihe von Fällen scheint die europäische Einigung tatsächlich wirkungsmächtig gewesen zu sein. So zeigen Studien zur Staatsverschuldung und zu den Sozialausgaben in der Tat Maastricht-Effekte, also einen dämpfenden Effekt der Konvergenzkriterien auf die Verschuldung und die Sozialausgaben. Auch in anderen Bereichen lassen sich Einflüsse europäischer Politiken nachweisen, sogar im Fall der Europäischen Beschäftigungsstrategie, die erkennbar die Arbeitsmarktpolitik der Mitgliedstaaten beeinflusst hat. Allerdings sind diese Effekte keineswegs in allen Politikfeldern feststellbar. Interessanterweise zeigen sich weder bei der Privatisierung noch beim Subventionsabbau signifikante Effekte, wobei vor allem der zuletzt genannte Befund überrascht, unterhält die EU doch ein ausgefeiltes System der Beihilfenkontrolle.

Eine der besonders häufig diskutierten Einflussfaktoren auf die Wirtschaftspolitik der letzten 20 Jahre ist zweitens die Globalisierung, und es gibt wenige Zweifel, dass sich deren Effekte insbesondere im Steuerwettbewerb deutlich zeigen. Allerdings erweisen sich Variablen, die Globalisierung messen sollen, in vielen Studien zu den unterschiedlichsten wirtschaftspolitischen Politikfeldern als nicht signifikant. Das muss allerdings nicht notwendigerweise daran liegen, dass Globalisierung keinen Einfluss auf die Wirtschaftspolitik der entwickelten Demokratien ausübt (vgl. zum Folgenden Zohlnhöfer 2009). Eine nationalstaatliche Reaktion auf Globalisierung ist nämlich nicht unbedingt genau dann zu erwarten, wenn ein bestimmtes objektives Niveau an außenwirtschaftlicher Offenheit erreicht ist. Vielmehr passen sich die Entscheidungsträger dann an die (vermeintlichen) Zwänge der Globalisierung an, wenn sie vor Problemen stehen, die sie auf die bislang ausgebliebene Anpassung an Globalisierung zurückführen. Das bedeutet, dass es gelegentlich trotz hoher außenwirtschaftlicher Offenheit nicht zu Anpassungen an Globalisierung kommt, weil entweder der Problemdruck gering ist oder die Probleme nicht mit Globalisierung in Verbindung gebracht werden. Ebenso kommt es zuweilen zu einer „irrtümlichen" Anpassung an Globalisierung, weil Probleme auf die bislang fehlende Anpassung zurückgeführt werden, die tatsächlich andere Ursachen haben. Das bedeutet, dass Globalisierung, wenn sie denn nationalstaatliche Politiken überhaupt beeinflusst, dies in erster Linie vermittelt über das Ausmaß des Problemdrucks tut.

Doch es gibt noch eine dritte Erklärung für den Wandel des wirtschaftspolitischen Instrumenteneinsatzes seit den 1980er und 1990er Jahren, nämlich die Diffusion von Ideen. Spätestens seit den 1990er Jahren scheint so etwas wie ein Konsens über die Angebotstheorie unter den meisten Entscheidungsträgern in den westlichen Demokratien entstanden zu sein, der nicht zuletzt auch von Internationalen Organisationen wie der OECD oder der EU getragen wird. Immer mehr Länder hätten sich dieser Sichtweise zufolge einer angebotsorientierten Sichtweise auf wirtschaftspolitische Probleme angeschlossen. Damit wären dann aber bestimmte Politikinstrumente quasi zur „natürlichen" Reaktion auf bestimmte Probleme geworden, die von allen Parteien und in allen Ländern angewendet werden. Allerdings ist diese These trotz einer Reihe von Studien, die in diese Richtung weisen, noch zu wenig geprüft als dass sie schon als zutreffend gewertet werden kann.

Insofern sind derzeit die Gründe für den Wandel der staatlichen Intervention in die Wirtschaft seit den 1980er Jahren noch nicht vollständig geklärt. Noch viel weniger klar ist außerdem, ob die Finanzkrise von 2007/8 und die Reaktion der OECD-Staaten auf diese Krise in Form von Verstaatlichungen, Konjunkturprogrammen und anderem als eine dauerhafte Rückkehr zu massiven staatlichen Eingriffen in die Wirtschaft zu interpretieren ist oder ob es sich hier nur um ein kurzes Zwischenspiel handelte, das schon bald wieder vom angebotsorientierten Mainstream abgelöst werden wird. Insofern steht die Untersuchung des Verhältnisses von Politik und Wirtschaft immer noch vor ausgesprochen spannenden und relevanten unbeantworteten Fragen.

4   Literatur

Akerlof, George A., 1970: The Market for "Lemons". Quality Uncertainty and the Market Mechanism, in: The Quarterly Journal of Economics 84: 488-500.

Alvarez, Michael R./Garrett, Geoffrey/Lange, Peter, 1991: Government Partisanship, Labor Organization, and Macroeconomic Performance, in: American Political Science Review 85: 539-556.

Anderson, Liam, 2001: The Implications of Institutional Design for Macroeconomic Performance. Reassessing the Claims of Consensus Democracy, in: Comparative Political Studies 34: 429-452.

Armingeon, Klaus, 2003: Die Politische Ökonomie der Arbeitslosigkeit, in: Obinger, Herbert/Wagschal, Uwe/Kittel, Bernhard (Hrsg.): Politische Ökonomie. Demokratie und wirtschaftliche Leistungsfähigkeit, Opladen: Leske+Budrich, 151-174.

Armingeon, Klaus, 2007: Active Labour Market Policy, International Organizations and Domestic Politics, in: Journal of European Public Policy 14: 905-932.

Armingeon, Klaus/Engler, Sarah/Potolidis, Panajotis/Gerber, Marlène/Leimgruber, Philipp, 2010: Comparative Political Data Set 1960-2008, Bern: Universität Bern, Institut für Politikwissenschaft.

Baccaro, Lucio/Rei, Diego, 2007: Institutional Determinants of Unemployment in OECD Countries: Does the Deregulatory View Hold Water? In: International Organization 61: 527-569.

Barro, Robert J./Sala-i-Martin, Xavier, [2]2003: Economic Growth, Cambridge, MA.

Blankart, Charles B., [7]2008: Öffentliche Finanzen in der Demokratie. Eine Einführung in die Finanzwissenschaft, München.

Boix, Carles, 1997: Privatizing the Public Business Sector in the Eighties: Economic Performance, Partisan Responses and Divided Governments, in: British Journal of Political Science 27: 473-496.

Boix, Carles, 1998: Political Parties, Growth and Equality, Cambridge: CUP.

Boix, Carles, 2000: Partisan Governments, the International Economy, and Macroeconomic Policies in Advanced Nations, 1960-93, in: World Politics 53: 38-73.

Bradley, David H./Stephens, John D., 2007: Employment Performance in OECD Countries. A Test of Neoliberal and Institutionalist Hypotheses, in: Comparative Political Studies 40: 1486-1510.

Burgoon, Brian, 2001: Globalization and Welfare Compensation: Disentangling the Ties that Bind, in: International Organization 55: 509-551.

Busch, Andreas, 1995: Preisstabilitätspolitik. Politik und Inflationsraten im internationalen Vergleich, Opladen.

Busch, Andreas, 2003: Die politische Ökonomie der Inflation, in: Obinger, Herbert/Wagschal, Uwe/Kittel, Bernhard (Hrsg.): Politische Ökonomie. Demokratie und wirtschaftliche Leistungsfähigkeit, Opladen, 175-197.

Busemeyer, Marius R., 2009: From Myth to Reality: Globalization and Public Spending in OECD Countries Revisited, in: European Journal of Political Research 48: 455-482.

Calmfors, Lars/Driffill, John 1988: Bargaining Structure, Corporatism and Macroeconomic Performance, in: Economic Policy 6: 13-61.

Calmfors, Lars/Forslund, Anders/Hemström, Maria 2002: Does Active Labour Market Policy Work? Lessons from the Swedish Experiences, Working Paper, Institute for Labour Market Evaluation.

Cameron, David R., 1978: The Expansion of the Public Economy: A Comparative Analysis, in: American Political Science Review 72: 1243-1261.

Castles, Francis G., 1998: Comparative Public Policy. Patterns of Post-war Transformation, Cheltenham/Northampton.

Castles, Francis G., 2007: Testing the Retrenchment Hypothesis: an Aggregate Overview, in: Castles, Francis G. (Hrsg.): The Disappearing State? Retrenchment Realities in an Age of Globalisation, Chaltenham, 19-43.

CEEP, 2000: Die Entwicklung der öffentlichen Unternehmen und der Unternehmen von allgemeinem wirtschaftlichem Interesse in Europa seit 1996. Ihr wirtschaftlicher Einfluss in der Europäischen Union. Statistische Jahrbücher des CEEP, Brüssel.

Cusack, Thomas R., 2001: Partisanship in the Setting and Coordination of Fiscal and Monetary Policies, in: European Journal of Political Research 40: 93-115.

Cusack, Thomas R., 2007: Sinking Budgets and Ballooning Prices: Recent Developments Connected to Military Spending, in: Castles, Francis G. (Hrsg.): The Disappearing State? Retrenchment Realities in an Age of Globalisation, Chaltenham: Edward Elgar, 103-132.

Cusack, Thomas R./Fuchs, Susanne, 2003: Parteien, Institutionen und Staatsausgaben, in: Obinger, Herbert/Wagschal, Uwe/Kittel, Bernhard (Hrsg.): Politische Ökonomie. Demokratie und wirtschaftliche Leistungsfähigkeit, Opladen, 321-354.

Dietz, Otto, 2008: Indikatoren zur Beurteilung der Leistungsfähigkeit öffentlicher Haushalte, in: Wirtschaft und Statistik 10/2008: 862-866.

Domar, Evsey D., 1946: Capital Expansion, Rate of Growth, and Employment, in: Econometrica 14: 137-147.

Esping-Andersen, Gøsta, 1990: The Three Worlds of Welfare Capitalism, Cambridge.

Fraser, Neil/Norris, Paul, 2007: Data on Functions of Government: Where Are We Now?, in: Castles, Francis G. (Hrsg.): The Disappearing State? Retrenchment Realities in an Age of Globalisation, Chaltenham, 44-74.

Freitag, Markus/Sciarini, Pascal, 2001: The Political Economy of Budget Deficits in the European Union: The Role of International Constraints and Domestic Structure, in: European Union Politics 2: 163-189.

Friedman, Milton, 1968: The Role of Monetary Policy, in: American Economic Review 58: 1-17.

Ganghof, Steffen, 2000: Adjusting National Tax Policy to Economic Internationalization. Strategies and Outcomes, in: Scharpf, Fritz W./Schmidt, Vivien (Hrsg.): Welfare and Work in the Open Economy. Vol. 2: Diverse Responses to Common Challenges, Oxford u.a., 597-645.

Ganghof, Steffen, 2005: Konditionale Konvergenz. Ideen, Institutionen und Standortwettbewerb in der Steuerpolitik von EU- und OECD-Ländern, in: Zeitschrift für Internationale Beziehungen 12: 7-40.

Garrett, Geoffrey, 1998: Partisan Politics in the Global Economy, Cambridge.

Garrett, Geoffrey/Mitchell, Deborah, 2001: Globalization, Government Spending and Taxation in the OECD, in: European Journal of Political Research 39: 145-177.

Genschel, Philipp, 2000: Der Wohlfahrtsstaat im Steuerwettbewerb, in: Zeitschrift für Internationale Beziehungen 7: 267-296.

Hagen, Jürgen von/Harden, Ian J., 1995: Budget Processes and Commitment to Fiscal Discipline, in: European Economic Review 39: 771-779.

Hall, Peter A., 1986: Governing the Economy. The Politics of State Intervention in Britain and France, New York/Oxford.

Hall, Peter A., 1989: Introduction, in: Hall, Peter A. (Hrsg.): The Political Power of Economic Ideas. Keynesianism across Nations, Princeton, 3-26.

Hall, Peter A., 1993: Policy Paradigms, Social Learning, and the State. The Case of Economic Policymaking in Britain, in: Comparative Politics 25: 275-296.

Hallerberg, Mark, 2004: Domestic Budgets in a United Europe, Ithaca/London.

Hassel, Anke, 2000: Bündnisse für Arbeit: Nationale Handlungsfähigkeit im europäischen Regimewettbewerb, in: Politische Vierteljahresschrift 41: 498-524.

Henisz, Witold J./Bennet A. Zelner/Guillén, Mauro F., 2005: The Worldwide Diffusion of Market-Oriented Infrastructure Reform, 1977-1999, in: American Sociological Review 70: 871-897.

Herweg, Nicole/Zohlnhöfer, Reimut, 2010: Das Verhältnis von Markt und Staat unter der Großen Koalition: Entstaatlichung in der Ruhe und Verstaatlichung während des Sturms?, in: Egle, Christoph/Zohlnhöfer, Reimut (Hrsg.): Die zweite Große Koalition. Eine Bilanz der Regierung Merkel, 2005-2009, Wiesbaden, 254-278.

Heuser, Uwe Jean, 2008: Humanomics. Die Entdeckung des Menschen in der Wirtschaft, Frankfurt.

Hibbs, Douglas A., 1977: Political Parties and Macroeconomic Policy, in: American Political Science Review 71: 1467-1487.

Höpner, Martin/Petring, Alexander/Seikel, Daniel/Werner, Benjamin, 2009: Liberalisierungspolitik. Eine Bestandsaufnahme von zweieinhalb Dekaden marktschaffender Politik in entwickelten Industrieländern, Köln: Max-Planck-Institut für Gesellschaftsforschung (MPIfG Discussion Paper 09/7).

Huber, Evelyne/Stephens, John D., 2001: Development and Crisis of the Welfare State. Parties and Policies in Global Markets, Chicago/London.

Janoski, Thomas, 1990: The Political Economy of Unemployment. Active Labor Market Policy in West Germany and the United States, Berkely/Oxford.

Janoski, Thomas, 1996: Explaining State Intervention to Prevent Unemployment: The Impact of Institutions on Active Labour Market Policy Expenditures in 18 Countries, in: Schmid, Günther/O'Reilly, Jacqueline/Schömann, Klaus (Hrsg.): International Handbook of Labour Market Policy and Evaluation, Cheltenham, 697-724.

Jochem, Sven/Siegel, Nico A. (Hrsg.), 2003: Konzertierung, Verhandlungsdemokratie und Reformpolitik im Wohlfahrtsstaat. Das Modell Deutschland im Vergleich, Opladen.

Kenworthy, Lane, 2010: Labor Market Activation, in: Castles, Francis G./Leibfried, Stephen/Lewis, Jane/Obinger, Herbert/Pierson, Christopher (Hrsg.): The Oxford Handbook of Comparative Welfare States, Oxford.

Kittel, Bernhard/Obinger, Herbert, 2003: Political Parties, Institutions, and the Dynamics of Social Expenditure in Times of Austerity, in: Journal of European Public Policy 10: 20-45.

Lijphart, Arend, 1999: Patterns of Democracy. Government Forms and Performance in Thirty-Six Countries, New Haven/London.

Mailand, Mikkel, 2008: The Uneven Impact of the European Employment Strategy on Member States' Employment Policies: a Comparative Analysis, in: Journal of European Social Policy 18: 353-365.

Martin, Cathie Jo/Swank, Duane 2004: Does the Organization of Capital Matter? Employers and Active Labor Market Policy at the National and Firm Levels, in: American Political Science Review 98: 593-611.

Martin, Christian/Plümper, Thomas, 2001: Regimetyp und Wirtschaftswachstum: ein Kommentar (nicht nur) zu Herbert Obinger, in: Swiss Political Science Review 7: 45-66.

Merkel, Wolfgang, 1993: Ende der Sozialdemokratie? Machtressourcen und Regierungspolitik im westeuropäischen Vergleich, Frankfurt/New York.

Merkel, Wolfgang/Egle, Christoph/Henkes, Christian/Ostheim, Tobias/Petring, Alexander, 2006: Die Reformfähigkeit der Sozialdemokratie. Herausforderungen und Bilanz der Regierungspolitik in Westeuropa, Wiesbaden.

Obinger, Herbert, 2001: Die anonyme Sozialpolitik des Marktes. Das Wirtschaftswachstum und seine politisch-institutionellen Grundlagen, in: Schmidt, Manfred G. (Hrsg.): Wohlfahrtsstaatliche Politik. Institutionen, politischer Prozess und Leistungsprofil, Opladen, 161-189.

Obinger, Herbert, 2004: Politik und Wirtschaftswachstum. Ein internationaler Vergleich, Wiesbaden.

Obinger, Herbert, 2007: Die politischen Grundlagen wirtschaftlichen Wachstums im internationalen Vergleich, in: Schmidt, Manfred G./Ostheim, Tobias/Siegel, Nico A./Zohlnhöfer, Reimut (Hrsg.): Der Wohlfahrtsstaat. Eine Einführung in den historischen und internationalen Vergleich, Wiesbaden, 311-325.

Obinger, Herbert/Zohlnhöfer, Reimut, 2007: Abschied vom Interventionsstaat? Der Wandel staatlicher Subventionsausgaben in den OECD-Ländern seit 1980, in: Swiss Political Science Review 13: 203-236.

OECD, 1994: The OECD Jobs Study, Paris.

OECD, 2005: Economic Outlook Dataset. Paris.

OECD 2006: Employment Outlook: Boosting Jobs and Incomes, Paris.

OECD 2009a: OECD Economic Outlook. Interim Report, Paris.

OECD 2009b: Revenue Statistics 1965-2008, Paris.

OECD, 2010: OECD Factbook 2010: Economic, Environmental and Social Statistics, Paris.

Olson, Mancur 1982: The Rise and Decline of Nations. Economic Growth, Stagflation, and Social Rigidities, New Haven.

Phelps, Edmund S., 1967: Phillips Curves, Expectations of Inflation and Optimal Unemployment Over Time, in: Economica 34: 254-281.

Phillips, Alban William, 1958: The Relationship between Unemployment and the Rate of Change of Money Wages in the United Kingdom, 1861-1957, in: Economica 25: 283-299.

Plümper, Thomas/Schulze, Günther G., 1999: Steuerwettbewerb und Steuerreformen, in: Politische Vierteljahresschrift 40: 445-457.

Rieger, Elmar/Leibfried, Stephan, 1997: Sozialpolitische Grenzen der Globalisierung, in: Politische Vierteljahresschrift 38: 771-796.

Rodrik, Dani, 2000: Grenzen der Globalisierung. Ökonomische Integration und soziale Desintegration, Frankfurt a.M.

Rueda, David, 2006: Social Democracy and Active Labour-Market Policies: Insiders, Outsiders and the Politics of Employment Promotion, in: British Journal of Political Science 36: 385-406.

Sachverständigenrat zur Begutachtung der gesamtwirtschaftlichen Entwicklung (SVR), 2005: Die Chance nutzen – Reformen mutig voranbringen. Jahresgutachten 2005/06, Stuttgart.

Samuelson, Paul A./Nordhaus, William D. 2005: Volkswirtschaftslehre. Das internationale Standardwerk der Mikro- und Makroökonomie, Landsberg am Lech.

Samuelson, Paul A./Solow, Robert M. 1960: Analytics of Anti-Inflation Policy, in: The American Economic Review 50: 177-194.

Scharpf, Fritz W., 1987: Sozialdemokratische Krisenpolitik in Europa, Frankfurt am Main/New York.

Scharpf, Fritz W., 2000: The Viability of Advanced Welfare States in the International Economy. Vulnerabilities and Options, in: Journal of European Public Policy 7: 190-228.

Schmid, Günther/Reissert, Bernd/Bruche, Gert, 1992: Unemployment Insurance and Active Labor Market Policy. An International Comparison of Financing Systems, Detroit.

Schmidt, Manfred G., 2001: Ursachen und Folgen wohlfahrtsstaatlicher Politik: Ein internationaler Vergleich, in: Schmidt, Manfred G. (Hrsg.): Wohlfahrtsstaatliche Politik – Institutionen, politischer Prozess und Leistungsprofil, Opladen, 33-53.

Schmidt, Manfred G., ^{3}2005: Sozialpolitik in Deutschland. Historische Entwicklung und internationaler Vergleich, Wiesbaden.

Scruggs, Lyle, 2006: The Generosity of Social Insurance, 1971-2002, in: Oxford Review of Economic Policy 22: 349-364.

Seils, Eric, 2005: Haushaltspolitik: Akteure und Institutionen des parlamentarischen Systems der Bundesrepublik im internationalen Vergleich, in: Zeitschrift für Parlamentsfragen 36: 773-790.

Siaroff, Alan, 1999: Corporatism in 24 Industrial Democracies: Meaning and Measurement, in: European Journal of Political Research 36: 175-205.

Siebert, Horst, 1997: Labor Market Rigidities: At the Root of Unemployment in Europe, in: Journal of Economic Perspectives 11 (3): 37-54.

Siegel, Nico A., 2007: Moving Beyond Expenditure Accounts: The Changing Contours of the Regulatory State, 1980-2003, in: Castles, Francis G. (Hrsg.): The Disappearing State? Retrenchment Realities in an Age of Globalisation. Chaltenham: Edward Elgar, 245-272.

Simmons, Beth A./Elkins, Zachary, 2004: The Globalization of Liberalization: Policy Diffusion in the International Political Economy, in: American Political Science Review 98: 171-189.

Smith, Adam, 1974 (1789): Der Wohlstand der Nationen. Eine Untersuchung seiner Natur und seiner Ursachen, München.

Solow, Robert M., 2000: Unemployment in the United States and Europe. A Contrast and the Reasons, München (CESifo Working Paper No. 231).

Stiglitz, Joseph E., 2009: GDP Fetishism, in: The Economists' Voice 6 (8): 1-3.

Swank, Duane, 2002: Global Capital, Political Institutions and Policy Change in Developed Welfare States, Cambridge.

Tsebelis, George, 2002: Veto Players: How Political Institutions Work, Princeton/Oxford.

Wagschal, Uwe, 2003: Wer ist schuld an den Schulden? Zur Politischen Ökonomie der Staatsverschuldung, in: Obinger, Herbert/Wagschal, Uwe/Kittel, Bernhard (Hrsg.): Politische Ökonomie. Demokratie und wirtschaftliche Leistungsfähigkeit, Opladen, 289-320.

Wagschal, Uwe, 2005: Steuerpolitik und Steuerreformen im internationalen Vergleich. Eine Analyse der Ursachen und Blockaden, Münster.

Wehner, Joachim, 2010: Institutional Constraints on Profligate Politicians: The Conditional Effect of Partisan Fragmentation on Budget Deficits, in: Comparative Political Studies 43: 208-229.

Wilkinson, Nick, 2008: An Introduction to Behavioral Economics, Basingstoke et al.

Wolf, Frieder, 2008: Bildungsfinanzierung in Deutschland, Wiesbaden.

Zohlnhöfer, Reimut, 2006: Vom Wirtschaftswunder zum kranken Mann Europas? Wirtschaftspolitik seit 1945, in: Schmidt, Manfred G./Zohlnhöfer, Reimut (Hrsg.): Regieren in der Bundesrepublik Deutschland. Innen- und Außenpolitik seit 1949, Wiesbaden, 285-313.

Zohlnhöfer, Reimut, 2009: Globalisierung der Wirtschaft und finanzpolitische Anpassungsreaktionen in Westeuropa, Baden-Baden.

Zohlnhöfer, Reimut/Obinger, Herbert, 2005: Ausverkauf des „Tafelsilbers": Bestimmungsfaktoren der Privatisierungserlöse in EU- und OECD-Staaten 1990-2000, in: Politische Vierteljahresschrift 46: 602-628

Zohlnhöfer, Reimut/Obinger, Herbert/Wolf, Frieder, 2008: Partisan Politics, Globalization and the Determinants of Privatization Proceeds in Advanced Democracies 1990-2000, in: Governance 21: 95-121.

Zohlnhöfer, Reimut/Ostheim, Tobias, 2007: Politiktransfer durch die Europäische Beschäftigungspolitik? Methodische Überlegungen und empirische Analyse des Falls Deutschland, in: Holzinger, Katharina/Jörgens, Helge/Knill, Christoph (Hrsg.): Transfer, Diffusion und Konvergenz von Politiken (= PVS-Sonderheft 38), Wiesbaden, 327-347.

Zohlnhöfer, Werner, 1975: Eine politische Theorie der schleichenden Inflation, in: Schneider, Hans K./Wittmann, Waldemar/Würgler, Hans (Hrsg.): Stabilisierungspolitik in der Marktwirtschaft (= Schriften des Vereins für Socialpolitik, N. F. Band 85/1), Berlin, 533-553.

5   Index

www.ingramcontent.com/pod-product-compliance
Lightning Source LLC
Chambersburg PA
CBHW080555270326
41929CB00019B/3312